王沛　俞涼亘　王木鐸◎編著

國家圖書館出版社

圖書在版編目(CIP)數據

洛陽陶文 / 王沛,俞凉亘,王木鐸編著.-- 北京:國家圖書館出版社, 2018.5
ISBN 978-7-5013-5972-1

Ⅰ.①洛… Ⅱ.①王… ②俞… ③王… Ⅲ.①陶文—拓片—洛陽—古代 Ⅳ.①K877.9

中國版本圖書館 CIP 數據核字(2016)第 258581 號

書　　名	洛陽陶文
著　　者	王　沛　俞凉亘　王木鐸　編著
責任編輯	張愛芳　李精一
封面設計	程　言
出　　版	國家圖書館出版社(100034　北京市西城區文津街 7 號) (原書目文獻出版社　北京圖書館出版社)
發　　行	010-66114536　66126153　66151313　66175620 66121706(傳真)　66126156(門市部)
E-mail	nlcpress@nlc.cn(郵購)
Website	www.nlcpress.com→投稿中心
經　　銷	新華書店
印　　裝	北京華藝齋古籍印務有限公司
版　　次	2018 年 5 月第 1 版　2018 年 5 月第 1 次印刷
開　　本	787×1092(毫米)　1/16
印　　張	29.875
書　　號	ISBN 978-7-5013-5972-1
定　　價	580.00 圓

序　言

2006 年 2 月,我與《新中國出土墓誌》項目組同仁赴洛陽公幹,時任洛陽市政協副秘書長的王木鐸先生承擔部分行程的接待工作,這是我們初次相識。木鐸先生此前曾在洛陽市文物局工作多年,對洛陽及其周邊的舊物遺址知之甚稔,使我們的調研考察少走很多彎路。其間,在木鐸先生的辦公室小憩時,木鐸先生拿出他收集多年的洛陽出土陶文資料請我鑒賞。我把玩良久,嘖嘖稱奇。木鐸先生見狀,即以將來付梓撰序事見托。我當時事務不多,便想也没想答應了。

轉瞬十年過去。2016 年 12 月,木鐸先生從洛陽打來電話,説他與女公子王沛和洛陽市文物考古研究院俞凉亘先生合作編著的《洛陽陶文》已交出版社,請我踐約撰序。不久,王沛送來本書的紙質校樣,厚厚一摞。這下我就有點爲難了。并非十年過去,我將當初的承諾忘記了。其實,我對賢父女的陶文工作還是很關注的。幾年前,他們合作整理出版了《東漢刑徒磚攟存》[①],刑徒磚均爲陶質,也是陶文工作的一部分,就曾引起我的聯想:其他陶文工作進行得怎樣了?然而,事到臨頭,還是讓我措手不及。因爲:一、我工作頭緒繁多,分身乏術;二、我對於陶文研究,積纍不足。怎麼辦?我提出寬限三個月,讓我稍作準備。承賢父女惠允。

陶文首次發現,是在清同治十一年(1872),發現者爲著名金石學家陳介祺[②]。陳介祺(1813—1884)字壽卿,號簠齋,山東濰縣(今屬濰坊)人。他購獲的陶文,多屬戰國時期,且出自齊都臨淄,故自號齊東陶父。晚年傳拓《簠齋藏陶》一套,凡有陶文 4800 餘件。陳氏之後,聞訊前往山東尋陶者甚夥,劉鶚(1857—1909)輯有《鐵雲藏陶》,端方(1861—1911)輯有《匋齋藏陶》,爲其最著者。迨至民初,尋陶之風遍及東周七國故地,雖皆有出土,但仍以齊魯爲最盛。而齊魯陶文的價值,也頗受學術界的重視。王國維先生曾據齊國陶文,探討古人以事紀年[③]。張政烺先生曾據田氏陶文,探討齊國人名、職官及地理[④]。類似例證甚多,無須贅舉。

至於洛陽陶文,受重視程度,恐怕遠遜齊魯陶文。首先,未見專屬洛陽的"藏陶"類著録圖書。譬如洛陽東漢刑徒墓地出土陶磚,羅振玉没有收入《東都冢墓

① 王木鐸、王沛:《東漢刑徒磚攟存》,國家圖書館出版社,2011 年。

② 李學勤:《山東陶文的發現和著録》,《齊魯學刊》1982 年第 5 期,第 35 ~ 37 頁。

③ 王國維:《齊國差繪跋》,《觀堂集林》(附别集),中華書局重印本,1984 年,第 897 ~ 898 頁。

④ 張政烺:《"平陵壂导立事歲"陶考證》,《張政烺文史論集》,中華書局,2004 年,第 46 ~ 57 頁。

遺文》《芒洛冢墓遺文》[1]，而誤收入《恒農磚録》《恒農冢墓遺文》[2]。其次，磚石類著録圖書也很少爲洛陽單闢類目。譬如端方所輯《匋齋臧石記》《匋齋臧甎記》[3]，收羅宏富，陶文資料雖然不少，但并未按出土地歸類，能從題目看出係洛陽出土，如"漢雒陽完城旦殘甎"者，可以説甚少；能從内容看出係洛陽出土，如"謝歡同葬磚"末記"洛陽縣故人謝歡同銘"者，似乎亦不多。洛陽作爲歷史名都和文化名城，似乎不應受到這樣的待遇。幸而，本書彌補了這一缺憾！

本書按朝代分爲夏商陶文、西周陶文、戰國陶文、漢代陶文、曹魏西晋陶文、北魏北齊陶文、隋代陶文、唐代陶文、五代宋代陶文、金代元代陶文十章，所收陶文，包括各種陶製品的刻文拓本（不收墨、朱、粉書[4]），凡四百餘件，均出自現在的洛陽市行政所轄縣區以及傳統的河洛地區，其中東漢、西晋、北魏、唐代最多，顯示了洛陽作爲東漢、西晋、北魏的國都和唐代的東都，物質文化之昌盛。可以肯定，本書不僅對於陶文研究，而且對於歷史和文化研究，也都有着重要價值。現將我個人有興趣者摘要介紹如下：

第一章是夏商陶文，指的是1960年至1964年偃師二里頭遺址出土陶器上的刻畫符號。所以稱爲夏商，是因爲年代屬夏屬商還有争論。據記載和研究：商始祖契爲帝嚳之子，湯爲契之十四世孫。帝嚳時代在堯舜之前，契興於堯舜禹之際，湯成長於夏之末。帝嚳都西亳，即今偃師。此後，自契至湯八遷，自湯至盤庚五遷。其中，湯回遷西亳從先王帝嚳居，屬於兩遷居同一地點者。此外，兩遷居同一地點者，還有安陽殷墟（三遷商邱，另當别論）[5]。文化有積纍纔有傳承。二里頭與殷墟能够發現殷商遺址，與兩爲殷商國都不能説没有關係。本書所收二里頭刻畫符號拓本13件，從形態和風格看，早於殷墟甲骨文，但又與殷墟甲骨文存在某種關聯，屬於商湯至太戊都西亳時故物應無疑問。其中有一件鹿角拓本（），發掘簡報用鉛字造型，形狀變異爲，看不出是鹿角[6]；相關研究用的倒是拓本，可惜將拓本放倒了（），導致與殷墟甲骨文和商周金文相同或相近的

① 羅振玉：《東都冢墓遺文》，《石刻史料新編》第1輯第18册，臺灣：新文豐出版公司，1982年，第13949～13975頁；同作者《芒洛冢墓遺文》，《石刻史料新編》第1輯第19册，臺灣：新文豐出版公司，1982年，第13977～14323頁。

② 羅振玉：《恒農磚録》，石印本，1917年；《恒農冢墓遺文》，上虞羅氏永慕園石印本，1915年。

③ 端方：《匋齋臧石記》《匋齋臧甎記》，《石刻史料新編》第1輯第11册，臺灣：新文豐出版公司，1982年，第7967～8433、8435～8456頁。

④ 據我所知，帶有墨、朱、粉書的陶製品，特别是墓磚和買地券，各個博物館，尤其是地方縣市級博物館，均藏有不少，由於清洗照相困難，大部分都未整理發表。

⑤ 王國維：《説自契至於成湯八遷》《説商》《説亳》《説殷》，《觀堂集林》（附别集），中華書局重印本，1984年，第515～516、516～518、518～522、523～525頁。

⑥ 中國科學院考古研究所洛陽發掘隊（方酉生執筆）：《河南偃師二里頭遺址發掘簡報》，《考古》1965年第5期，第222頁。

字進行比較,所比的字與鹿角没有關係①。就此而言,本書所收原始拓本,顯然更能展現二里頭陶文的原貌。此外,説該陶文刻畫的是鹿角,也是有根據的。這衹需要與殷墟甲骨文"鹿"字頭頂上的角,如"[illegible]"(《合集》28327)、"[illegible]"(《合集》33367),比較一下就清楚了。

第二章是西周陶文,最末是2002年洛陽西周墓出土的數字簋。該數字簋上刻畫的并非衹是數字,還刻畫了田獵圖畫。據清理簡報和相關研究:這座西周墓屬西周晚期,具有殷遺民墓葬的明顯特徵。這已經很有意思。更有意思的是,刻畫的五組數字:一一八九一八、八一八一八六、六一八一八九、一八一八一一、一一一八八一,屬於筮數易卦,按照陽奇陰偶解讀,分别是《周易》六十四卦中的巽(巽下巽上䷸)、蹇(艮下坎上䷦)、既濟(離下坎上䷾)、睽(兑下離上䷥)、无妄(震下乾上䷘)五卦,卦象與圖畫内容亦相契合②。這自然没有問題。值得一提的是,現在能夠輕易破譯這種數字符號,也就是後來所謂的"數字卦",完全得益於張政烺先生的創造性發明。

實際上,早在北宋重和元年(1118),安州(今湖北孝感)出土的西周中方鼎銘文之末就出現過兩組這種符號,然而宋人不識③,後人亦長期目爲"奇字"。直到1950年河南安陽四盤磨出土商代卜骨,1956年陝西長安張家坡出土西周卜骨,又見到這種符號,纔引起學人進一步思考。1956年,李學勤先生猜測恐與《周易》九六之數有關④。1957年,唐蘭先生指出應是由一、五、六、七、八等數字組成的已經遺失的古代少數民族文字。這些雖然都是極爲重要的推進,但離事實真相還相差甚遠。1974年,張政烺先生參加馬王堆帛書《周易》經傳整理,開始深入研究《周易》。1977年,陝西岐山鳳雛村出土西周卜甲又見到這種符號。1978年11月29日至12月8日,中國古文字研究會在長春召開首届學術討論會,張政烺先生應代表請求,做了《古代筮法與文王演周易》的簡短發言,指出:鳳雛村西周卜甲所見由特定數字構成的複合符號,就是"數字卦"。此説不僅解

---

① 杜金鵬:《關於二里頭文化的刻畫符號與文字問題》,《中國書法》2001年第2期,第55頁。

② 參閲洛陽市文物工作隊(安亞偉執筆):《河南洛陽市唐城花園西周墓葬的清理》,《考古》2007年第2期,第94~96頁;蔡運章、安亞偉《西周陶簋所見圖畫、筮數和文字簡論》,《考古》2007年第2期,第61~66頁。另參晏昌貴:《西周陶簋所見筮數、圖像考釋》,《周易研究》2009年第2期,第12~18頁。

③ 這兩組數字分别爲"七八六六六六"和"八七六六六六",王黼《宣和博古圖》卷二釋作"赫赫",薛尚功《歷代鐘鼎彝器款識法帖》卷一〇釋作"𣎴赫",還有釋作"八大夫""十八大夫"者,實際爲《周易》六十四卦中的剥(坤下艮上䷖)、比(坤下坎上䷇)二卦。

④ 薛尚功:《歷代鐘鼎彝器款識法帖》卷三"世母辛卣"條記器銘前三字爲"×××",即筮數"五五五",爲《周易》八卦中的乾卦(單卦☰),與器名"母辛"亦相契合。薛尚功不知,將"×"釋作"㐅"(古文"五"),稱:"上一字作三㐅,按《説文》世字從三十,故以此爲世字。"薛氏在"母辛卣"前加一"世",蓋因於此。但後云:"天數窮于九,地數終于六,九六之數爲十五,而天地之數備。三㐅者,十五也。"將此數字與《周易》九六之數相聯繫,早於李學勤,不爲無識。

開了近千年的“奇字”謎團，同時爲文王演八卦的傳説提供了實證，受到與會者一致贊揚。此後，1980、1982、1984三年，張政烺先生連續發表了《試釋周初青銅器銘文中的易卦》《殷墟甲骨文所見的一種筮卦》《易辨——近幾年來我用考古材料研究周易的綜述》三篇内容相關的論文，根據當時他能見到的材料，將他的“數字卦”理論做了進一步的完善。詳細情況，參見前揭三文，這裏無須贅述[①]。總之，其説堪稱開鑿鴻蒙，振聾發聵！這裏特别提出，是希望大家在解讀“數字卦”時，不要忘記張政烺先生的卓越貢獻！

這裏補充一點。如前揭清理簡報所説，這座西周墓屬西周晚期，具有殷遺民墓葬的明顯特徵。我們知道，周成王即位，始營成周洛邑。《尚書·多士》序曰：“成周既成，遷殷頑民。”注曰：“殷大夫士心不則德義之經，故徙近王都教誨之。”即周成王時遷到洛陽的這批殷遺民，其後裔直到西周晚期仍在洛陽居住[②]。1980年陝西扶風齊家村出土西周中期以後卜骨，其“數字卦”中首次出現“九”字。張政烺先生在《易辨——近幾年來我用考古材料研究周易的綜述》中説：“殷及周初的筮數中不見九字……從不見九字到出現九字，是一個很大的轉變過程，怎麽會發生這種情況，從理論上很難解决，祇有用歷史解釋，我推測是個民族化問題。上古時期，中國境域的東方人和西方人不同族，風俗習慣不一樣。八卦是伏羲氏創造的，伏羲氏是東方人，數以八爲紀，故所用數字止於八。流傳到西方周人手裏，行之日久，必然要民族化，西方人數以九爲紀，九字遂進入筮數之中。”本數字簋所見筮數中亦有“九”字。該數字簋出土於西周晚期墓葬，該墓葬即使是在東方，但由於是在西周王室直接管轄的新都洛邑，筮數中有“九”字原本没有問題。成爲問題的是，該數字簋出土於東方殷遺民的墓葬。不僅如此，周成王時遷到洛陽的這批殷遺民，還有可能多是與商王有血緣關係的子姓貴族，他們基本保持原有氏族組織，聚族而居，并保持傳統的墓葬習俗[③]。據此，該數字簋筮數中有“九”字，就有可能是東方殷民族自己的傳統。前揭清理簡報和相關研究均未就此問題做出解釋。這是我們閲覽本書時需要考慮的問題。

第五章是曹魏、西晋陶文，我對其中曹魏南部君父女磚和西晋官奴婢磚較有興趣。

---

① 前揭三文，先後收入以下三書：(1)《張政烺文史論集》，中華書局，2004年，第561～580、692～705、714～723頁；(2)《張政烺論易叢稿》，中華書局，2011年，第6～29、44～63、64～76頁；(3)《張政烺文集：論易叢稿》，中華書局，2012年，第1～25、26～38、39～58頁。按：後二書爲張政烺高弟李零整理，李曾撰《寫在前面的話——讀〈張政烺論易叢稿〉》叙説原委，值得一讀。

② 《後漢書》卷二九《鮑永傳》記光武帝“賜永洛陽商里宅”，李賢注：“《東觀記》曰：‘賜洛陽上商里宅。’陸機《洛陽記》曰：‘上商里在洛陽東北，本殷頑人所居，故曰上商里宅也。’”這是東漢初年之事。可見這批殷遺民，其後裔在洛陽居住時間之悠久。

③ 彭裕商：《周初的殷代遺民》，《四川大學學報》2002年第6期，第112～114頁；黄樹余：《周初殷遺民去向研究》，鄭州大學碩士學位論文，2011年，第1、39頁。

前　　言

我們的先民,在生活生產的實踐中,發明了火。土火之戀,產生了陶。陶器的使用,又極大地提升了先民們生活生產的品質和水準。之後,文字產生,陶又和金、木、石、骨、竹、帛、紙等材質一樣,成爲了文字的載體。因此陶文也和鐘鼎銘文、簡牘石刻、布帛以及紙張文字一樣,作爲中國漢字書法群體中的一員,記載了歷史,彰顯了藝術,引發了研究者和愛好者的興趣和重視。

陶最早出現在新石器時期。中國早期的歷史文化分期,從某種意義上説,即是以陶類爲標誌的,如仰韶時期的彩陶文化,龍山時期的黑陶、灰陶文化等。洛陽就是仰韶彩陶文化的所在地。此外尚有王灣、妯娌等數十處新石器時代的重要文化遺址,這些遺址出土有大量的陶器。到了以青銅爲標志的二里頭文化時期,陶器依然大量存在。二里頭遺址出土陶器的種類很多,品種有鼎、鬲、豆、罐、甑、盆、甕、鬶、尊、觚、爵、斝、盤、壺、杯等。陶質有夾砂陶、泥質陶等。商周秦漢時期陶器使用也非常廣泛,如建築遺址發現的大量材料和物品,陵墓出土的難以數計的器物陪葬品,大多都是陶質品。此後歷朝歷代,延至今日,陶都作爲一種材料,被廣泛使用着,它始終與人類的生活生產相伴。陶文即是指依附於陶質材料和器物之上的文字。從考古發現和文字研究的成果來看,陶文應該是漢字的最早文字形式之一。

我國最早的文字出現於何時,一直是專家們關注和研究的課題。人類早期契刻符號與文字交織存在,有着表意的功能。文字即是符號,是一種更加規範和有規律的表現形式。陝西半坡、姜寨遺址發現的陶文,有專家認爲是中國最早的文字。20 世紀 80 年代,河南省社科院考古研究所對距今 8000 年的位於河南省舞陽縣沙河之濱的賈湖史前遺址進行了科學發掘,發現了 20 餘個契刻而成的原始文字。這些原始文字契刻於龜甲、骨器、石器、陶器之上,因此這些可以稱作是迄今發現最早的文字,其中就包括陶文[①]。

陶文和其他文字一樣,在形式、内容、書法上有着自己的特點。它依附於磚瓦器或是專門製作物之上。内容一般爲紀事、發願、祈福、誌墓、標記、裝飾等。其表現和存在形式顯示出了多樣化。不僅有陰刻、陽刻、模印、戳印,還有墨書、朱書、粉書等。一般來講,陰刻相對簡單,是直接用錐形硬器在磚、瓦、器物上刻寫,作者根據需要和表現意圖創作,有很大的自由度。就陰刻而言,又分爲乾刻

① 河南省文物考古研究所:《舞陽賈湖》,科學出版社,1999 年;張居中:《八千年前的書法藝術——河南賈湖原始文字的發現與研究》,《中國書法》2001 年第 1 期。

和濕刻兩種。乾刻是將文字用工具刻在已製成的陶器之上,鋭器與硬陶的碰撞與較量,産生了斑駁陸離的效果;而濕刻則是用鋭利器,乘陶坯未乾之時,揮錐如毫,刻畫文字更真切,更易於表達作者的創造意圖,因而更加生動活潑。而陽刻、模印、戳印相對要複雜一些。陽刻是"沙地留青"剔去底子,祇留下必要的筆畫。模印和戳印要事先做好模具或戳子,前期工作量大,而一旦成模、成戳,效率高出許多。因此模印、戳印作爲批量製作的便捷方法,被廣泛應用到建築構件,如磚、瓦、瓦當以及器物標記之上。朱、墨、粉書則是用毛穎將墨、硃砂、白粉直接書寫於陶器之上。上述陶文表現形式在洛陽陶文中都有大量出現。

洛陽作爲中國古代夏、商、西周、東周、東漢、曹魏、西晋、北魏、隋、唐、後梁、後唐、後晋十三個朝代的都城,早已享譽世界。洛陽還是著名的書法之都和魏碑的故鄉。這是因爲都城的地位使其成爲當時的政治、軍事、經濟和文化的中心。首善之地,在各個方面,都有着非同尋常的彰顯和表現。在文化藝術方面表現的最重要的標志之一,就是大量優秀書法遺迹的存世。漢魏石經,北魏龍門石刻造像題記,北朝、隋、唐墓誌以及宋代《汝帖》和清代《擬山園》《琅鏵館》等王鐸刻帖,應是洛陽書法之都閃亮寶冠上最璀璨的明珠。現在國家設有洛陽博物館、洛陽龍門石窟研究院、洛陽古代藝術館、新安千唐誌齋博物館、孟津王鐸書法藝術館以及各縣市區文物保護管理所,對這些書法藝術珍品進行管理和保護,使其研究、教育和欣賞的功用得到了極大地發揮。除此之外,洛陽古代書法家族中的出土陶文,也逐漸地被人們所認識,并越來越受到重視。

洛陽的古代陶文,伴隨着華夏文明的進程,在各個重要歷史時期都有着重要的反映。大規模出土的有夏商二里頭契刻符號陶器、東漢刑徒墓磚、西晋奴婢磚、北魏瓦削文字、唐代含嘉倉刻銘磚、宋代漏澤園墓磚等。零星出土的還有歷代帶有文字的陶磚、瓦、器和墓誌、買地券等。

洛陽偃師二里頭遺址,經過自 20 世紀六七十年代開始的 40 多年的科學發掘,已被專家學者論定爲夏代都城遺址,發現有迄今爲止我國最早的青銅鑄造作坊和青銅禮器、最早的王城宫城和宫殿建築,其中還發掘出土有大量的陶器和陶塑藝術品。尤其應該得到重視的是在這些器物(主要是大口尊)上還發現有 24 種刻畫符號,不同的形狀,似有關聯的排列,雖尚未破解其中真正的含意,但讓人們首先猜想到,它或許就是一種原始的文字。與河南賈湖刻畫符號相比,賈湖符號明顯地有圖畫的特徵,而二里頭刻符,却要簡約得多,更具備了文字的性質。從這一意義來説,後者是一個大的進步。儘管這些刻畫符號所表達的具體用意尚不明確,但記數和標記的猜想,却是專家們的共識。從藝術的角度看,似有規律的排列組合,意圖明顯的布局謀篇以及爽快犀利的刻畫,已經具備文字的一般特徵,後來發現的殷商甲骨文字,與其有着一脉相承的關係,這是毋庸置疑的了。

商周時期,金文書法輝煌燦爛。陝西周原地區出土的大量的金文,爲我國夏商周斷代工程提供了重要的參考資料,不僅在史學上,而且在書學上有着非同尋常的意義。同樣作爲周朝都城的洛陽,却没有那麽幸運。金村東周大墓被盜掘,大量銘文銅器流失海外,成爲國人的遺憾和耻辱。值得慶幸的是,1975 年至 1979 年,洛陽北窑西周鑄銅遺址的發現和發掘,給了人們些許安慰。在鑄銅遺址發掘出土的窑址和工具,使我們看到了二千多年前的冶鑄工藝和成型技術,豐富了對我國青銅鑄造業的認識。值得一提的是,在出土的大量的鑄銅範模上有着精美的饕餮紋、雲雷紋等紋飾,顯示了青銅器的尊貴和華美。在方鼎的範芯和分型面上刻有一些文字或符號[①]。這些被釋讀爲"大""臣""王""彝"等文字,更進一步證實,這些青銅器物,非王室莫屬。它的意義,顯然不衹在書法一端。

戰國時代的陶文,常見於器物之上。這一時期,特别是戰國至西漢一段,僅從書體上確認文字時代,比較困難。它的時代厘分,往往要參考遺址、墓葬和文字所在的器物造型。

漢代的陶文,洛陽出土以東漢刑徒墓磚文字爲最多。據中國社會科學院考古研究所《漢魏洛陽故城南郊東漢刑徒墓地》報告,洛陽東漢刑徒墓地,位於漢魏洛陽故城南郊,即今洛陽市下轄偃師市佃莊鎮西大郊村西南土崗,面積約 5 萬平方米。自清季以來此處即有刑徒墓磚出土,先後爲鄧實的《神州國光集》,端方的《匋齋藏磚記》《匋齋藏石》和羅振玉的《恒農冢墓遺文》《恒農磚録》(羅振玉誤洛陽所出刑徒磚爲恒農新出)以及范壽銘的《循園古冢遺文跋文》收録,共 675 塊。1964 年開始,中國社會科學院考古研究所洛陽漢魏故城工作隊,又對該墓地進行了科學發掘,共 1810 平方米,516 座墓葬,獲磚 823 塊,并在發掘報告中予以記載。2011 年國家圖書館出版社出版筆者編的《東漢刑徒墓磚擴存》一册,收録流散刑徒墓磚 215 塊。以上共計 1700 餘塊,實際出土還應大於這個數字許多。前述各家著録刑徒磚,時間最早的爲漢明帝永平五年(62),晚至漢靈帝熙平元年(172),長達 111 年。這些刑徒磚,都是爲當時服役勞作人員死後的誌墓之物,簡單地記載了死者的部屬、特長、來處、刑名、姓名、死亡時間、尸體所在地等。刑徒磚一般以建築殘磚刻畫而成,隸書體。在長達百年的時間裏,書刻面貌基本上保持着整體風格的一致。這是因爲一些磚本來就是某一時期由同一人所書,還或許是在同一機構内部相互影響,因循成習的結果。但每一塊磚的書刻,無論是古拙,還是峻利,都表現得相當嫻熟。磚文在結體上變化較大,或緊縮,或開張,或逸出,都表現出了當時民間書法無拘無束的意趣。對於刑徒磚書法的價值,羅振玉給予了充分的肯定,他在《恒農冢墓遺文》説:"百餘磚者,不異百餘小漢碑。"可見其珍重程度。

漢代的陶文,還有常見的墓誌、銘磚、買地券等,多爲陰刻,表現方式多樣,面

① 洛陽市文物工作隊:《1975—1979 年洛陽北窑西周鑄銅遺址的發掘》,《考古》1983 年第 5 期。

貌各不相同，如《黄君磚》《安都侯磚》，字體碩大，刻痕深峻，令人震撼。《姚孝經磚誌》則寬博瘦勁，挺拔有力，同樣具有藝術的魅力。洛陽瓦當出土不多，稍可成爲規模的是西漢時期新安縣函谷關的"關"字瓦當。早在清季，即有新安縣函谷關瓦當出土，之後陸續又有發現。20 世紀 90 年代，洛陽肆間也有售賣，筆者幸得一見并拓印。1998 年，洛陽市第二文物工作隊對新安縣函谷關倉儲建築遺址進行發掘，又出土數枚"關"字瓦當。以上筆者曾在 2002 年第四期《書法叢刊》的《漢函谷關"關"字瓦當略説》予以介紹。這些"關"字瓦當，即爲模印之物，雖衹一個"關"字，在書寫表現上却變化無窮，從結體到裝飾，出奇出新，讓人不由得感歎當時人們的聰明才智。同樣，漢代的吉語陶文，也以模印居多，常印於磚的正面或側面，内容有"常宜子孫""宜富貴""大吉昌""安世"等。雖是當時的幾句祈福詞語，但它在書法上的絢爛多彩的藝術表現，亦爲今人所折服。

自曹魏開始，實行禁碑，到了西晋，重申禁碑制度。"不墳不樹"成爲魏晋時期喪葬的特徵，連西晋帝陵都是史書有載，而後人却久尋不得，近年始有發現。一般士庶人家更是不敢越雷池一步，不敢私自立碑溢美。但當時人們爲了表示對逝者的懷念和褒揚，仍然要變换方式延續前人的做法，將地面碑碣縮小或改變形式，瘞埋地下。此中除了石質碑（小型）誌以外，也有大量的陶質磚誌出現。誌主不僅有官高位顯的大司農、大將軍等，更多的則是普通的士人庶子，而其中尤以女性爲多。2015 年新安縣出土五塊曹魏時期的南部君及其三個女兒磚，爲僅見的其時家族墓地葬磚，涉及諸多職官稱謂，以及疫病情況，研究價值極高。2008 年夏，洛陽出土了西晋時期泰始年間的奴婢磚數十塊，它們與東漢刑徒墓磚一樣，是當時社會最下層人員的誌墓標記。這些奴婢磚，簡單地記載了奴婢的性質（官屬）、族别、編號、年齡等，反映了當時官虜少數民族婦女爲婢的社會現實。從書法的角度講，晋代書體多爲隸書，亦有楷書和行書，還有嬗變過程中的隸、楷，或者是隸、楷、行書的雜糅之作。泰始官奴婢磚的書體爲草隸體，刻畫率意，有行無列，既有隸意，亦有楷意，還有行意，自由奔放，恣意張揚，顯示了無拘無束的民間書法特點。對於這一類書法，前輩學者早已有了重視。清季鄭文焯在《草隸辨》中説到"草隸之制，蓋原於漢，而名自晋始"。正是説明，早在漢代，已經有了類似於刑徒磚刻銘文字樣的隸書，而其名不彰，到了晋代，纔有人稱其爲草隸。端方在《匋齋藏磚記》中稱，東漢刑徒磚中的西平殘磚"略兼分正、行、草三體，殆古所謂草隸也"。東漢刑徒墓磚與西晋泰始奴婢磚，伯仲比肩，有别於漢晋時期官家碑刻書法，確是其時隸書書法的另一類，有着鮮明的個性和生命力。

漢字書法到了北魏時期，基本上完成了它的嬗變過程，形成了别開生面的魏碑體。魏碑體的代表，是北魏洛陽龍門石窟造像題記和邙山出土的北魏墓誌。它的特點是方峻整飭，挺拔偉岸，謂爲"方魏"，也被稱爲"洛陽體"。代表作品是

曹魏南部君父女磚五方，新安縣出土，時間不詳。包括南部君陵及其長女金璧、二女惡藥、三女君壽四人。南部君陵的姓氏已不可考，但仕宦尚可探究。南部君陵磚記陵生平僅云："君諱陵，字子皋，天水冀人也。以漢建安八年(203)春正月七日癸巳生，魏景初三年(239)夏五月十二日丙申遭疾而卒，年卅有七，冬十有二月葬于此土。……君在官，惠愛公平，吏民稱述。"[①]没説明在何官。其三女磚開頭分别稱"南部君長女""南部君二女""南部君三女"。長女磚記"太和三年(229)三月遭癘氣夭折，時在京師"；二女磚記"(太和)五年(231)八月十九日遭疾夭折，時在都尉官舍"；三女磚記"青龍二年(234)七月十三日遭疾夭折，時在都尉官舍"。知南部君陵所任實爲南部都尉，時間應在曹魏太和三年之後。南部都尉爲西漢在邊郡設置的軍官，據《漢書·地理志》，當時全國僅會稽、牂柯、隴西、西河、樂浪五郡設有南部都尉。王國維先生謂會稽南部都尉應爲東部都尉之誤[②]，如果屬實，則西漢全國實際僅四郡設有南部都尉。南部君陵磚記陵爲天水冀人，又記其祖父曾任"張掖大守"，伯父曾任"金城大守"，父親曾任"西海大守"，均在隴右河西，故陵所任應爲隴西郡南部都尉。關於隴西郡南部都尉，《後漢書》的《順帝紀》《馬援附子防傳》《西羌傳》頗多記載，無須贅述[③]。而《三國志》對隴西郡南部都尉却無一字提及。就此而言，此南部君父女磚具有十分重要的史料價值。

西晉官奴婢磚十九方，2008 年夏洛陽北邙山出土。包括官屬晉、虜、羌、鮮卑等漢族和少數民族奴婢二十餘人，死亡時間均在泰始年(265—274)間。我們知道，西晉亡於匈奴、鮮卑、羌、氐、羯等所謂"五胡"。這些官奴婢磚中，至少見有羌、鮮卑二胡，其價值之重要自不待言。因而在本書之前，相關研究實際早已開始。衹是非常可惜，這些研究都存在各式各樣的問題。譬如：王鶴松、王國玉認爲"官晉婢"指晉武帝在建晉過程中將政敵家眷中的女性充當的婢[④]。不知"官晉婢"之"晉"實際是指本朝晉人也就是漢人。此外，王鶴松、王國玉認爲"官虜婢"是指以俘獲女性充當的婢。楊寧則認爲："虜：當爲'奴'的假借字。"[⑤]均屬毫無根據的想象。東友關尾史郎先生曾在自己的博客裏，批評李明曉在所著《兩漢魏晉南北朝石刻法律文獻整理與研究》(人民出版社，2016 年)第六章《晉泰始官奴婢磚銘》中，將"官虜婢"之"虜"解釋爲"捕虜"是錯誤的，認爲這個"虜"無

---

① 另參《書法叢刊》2016 年第 4 期首發的《曹魏南部君墓誌》。

② 王國維：《漢會稽東部都尉治所考》，《觀堂集林》(附别集)，中華書局重印本，1984 年，第 559～560 頁。

③ 此外，甘肅岷縣文化館還藏有一件東漢永元八年(96)製造的青銅弩機，據研究屬於隴西郡南部都尉舊物。參閱樊友文《永元款銅弩機與隴西郡南部都尉》，《隴右文博》2003 第 2 期，第 21～23 頁。

④ 王鶴松、王國玉：《晉泰始官奴婢磚銘十九題疏證》，《東方藝術》2009 年第 4 期，第 93 頁。下同。

⑤ 楊寧：《近五年(2008—2012)新見漢魏六朝石刻搜集與整理》，西南大學碩士學位論文，2014 年，第 19 頁。

論如何也應同於同一批墓磚中所見的"羌"和"鮮卑",屬於一種非漢族的少數民族[①]。這纔是正確的見解。我曾指出:魏晋南北朝時期,習慣稱東北的鮮卑爲"鮮卑",稱西北的鮮卑爲"虜"[②]。《晋書·武帝紀》咸寧四年(278)六月條云:"凉州刺史楊欣與虜若羅拔能等戰于武威,敗績,死之。"若羅拔能爲西北鮮卑酋長樹機能的部下,即被稱爲"虜"。同紀咸寧元年(275)二月條云:"叛虜樹機能送質請降。"又咸寧三年(277)三月條云:"平虜護軍文淑討叛虜樹機能等,并破之。"樹機能本人也被稱爲"虜",均可爲證。因此,關於這些官奴婢磚,還有重新研究的必要。

第六章是北魏、北齊陶文,其中北魏鄯月光墓銘磚值得一説。該墓銘磚釋文僅4行35字,全文如下:"大魏正始二年歲次乙酉十一月戊辰朔廿七日甲午,前部王故車伯生息妻鄯月光墓銘。"我們知道,車師前國被沮渠氏北凉流亡政權滅亡,是在北魏太平真君十一年(450),不久,其王車伊洛即率家族投降了北魏,應該到達了平城,并在此定居。此後,據《魏書·車伊洛傳》,僅知車伊洛於興安二年(453)卒,子歇襲爵;歇於延興三年(471)卒,子伯主襲爵。此後無聞。而據該墓銘磚,不僅知道《魏書·車伊洛傳》所見車伯主實際應爲車伯生之誤,還知道車伯生有子媳,家族應隨孝文帝遷居洛陽,且最終死葬洛陽。該墓銘磚對於高昌史研究、西域史研究、中西交通史研究,價值之大可以想見。該墓銘磚首見於郭玉堂的《洛陽出土石刻時地記》,注明是"民國廿一年(1932),洛陽東北卅里天皇嶺出土"[③]。最早引用該墓銘磚的是馮承鈞的《高昌事輯》[④],我在《高昌史稿·統治編》中也引用過[⑤]。但都不清楚該墓銘磚現在何處。本書注明該墓銘磚舊拓"現藏洛陽市文物考古研究院",提供了解決這一問題的綫索。

第八章是唐代陶文,值得關注的材料不少,其中1971年隋唐含嘉倉遺址出土的刻銘磚十四塊,有咸亨五年、調露□年、聖曆二年等紀年,爲高宗、武后時舊物,對於確定唐代含嘉倉的性質,具有十分重要的意義。譬如張弓先生就曾據此論定含嘉倉不是轉運倉,從職掌看應等同於太倉[⑥]。此外,還值得一提的是,這十

---

① 参閲關尾史郎のブログ(http://sekio516.exblog.jp/)2017年1月30日紀事。

② 王素:《吐魯番出土高昌郡文書所見的"胡"與"虜"》,《吐魯番學研究:第三届吐魯番學暨歐亞遊牧民族的起源與遷徙國際學術研討會論文集》,上海古籍出版社,2010年,第580～585頁。

③ 郭玉堂:《洛陽出土石刻時地記》,民國三十年(1941),洛陽大華書報社。按:此版印刷極少,已不易得。現有二新版:(1)[日]氣賀澤保規編著(複刻)《洛陽出土石刻時地記——附:解説、所載墓誌碑刻目録》,明治大學東洋史資料叢刊第2種,東京汲古書院,2002年;(2)郭培育、郭培智主編《洛陽出土石刻時地記》,大象出版社,2005年。可以參閲。

④ 馮承鈞:《高昌事輯》,原載《國立華北編譯館館刊》第2卷第9期,1943年,收入《西域南海史地考證論著彙輯》,中華書局,1957年,第63頁。

⑤ 王素:《高昌史稿·統治編》,文物出版社,1998年,第253頁。

⑥ 張弓:《唐朝倉廪制度初探》,中華書局,1986年,第60～63頁。

四塊刻銘磚，發掘簡報衹公布了八塊刻銘磚①，相關研究也衹引用了十三塊刻銘磚②，都不及本書收集完整。這也是本書優於其他著録類圖書的地方。

洛陽是文物大省河南下面的文物大市。洛陽市的文物工作者，對本地文物有着很深的感情，同時也爲整理這些文物做了很多有益的工作。本書就是這些有益的工作中的一種。就此而言，我們應該向本書的作者致敬，向王木鐸先生與王沛賢父女、俞凉亘先生致敬！希望他們爲整理洛陽文物做更多的工作，做出更大的貢獻！

是爲序。

王　素

2017 年 3 月 15 日

① 河南省博物館、洛陽市博物館：《洛陽隋唐含嘉倉的發掘》，《文物》1972 年第 3 期，第 49～62 頁。

② 段鵬琦：《隋唐洛陽含嘉倉出土銘文磚的考古學研究》，《考古》1997 年第 11 期，第 78～85、88 頁。

前　言

我們的先民，在生活生產的實踐中，發明了火。土火之戀，産生了陶。陶器的使用，又極大地提升了先民們生活生產的品質和水準。之後，文字産生，陶又和金、木、石、骨、竹、帛、紙等材質一樣，成爲了文字的載體。因此陶文也和鐘鼎銘文、簡牘石刻、布帛以及紙張文字一樣，作爲中國漢字書法群體中的一員，記載了歷史，彰顯了藝術，引發了研究者和愛好者的興趣和重視。

陶最早出現在新石器時期。中國早期的歷史文化分期，從某種意義上説，即是以陶類爲標誌的，如仰韶時期的彩陶文化，龍山時期的黑陶、灰陶文化等。洛陽就是仰韶彩陶文化的所在地。此外尚有王灣、妯娌等數十處新石器時代的重要文化遺址，這些遺址出土有大量的陶器。到了以青銅爲標志的二里頭文化時期，陶器依然大量存在。二里頭遺址出土陶器的種類很多，品種有鼎、鬲、豆、罐、甑、盆、甕、鬶、尊、觚、爵、斝、盤、壺、杯等。陶質有夾砂陶、泥質陶等。商周秦漢時期陶器使用也非常廣泛，如建築遺址發現的大量材料和物品，陵墓出土的難以數計的器物陪葬品，大多都是陶質品。此後歷朝歷代，延至今日，陶都作爲一種材料，被廣泛使用着，它始終與人類的生活生産相伴。陶文即是指依附於陶質材料和器物之上的文字。從考古發現和文字研究的成果來看，陶文應該是漢字的最早文字形式之一。

我國最早的文字出現於何時，一直是專家們關注和研究的課題。人類早期契刻符號與文字交織存在，有着表意的功能。文字即是符號，是一種更加規範和有規律的表現形式。陝西半坡、姜寨遺址發現的陶文，有專家認爲是中國最早的文字。20 世紀 80 年代，河南省社科院考古研究所對距今 8000 年的位於河南省舞陽縣沙河之濱的賈湖史前遺址進行了科學發掘，發現了 20 餘個契刻而成的原始文字。這些原始文字契刻於龜甲、骨器、石器、陶器之上，因此這些可以稱作是迄今發現最早的文字，其中就包括陶文①。

陶文和其他文字一樣，在形式、内容、書法上有着自己的特點。它依附於磚瓦器或是專門製作物之上。内容一般爲紀事、發願、祈福、誌墓、標記、裝飾等。其表現和存在形式顯示出了多樣化。不僅有陰刻、陽刻、模印、戳印，還有墨書、朱書、粉書等。一般來講，陰刻相對簡單，是直接用錐形硬器在磚、瓦、器物上刻寫，作者根據需要和表現意圖創作，有很大的自由度。就陰刻而言，又分爲乾刻

① 河南省文物考古研究所：《舞陽賈湖》，科學出版社，1999 年；張居中：《八千年前的書法藝術——河南賈湖原始文字的發現與研究》，《中國書法》2001 年第 1 期。

和濕刻兩種。乾刻是將文字用工具刻在已製成的陶器之上，鋭器與硬陶的碰撞與較量，産生了斑駁陸離的效果；而濕刻則是用鋭利器，乘陶坯未乾之時，揮錐如毫，刻畫文字更真切，更易於表達作者的創造意圖，因而更加生動活潑。而陽刻、模印、戳印相對要複雜一些。陽刻是"沙地留青"剔去底子，衹留下必要的筆畫。模印和戳印要事先做好模具或戳子，前期工作量大，而一旦成模、成戳，效率高出許多。因此模印、戳印作爲批量製作的便捷方法，被廣泛應用到建築構件，如磚、瓦、瓦當以及器物標記之上。朱、墨、粉書則是用毛穎將墨、硃砂、白粉直接書寫於陶器之上。上述陶文表現形式在洛陽陶文中都有大量出現。

洛陽作爲中國古代夏、商、西周、東周、東漢、曹魏、西晋、北魏、隋、唐、後梁、後唐、後晋十三個朝代的都城，早已享譽世界。洛陽還是著名的書法之都和魏碑的故鄉。這是因爲都城的地位使其成爲當時的政治、軍事、經濟和文化的中心。首善之地，在各個方面，都有着非同尋常的彰顯和表現。在文化藝術方面表現的最重要的標志之一，就是大量優秀書法遺迹的存世。漢魏石經，北魏龍門石刻造像題記，北朝、隋、唐墓誌以及宋代《汝帖》和清代《擬山園》《琅鏵館》等王鐸刻帖，應是洛陽書法之都閃亮寶冠上最璀璨的明珠。現在國家設有洛陽博物館、洛陽龍門石窟研究院、洛陽古代藝術館、新安千唐誌齋博物館、孟津王鐸書法藝術館以及各縣市區文物保護管理所，對這些書法藝術珍品進行管理和保護，使其研究、教育和欣賞的功用得到了極大地發揮。除此之外，洛陽古代書法家族中的出土陶文，也逐漸地被人們所認識，并越來越受到重視。

洛陽的古代陶文，伴隨着華夏文明的進程，在各個重要歷史時期都有着重要的反映。大規模出土的有夏商二里頭契刻符號陶器、東漢刑徒墓磚、西晋奴婢磚、北魏瓦削文字、唐代含嘉倉刻銘磚、宋代漏澤園墓磚等。零星出土的還有歷代帶有文字的陶磚、瓦、器和墓誌、買地券等。

洛陽偃師二里頭遺址，經過自 20 世紀六七十年代開始的 40 多年的科學發掘，已被專家學者論定爲夏代都城遺址，發現有迄今爲止我國最早的青銅鑄造作坊和青銅禮器、最早的王城宫城和宫殿建築，其中還發掘出土有大量的陶器和陶塑藝術品。尤其應該得到重視的是在這些器物（主要是大口尊）上還發現有 24 種刻畫符號，不同的形狀，似有關聯的排列，雖尚未破解其中真正的含意，但讓人們首先猜想到，它或許就是一種原始的文字。與河南賈湖刻畫符號相比，賈湖符號明顯地有圖畫的特徵，而二里頭刻符，却要簡約得多，更具備了文字的性質。從這一意義來説，後者是一個大的進步。儘管這些刻畫符號所表達的具體用意尚不明確，但記數和標記的猜想，却是專家們的共識。從藝術的角度看，似有規律的排列組合，意圖明顯的布局謀篇以及爽快犀利的刻畫，已經具備文字的一般特徵，後來發現的殷商甲骨文字，與其有着一脉相承的關係，這是毋庸置疑的了。

商周時期，金文書法輝煌燦爛。陝西周原地區出土的大量的金文，爲我國夏商周斷代工程提供了重要的參考資料，不僅在史學上，而且在書學上有着非同尋常的意義。同樣作爲周朝都城的洛陽，却没有那麼幸運。金村東周大墓被盗掘，大量銘文銅器流失海外，成爲國人的遺憾和耻辱。值得慶幸的是，1975 年至 1979 年，洛陽北窑西周鑄銅遺址的發現和發掘，給了人們些許安慰。在鑄銅遺址發掘出土的窑址和工具，使我們看到了二千多年前的冶鑄工藝和成型技術，豐富了對我國青銅鑄造業的認識。值得一提的是，在出土的大量的鑄銅範模上有着精美的饕餮紋、雲雷紋等紋飾，顯示了青銅器的尊貴和華美。在方鼎的範芯和分型面上刻有一些文字或符號①。這些被釋讀爲“大”“臣”“王”“彝”等文字，更進一步證實，這些青銅器物，非王室莫屬。它的意義，顯然不衹在書法一端。

戰國時代的陶文，常見於器物之上。這一時期，特别是戰國至西漢一段，僅從書體上確認文字時代，比較困難。它的時代厘分，往往要參考遺址、墓葬和文字所在的器物造型。

漢代的陶文，洛陽出土以東漢刑徒墓磚文字爲最多。據中國社會科學院考古研究所《漢魏洛陽故城南郊東漢刑徒墓地》報告，洛陽東漢刑徒墓地，位於漢魏洛陽故城南郊，即今洛陽市下轄偃師市佃莊鎮西大郊村西南土崗，面積約 5 萬平方米。自清季以來此處即有刑徒墓磚出土，先後爲鄧實的《神州國光集》，端方的《匋齋藏磚記》《匋齋藏石》和羅振玉的《恒農冢墓遺文》《恒農磚録》（羅振玉誤洛陽所出刑徒磚爲恒農新出）以及范壽銘的《循園古冢遺文跋文》收録，共 675 塊。1964 年開始，中國社會科學院考古研究所洛陽漢魏故城工作隊，又對該墓地進行了科學發掘，共 1810 平方米，516 座墓葬，獲磚 823 塊，并在發掘報告中予以記載。2011 年國家圖書館出版社出版筆者編的《東漢刑徒墓磚擴存》一册，收録流散刑徒墓磚 215 塊。以上共計 1700 餘塊，實際出土還應大於這個數字許多。前述各家著録刑徒磚，時間最早的爲漢明帝永平五年（62），晚至漢靈帝熙平元年（172），長達 111 年。這些刑徒磚，都是爲當時服役勞作人員死後的誌墓之物，簡單地記載了死者的部屬、特長、來處、刑名、姓名、死亡時間、尸體所在地等。刑徒磚一般以建築殘磚刻畫而成，隸書體。在長達百年的時間裏，書刻面貌基本上保持着整體風格的一致。這是因爲一些磚本來就是某一時期由同一人所書，還或許是在同一機構内部相互影響，因循成習的結果。但每一塊磚的書刻，無論是古拙，還是峻利，都表現得相當嫻熟。磚文在結體上變化較大，或緊縮，或開張，或逸出，都表現出了當時民間書法無拘無束的意趣。對於刑徒磚書法的價值，羅振玉給予了充分的肯定，他在《恒農冢墓遺文》説：“百餘磚者，不異百餘小漢碑。”可見其珍重程度。

漢代的陶文，還有常見的墓誌、銘磚、買地券等，多爲陰刻，表現方式多樣，面

① 洛陽市文物工作隊：《1975—1979 年洛陽北窑西周鑄銅遺址的發掘》，《考古》1983 年第 5 期。

貌各不相同,如《黄君磚》《安都侯磚》,字體碩大,刻痕深峻,令人震撼。《姚孝經磚誌》則寬博瘦勁,挺拔有力,同樣具有藝術的魅力。洛陽瓦當出土不多,稍可成爲規模的是西漢時期新安縣函谷關的“關”字瓦當。早在清季,即有新安縣函谷關瓦當出土,之後陸續又有發現。20 世紀 90 年代,洛陽肆間也有售賣,筆者幸得一見并拓印。1998 年,洛陽市第二文物工作隊對新安縣函谷關倉儲建築遺址進行發掘,又出土數枚“關”字瓦當。以上筆者曾在 2002 年第四期《書法叢刊》的《漢函谷關“關”字瓦當略説》予以介紹。這些“關”字瓦當,即爲模印之物,雖衹一個“關”字,在書寫表現上却變化無窮,從結體到裝飾,出奇出新,讓人不由得感歎當時人們的聰明才智。同樣,漢代的吉語陶文,也以模印居多,常印於磚的正面或側面,内容有“常宜子孫”“宜富貴”“大吉昌”“安世”等。雖是當時的幾句祈福詞語,但它在書法上的絢爛多彩的藝術表現,亦爲今人所折服。

自曹魏開始,實行禁碑,到了西晋,重申禁碑制度。“不墳不樹”成爲魏晋時期喪葬的特徵,連西晋帝陵都是史書有載,而後人却久尋不得,近年始有發現。一般士庶人家更是不敢越雷池一步,不敢私自立碑溢美。但當時人們爲了表示對逝者的懷念和褒揚,仍然要變换方式延續前人的做法,將地面碑碣縮小或改變形式,瘞埋地下。此中除了石質碑(小型)誌以外,也有大量的陶質磚誌出現。誌主不僅有官高位顯的大司農、大將軍等,更多的則是普通的士人庶子,而其中尤以女性爲多。2015 年新安縣出土五塊曹魏時期的南部君及其三個女兒磚,爲僅見的其時家族墓地葬磚,涉及諸多職官稱謂,以及疫病情况,研究價值極高。2008 年夏,洛陽出土了西晋時期泰始年間的奴婢磚數十塊,它們與東漢刑徒墓磚一樣,是當時社會最下層人員的誌墓標記。這些奴婢磚,簡單地記載了奴婢的性質(官屬)、族别、編號、年齡等,反映了當時官虜少數民族婦女爲婢的社會現實。從書法的角度講,晋代書體多爲隸書,亦有楷書和行書,還有嬗變過程中的隸、楷,或者是隸、楷、行書的雜糅之作。泰始官奴婢磚的書體爲草隸體,刻畫率意,有行無列,既有隸意,亦有楷意,還有行意,自由奔放,恣意張揚,顯示了無拘無束的民間書法特點。對於這一類書法,前輩學者早已有了重視。清季鄭文焯在《草隸辨》中説到“草隸之制,蓋原於漢,而名自晋始”。正是説明,早在漢代,已經有了類似於刑徒磚刻銘文字樣的隸書,而其名不彰,到了晋代,纔有人稱其爲草隸。端方在《匋齋藏磚記》中稱,東漢刑徒磚中的西平殘磚“略兼分正、行、草三體,殆古所謂草隸也”。東漢刑徒墓磚與西晋泰始奴婢磚,伯仲比肩,有别於漢晋時期官家碑刻書法,確是其時隸書書法的另一類,有着鮮明的個性和生命力。

漢字書法到了北魏時期,基本上完成了它的嬗變過程,形成了别開生面的魏碑體。魏碑體的代表,是北魏洛陽龍門石窟造像題記和邙山出土的北魏墓誌。它的特點是方峻整飭,挺拔偉岸,謂爲“方魏”,也被稱爲“洛陽體”。代表作品是著名的“龍門二十品”。同一時期魏碑的代表作品還有山東雲峰山摩崖刻石，著名者爲《鄭文公碑》，被稱爲“圓魏”。清康有爲《廣藝舟雙楫》對北魏書法最爲推崇，他激贊北魏書法有十大特點，而加以弘揚。但迄今爲止，我們看到的北魏石刻書法多爲楷書，鮮有行草書的發見。而出土於洛陽漢魏故城遺址的北魏瓦削文字，正好彌補了這一缺憾。早在民國年間，北魏瓦削文字就有批量出土。民國十八年(1929)，萍鄉文素松言從洛陽金村(今洛陽市孟津縣金村)得文字瓦數百枚，擇其精者拓印爲《瓦削文字譜》。1958年，在洛陽偃師市龍虎灘村西北漢魏洛陽故城南修築水渠時，又有文字瓦出土。1963年中國科學院考古研究所洛陽工作隊對該地進行了科學發掘，在編號爲一號房址的遺址上出土了帶文字瓦共911塊，其中刻文瓦868塊，印文瓦43塊。本書所載同類文字瓦係近年漢魏洛陽故城出土，自洛陽肆間得之。從以上各家存瓦檢校，瓦之形制、文字内容、文字刻畫皆應爲同一地之物，即漢魏故城一號房址及其附近。文氏所述之出土地或别有證據。但其所録瓦之形制，月、日和工匠姓名，工藝名稱，多與一號房址出土之瓦相合，其爲同一地點出土無疑。瓦之時代，文素松友人閻甘園、顧鼎梅均定爲漢代，顯然不確。關百益“意爲魏齊人所爲”。考古所科學發掘證實其爲北魏時物，但因所見文字均有月日，而無年號，推斷其時代應在北魏太和十七年(493)都城自平城遷洛至東魏天平元年(534)遷鄴的四十年間[①]。瓦上文字有製瓦匠人的工種，即輪、削、昆等，還有姓名及製瓦月日。文字的書體，文素松認爲是草隸，關百益未予明言，却謂它“波磔典重，上不及漢，而整飭下不逮唐，意爲魏齊間人所爲”。此説當是。今審所見瓦削文字的書體，隸、楷、行、草皆備，因其草率，隸、楷之體較難細分，惟有視其波磔而定。但其中最重要，也最有意義的是它的行草書，彌補了北魏時期現存書體的空白。由於是在瓦泥未乾之時錐畫，字痕流暢靈動，“每畫中深邊高，起伏自然，近於穎書”，“具文字極自然之妙”(文素松語)。它讓人們看到了北魏時期行草書的面貌，與之前之後并無大的不同，而同時期的楷書却突兀新奇，大異於其前朝後代，這也實在是一種有意思的書法現象。北魏時期，出土有不少數量的磚刻墓誌，無論是詳備簡約，數字多寡，均爲當時流行的楷書體，惟略顯率意而已。

中國書法及至唐代，諸體皆備，尤尚楷則。洛陽存世巨碑有褚遂良楷書《伊闕佛龕碑》、武則天草書《升仙太子碑》、薛稷楷書《石淙河詩序》、徐浩隸書《大唐感應碑》等；墓誌有顏真卿楷書《王琳墓誌》《郭虛己墓誌》、張旭楷書《嚴仁墓誌》、褚庭誨行草書《程伯獻墓誌》、徐浩隸書《陳尚仙墓誌》等，均爲這一時期的代表之作。而大量出土的楷書墓誌，計有數千方，讓人們看到了當時的書法潮流。洛陽出土唐代磚質墓誌不多，且所見均爲楷正之體，這與其時崇尚相一致。

---

① 中國科學院考古研究所洛陽工作隊:《漢魏洛陽城一號房址和出土的瓦文》,《考古》1973年第4期。

同樣爲楷書體的陶文則有含嘉倉刻銘磚和宫殿瓦印文字。從20世紀70年代到80年代末,文物部門配合基本建設,對唐代洛陽含嘉倉遺址進行了挖掘。含嘉倉是隋唐時期洛陽城内最大型的官倉之一,過去典籍曾有記載,却語焉不詳。這次挖掘基本上弄清了它的位置、規模、形制等大概輪廓。特别是其中出土的8塊刻銘磚,比較詳細地記載了一些倉庫的位置、儲糧品種、糧食來源,以及管理人員等,爲我們了解當時的官糧儲備和管理情况,起到了關鍵的證據作用,歷史文獻價值極高。從書法的角度講,這些刻銘磚文字均爲楷體,與當時流行書體無甚大的差異。所不同的是,由於是在磚塊上刻寫,更加自如隨意,加上久埋地下,受潮受浸,呈現出斑駁陸離的滄桑面貌,給人一種有别於石刻文字的古拙意趣和視覺新意。

唐代宫殿瓦印文字,主要出土在隋唐洛陽城宫城遺址,即今洛陽市定鼎路兩側。在小北門唐代磚瓦窑址亦有出土。一是建築遺址,一是燒造遺址,相距不遠,説明當時建築一般是就地取材。出土帶銘板瓦數百塊,字數不多,一般爲匠某某,即指某人製作或監製,如同北魏瓦削文字中的工匠姓名一樣,"物勒工名",是對宫城建築用瓦品質負責的一種表現。關於字體,發掘者認爲:"從字體上看,還遺存着魏書體之特徵,與北齊天保八年(557)定國寺碑記,有相近之處,同隋開皇二年(582)李和墓誌及開皇十九年(599)獨孤羅墓誌在字體上比較接近,惟碑、誌文筆工整,而瓦銘剛勁活潑罷了。"[①]筆者認爲這種瓦印文字,更接近於甘肅敦煌發現的唐代經書文字,類同於後世宋元印刷體。

有宋一代,書法尚意。蘇(軾)、黄(庭堅)、米(芾)、蔡(襄)稱雄一時。洛陽宋碑有《石保興碑》《會聖宫碑》《范仲淹碑》等宏篇巨制,均爲一時名手之筆,早已爲世人所重。出土墓誌有蘇轍書《王恭辰墓誌》、歐陽脩撰《王汲墓誌》、晁補之書《石輅墓誌》、孫永書丹司馬光篆蓋《富弼墓誌》等精品。這些巨碑名誌,是其時書法主流風格的體現。洛陽宋代陶文出土不多,西京洛陽漏澤園墓磚,是其中較大一宗。漏澤園是北宋末年間起始開闢的官辦集葬地,對象是社會民衆和無主骸骨。漏澤園墓磚1972年2月出土於洛陽老城北一里許的一座宋墓内,被用作封門磚,共28塊,正方形,長、寬均31厘米,厚7厘米,大都殘破,銘文刻於磚的正面,記録當時陜西路和京西、南路的厢軍兵士和下級官吏及其親屬的死葬者。銘文先用朱筆寫於磚面之上,然後刻畫。字迹率意,質樸無華,應爲其時管理葬地的下屬官吏所爲。

金元王朝,立國北庭。洛陽雖遠距朝廷,却不乏巨碑名碣。康里夒夒《張思忠神道碑》,趙孟頫《少林寺裕公碑》《珊竹公神道碑》《白馬寺祖庭記》,都是這時期的代表之作。誌墓之風,宋代以降,漸次衰微。延至金元,洛陽出土墓磚,已

① 洛陽博物館:《洛陽隋唐宫城内的燒瓦窑》,《考古》1974年第4期。

經罕見。本書收録磚質買地券四方已是地下奉獻之寶。買地券是古代生者爲死者在陰間進行土地買賣的一種交易文書,有着較爲固定的行文格式,一般内容爲某人因何事購買某人土地,地處何方,四至哪裏,價錢若干,中人爲誰,何年何月何日成交,成交之後,不得反悔云云。將買地券刻於磚上,埋於地下,以求其保存久遠,免除後世紛争。本書所録金元買地券,從内容到形式都較爲相似,應是當時流行的一種固定格式。但它與現實生活中的買地券交易文書并不一樣,内容虚幻,充滿着道教的色彩。書法上平庸無奇。人們重視文字的表述功能,而對它的藝術表現,已經不那麽在意了。

明清以來,由於生産力的發展,書刻材質與工具都有了很大的進步。人們的思想觀念也發生了很大的變化,追求完美,成爲一般人的做事理念。因此,粗劣的材質、簡陋的工具、率意的刻畫,已爲人們所不屑,代之以優質的材料、犀利的工具、精心的書刻,出現了大量的石刻作品。但書刻作品少有個性鮮明者,因此并不被人們所重。此一時期,洛陽最爲著名的,要算是孟津王鐸的《琅鏵館》《擬山園》《龜龍館》三帖,基本上反映了"後王"的書法面貌,爲人矚目。遺憾的是前二者尚存帖石,後者却杳如黄鶴,不知所在。而陶文在此時已成罕見之物,少數"福""禄""壽"一類文字,散見於壁間瓦頭,已是俗而生厭,故而不録。

洛陽陶文,在清末民國時期,即引起一些收藏家和學者的興趣和重視。前輩學者,一般將之統稱爲磚文,列入金石文字,有的則分類較細。前文已經述及端方、羅振玉、鄧秋枚、范壽銘、文素松等人的收藏和著述。其中尤以端方的《匋齋藏磚記》《匋齋藏石記》,羅振玉《芒洛冢墓遺文》《恒農冢墓遺文》《恒農磚録》,文素松《瓦削文字譜》收録爲夥。除此之外,王昶《金石萃編》、陸增祥《八瓊室金石補正》等,亦有著録。收藏洛陽陶文的有陳介祺、徐乃昌、高鴻裁、樂嘉藻、關百益等人,或著書立説,或捶拓編册,廣爲流布。里人武億《金石三跋》《金石續跋》、王廣慶《洛陽訪古記》、郭玉堂《洛陽出土石刻時地記》等,更是對洛陽出土陶文進行了著録和記述。張鈁千唐誌齋也有陶文的收藏。這些收藏和著録,對於我們今天的研究,是非常重要的參考。遺憾的是前輩學人的洛陽陶文收藏著述,僅爲個見,未有集中輯録。近年來,一些文博單位、大專院校以及個人收藏者,依然重視磚瓦文字的收藏和研究。中國社會科學院考古研究所、中國文字博物館、河南省博物院以及洛陽市的一些文物單位,都有洛陽出土陶文資料的集中庋藏。洛陽朱曉杰、朱曉輝兄弟所建洛陽金石文字博物館,收蓄尤爲弘富。這是一批十分珍貴的文化財富,應該得到很好的保護和研究。

本書名爲《洛陽陶文》,收録多年來洛陽地區出土的400餘件磚瓦陶器文字拓片。地域概念爲古代洛陽京畿範圍之内及其相近周邊地區,大致包括今洛陽市城鄉以及鄭州市、焦作市、濟源市和平頂山市與洛陽相鄰的地區。資料來源以文物考古發掘、文博單位和高等院校庋藏爲主,輔以社會流散以及個人收藏。收録品均爲磚瓦陶器之上捶拓文字,包括陰刻、陽刻、模印、戳印文字,原拓付印。陶上墨、朱、粉書不録。著者對著録品作了簡要的記述,包括名稱、時代、質地、尺寸、釋文、出土時地、收藏所在等,不詳者闕如。以此來顯現洛陽陶文的大概面貌。由於我們缺乏經驗,加之學識、參考資料的不足,以及磚瓦損泐造成的辨識困難等原因,釋讀難免錯訛,懇希專家學者以及同好不吝指教。倘能以此書給予讀者一份可供研究和參考的資料,我們的目的也就達到了。

編　者

2018 年 3 月

凡　例

一、洛陽地區出土和發現并由公私收藏的磚、瓦、陶器文字資料很多,《洛陽陶文》僅是其中部分資料的彙集。旨在搶救和保護這一批珍貴資料,以供廣大研究者和書法愛好者參考使用。

二、本書所收録的陶文資料,以今洛陽市行政轄區内出土和發現的爲主,少數器件擴收自河洛地區。現洛陽市轄偃師市、孟津縣、新安縣、伊川縣、宜陽縣、汝陽縣、洛寧縣、欒川縣、嵩縣、澗西區、西工區、老城區、瀍河區、洛龍區、吉利區、伊濱區、高新技術開發區、經濟技術開發區。本書所列陶文資料出土或發現的地點,一般標明市、縣、區名稱,有些還標明鄉村或遺址名稱。對所屬縣(市)、區不詳者,則衹標明“洛陽出土”。本書所指河洛地區大致範圍,以洛陽爲中心,南達臨汝、登封,北至濟源、孟縣,東及滎陽、鞏縣,西迄陝縣、靈寶。除今洛陽市外,這一地區出土的陶文,出土地點列以全名,如河南臨汝縣等。

三、本書所收陶文資料,上自夏商刻畫符號,下至金元,原則上按陶文所屬年代和類型編排。時代以朝代年號和農曆紀年述,并在年號之後括號注明公元紀年。没有具體時間的,衹述朝代,朝代亦難以斷定的另列。出土或發現時間以公元紀年述。陶文所屬類型,原則上以其載體磚、瓦、器、陶片爲序排列。

四、本書所收陶文資料全部爲實物拓本,因此墨、朱、粉書未予收入。全書以圖録爲主,加以文字説明和釋文。文字説明内容包括陶文名稱、時代、狀況、出土或發現時間以及收藏地點。其中,收藏者明確的,述收藏者。

五、本書所收陶文,有篆書、俗體字、古體字以及當時流行的簡化字和别體字,需加以釋讀,因此稱爲釋文而不稱其爲録文。釋文一般較短,不再標點,各行間以“/”表示。其中少數異體字不可釋讀者,以形摹寫;字迹模糊但隱約可識者,外加“□”以示斟酌;完全不可辨識者,以“□”代替;缺損字數不詳者,以“……”表示;文字釋讀不確定者,後加“?”。地名、年號等有明顯錯字或異稱者,在其後用“()”標明正確文字或規範稱呼。

六、冠名原則以主題詞加器名而定。主題詞包括時間、地點、人物、記事内容等。器名包括磚、瓦、器、陶片等。如:“永始二年空心磚”“長樂未央瓦當”“河市碗”“雔氏瓮”等。

七、爲保證資料相對集中,本書所收同類型大宗陶文,有時間的以時間先後爲序排列,無時間的接列其後。如東漢刑徒磚、西晋奴婢磚、唐代含嘉倉刻銘磚等。

八、陶文所屬實物已見著述者，在釋文後注明其出處。有些需特别加以説明的，文中描述時另加説明。

目　録

第五章　曹魏、西晋陶文 … 185

第一章 夏商陶文

DIYIZHANGXIASHANGTAOWEN

二里頭遺址陶器刻畫符號

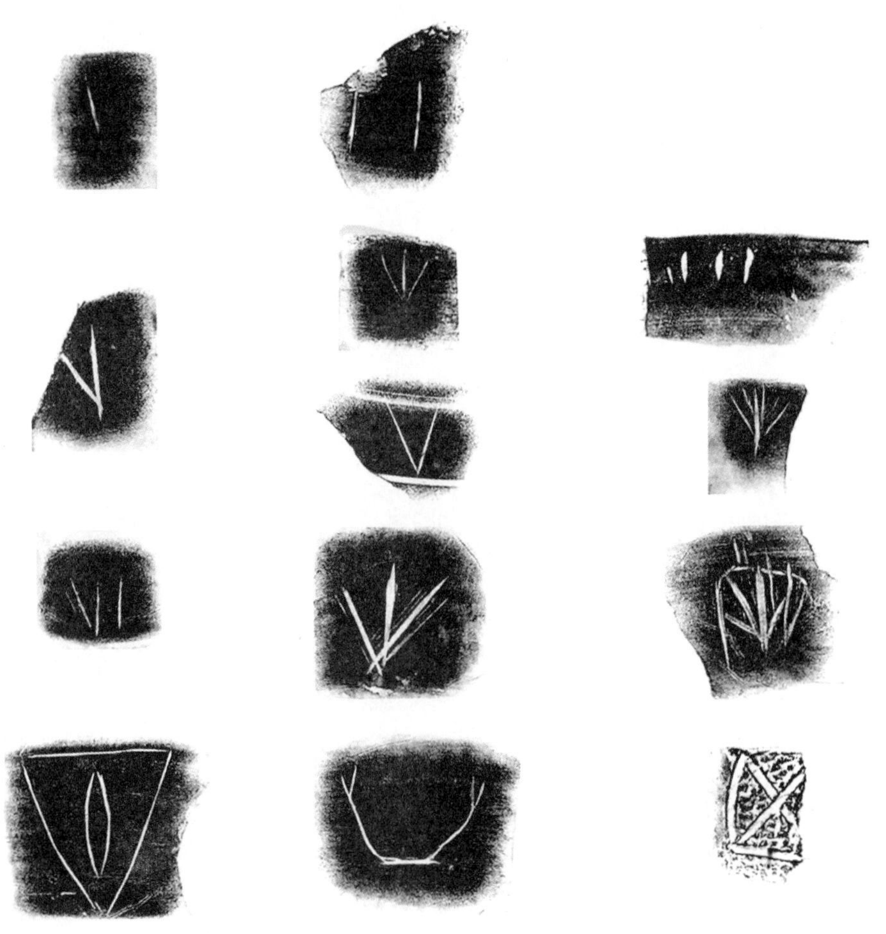

夏商

多刻於泥製灰陶器的口部。刻道粗細不一，有的爲一次刻成，有的爲多次刻成，共 24 種。有專家認爲其應爲原始文字。

1960—1964 年於偃師二里頭遺址出土，共 13 種。現藏中國社會科學院考古研究所。

釋文待考

（參見中國科學院考古研究所洛陽發掘隊：《河南偃師二里頭遺址發掘簡報》，《考古》1965 年第 5 期；杜金鵬：《關於二里頭文化的刻畫符號與文字問題》，《中國書法》2001 年第 2 期）

第二章 西周陶文

DIERZHANGXIZHOUTAOWEN

1. 鑄銅文字陶範九種

圖一

圖二

圖三

圖四

圖五

圖六

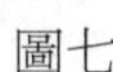

圖七

圖八

圖九

西周

灰褐陶質。屬鑄銅陶範碎塊，形狀不規則。一般長3—6.5厘米，寬2.5—4厘米，厚3—4厘米。存有陰刻文字者9塊。

1975—1979年洛陽北窑西周鑄銅遺址出土。現藏洛陽市文物考古研究院。

釋文：

圖一：向

圖二：工

圖三：□工

圖四：王彝

圖五：□□於 □□厥

圖六：□厥 寶簋

圖七：五 大

圖八：之

圖九：臣

（參見洛陽市文物工作隊：《1975—1979年洛陽北窑西周鑄銅遺址的發掘》，《考古》1983年第5期）

2. 數字簋

西周

泥質灰陶。口徑 10. 8 厘米，腹徑 17. 2 厘米，通高 15. 2 厘米。内壁刻畫田獵、圖畫、數字與其他符號等。其中五組數字略可辨識，其餘待考。

2002 年洛陽火車東站西周墓中出土。現藏洛陽市文物考古研究院。

釋文：

一一八九一八

八一八一八六

六一八一八九

一八一八一一

一一一八八一

（參見洛陽市文物工作隊：《河南洛陽市唐城花園西周墓葬的清理》，《考古》2007 年第 2 期；蔡運章、安亞偉：《西周陶簋所見圖畫、筮數和文字簡論》，《考古》2007 年第 2 期）

第三章　戰國陶文

DISANZHANGZHANGUOTAOWEN

1. 尹字磚

戰國

藍灰色。長 128 厘米，寬 33.5 厘米，厚 23 厘米。面飾由米格紋組成的菱形圖案。戳印反書陽文 1 字。此爲磚的局部。

2005 年洛陽市澗河東岸瞿家屯村戰國夯土建築基址内出土。現藏洛陽市文物考古研究院。

釋文：尹

2. 戳印陶磚

戰國

灰陶質。長 59 厘米，寬 49 厘米，厚 5.5 厘米。面飾米格紋，背素面。面戳印陽文 1 字。此爲磚的局部。

2001 年 4 月，洛陽市臨澗路市計劃委員會住宅樓工地出土。現藏洛陽市文物考古研究院。

釋文待考

3. 吉三陶磚

戰國

灰陶質。殘長 22.5 厘米，殘寬 15.5 厘米，厚 5.5 厘米。面飾米格紋，背素面。面戳印陰文 4 字。

2001 年 4 月，洛陽市臨澗路市計劃委員會住宅樓工地出土。現藏洛陽市文物考古研究院。

釋文： 吉三(？)

□二

4. 公字板瓦

戰國

泥質灰陶。 瓦殘。 瓦面陰刻篆書 1 字，字外陰刻方框。

2002 年 3—4 月洛陽市單晶硅廠住宅樓工地出土。 現藏洛陽市文物考古研究院。

釋文：公

5. 高字罐

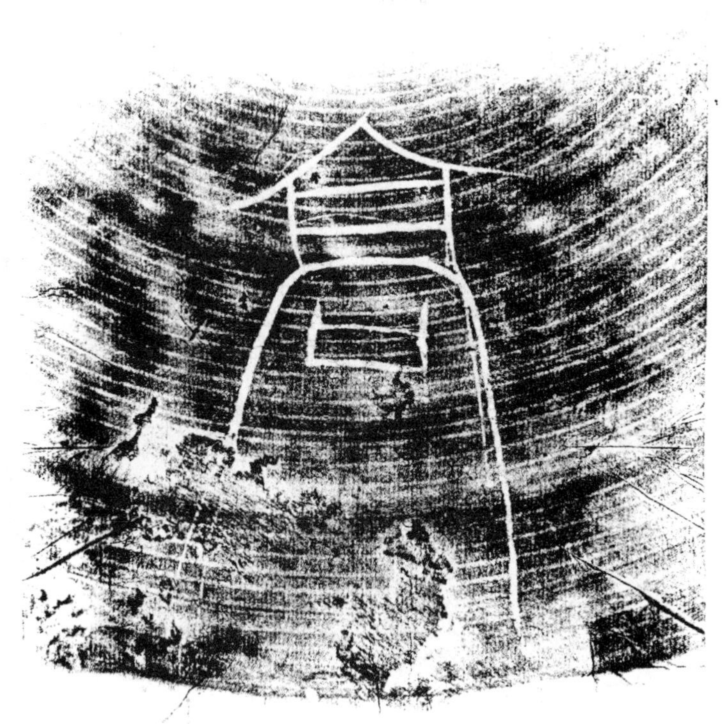

戰國

灰陶質。小口，鼓腹，平底。腹部密布弦紋。尺寸未記。肩部陰刻篆書 1 字。2004 年洛陽出土。現藏洛陽。

釋文：高

6. 里同黄罐

戰國

灰陶質。 高 19 厘米，口徑 10.5 厘米，腹徑 18.5 厘米，底徑 7.5 厘米。 肩部戳印篆書陽文 3 字。

2005 年漢魏洛陽故城遺址出土。 現藏洛陽。

釋文：里同黄

7. 胃里鼻罐

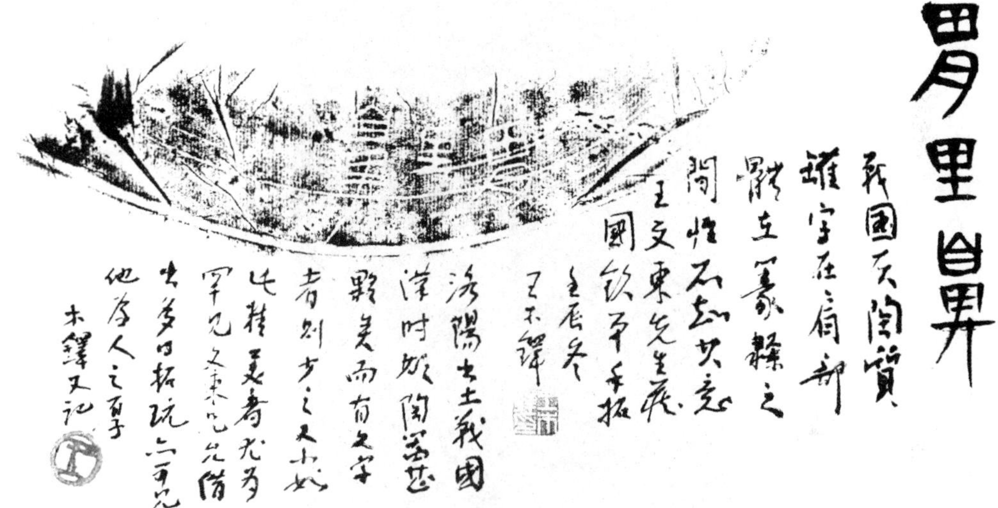

戰國

灰陶質。罐肩部有二道弦紋。拓片高 4.5 厘米，寬 21 厘米。陰刻 3 字，體在篆隸之間。

洛陽出土。現藏於汝陽王文東。

釋文：胃里鼻

8. 酉字盆

戰國

灰陶質。陶盆殘破，僅剩口沿。盆口沿面陰刻篆書 1 字。

2001 年 4 月洛陽市臨澗路市計劃委員會住宅樓工地出土。現藏洛陽市文物考古研究院。

釋文：酉

9. 大□盆

戰國

灰陶質。陶盆殘破，僅剩口沿。盆口沿面陰刻篆書 2 字。

2001 年 4 月洛陽市臨澗路市計劃委員會住宅樓工地出土。現藏洛陽市文物考古研究院。

釋文：大□

10. 刻字陶盆(一)

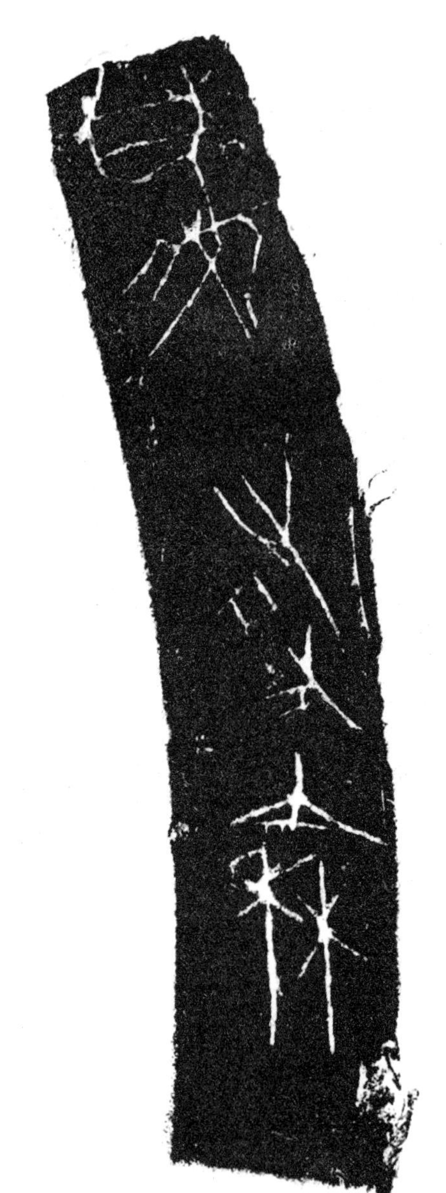

戰國

灰陶質。陶盆殘破，僅剩口沿。在盆口沿面陰刻篆書3字。

2001年4月洛陽市臨澗路市計劃委員會住宅樓工地出土。現藏洛陽市文物考古研究院。

釋文待考

11. 刻字陶盆(二)

戰國

灰陶質。 陶盆殘。 盆口沿面陰刻篆書 2 字。

2002 年 3—4 月洛陽市單晶硅廠住宅樓工地出土。 現藏洛陽市文物考古研究院。

釋文待考

12. 祭器豆

戰國

泥質灰陶。豆盤内中部戳印陰文篆書 2 字。

2001 年 4 月洛陽市臨澗路市計劃委員會住宅樓工地出土。現藏洛陽市文物考古研究院。

釋文：祭器

13. 六成陶拍

戰國

泥質灰陶。爲製陶工具。面爲圓形，直徑 20 厘米，背有橋形手柄，手柄兩側陰刻楷書 6 字，一側 4 字，一側 2 字。

2002 年 1 月洛陽市九都路南側市有綫電視臺院内出土。現藏洛陽市文物考古研究院。

釋文：六成

六成日利

（參見洛陽市文物工作隊：《東周王城戰國至漢代陶窑遺址發掘簡報》，《文物》2004 年第 7 期）

14. 公字陶拍

戰國

泥質灰陶。爲製陶工具。一側陰刻篆書 1 字。

2002 年 1 月洛陽市九都路南側市有綫電視臺院内出土。現藏洛陽市文物考古研究院。

釋文：公

第四章　漢代陶文

DISIZHANGHANDAITAOWEN

1. 永始二年空心磚

西漢永始二年（前 15）

灰陶質。殘。磚面上模印陽文隸書 5 字數組。空心磚上另有五銖錢紋。

1998 年新安縣倉頭鄉鹽東村漢代倉儲建築遺址出土。現藏洛陽市文物考古研究院。

釋文：永始二年造

（参見洛陽市第二文物工作隊：《黄河小浪底鹽東村漢函谷關倉儲建築遺址發掘簡報》，《文物》2000 年第 10 期）

2. 姚孝經磚銘

東漢永平十六年(73)四月二十二日

灰陶質。方形，邊長40厘米，厚5厘米。正面磨光，背面平整無紋。陰刻隸書6行，行4—8字不等，共38字。

1990年1月上旬偃師市城關鎮北窑村東磚場出土。現藏偃師商城博物館。

釋文：永平十六年四月廿/二日姚孝經買橋/偉冢地約畝出/地有名者以卷（券）/書從事歷/中弟□周文功□

（參見偃師商城博物館:《河南偃師東漢姚孝經墓》,《考古》1992年第3期）

3. 永元十年磚

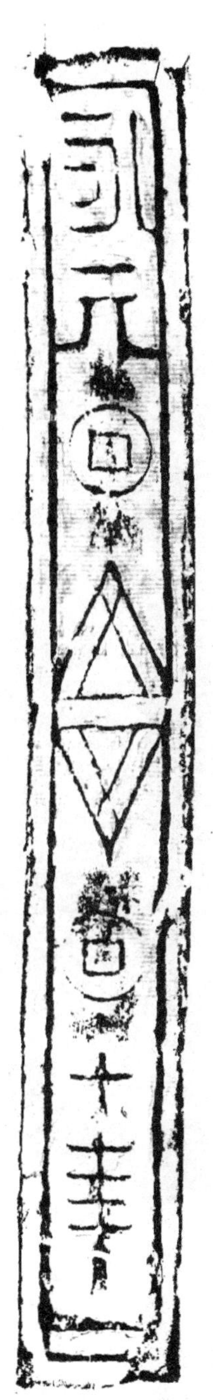

東漢永元十年(98)

灰陶質。 長 32 厘米，厚 4 厘米。 磚側模印陽文隸書 4 字。 字周有方框，中部飾有菱形和圓形方孔錢形紋。

2006 年秋偃師市出土。 現藏洛陽。

釋文：永元十年

4. 竇文刑徒磚

東漢永元十七年(105)三月二十九日

灰陶質。 長22.2厘米，寬22.5厘米。 陰刻隸書4行22字。

偃師市西大郊村出土。 洛陽劉氏藏磚。

釋文：……/武城髡鉗竇/文永元十七年/三月廿九日/物故死在此下

5. 渭□刑徒磚

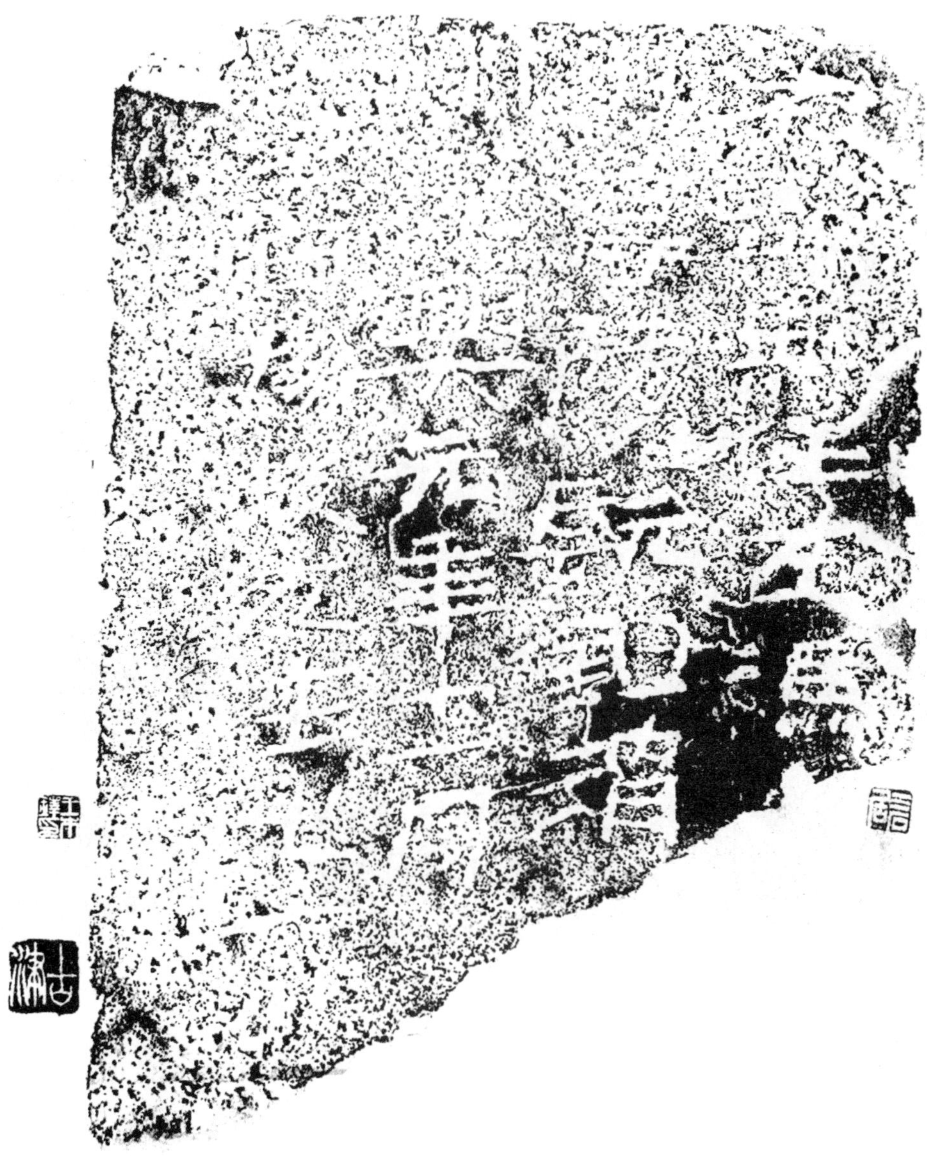

東漢元興元年(105)十一月二十三日

灰陶質。長30厘米，寬23.3厘米。陰刻隸書4行29字。

偃師市西大郊村出土。洛陽侯氏藏磚。

釋文：右部無任左馮/□高陵髡鉗渭/□元興元年十一月/廿三日物故死在此下

6. 正令□刑徒磚

東漢元興元年(105)十一月二十五日

灰陶質。 長 25 厘米，寬 23 厘米。 陰刻隸書 5 行 29 字。

偃師市西大郊村出土。 洛陽侯氏藏磚。

釋文：無任右扶風安/陵完城旦正令/□元興元年十一/月廿五日物故/死在此下

7. 祝□刑徒磚

東漢延平元年(106)七月二十八日

灰陶質。長20厘米，寬25厘米。陰刻隸書5行22字。

偃師市西大郊村出土。洛陽侯氏藏磚。

釋文：□部無任東/□承鬼新祝/□延平元年/七月廿八日/物故

8. 謝越刑徒磚

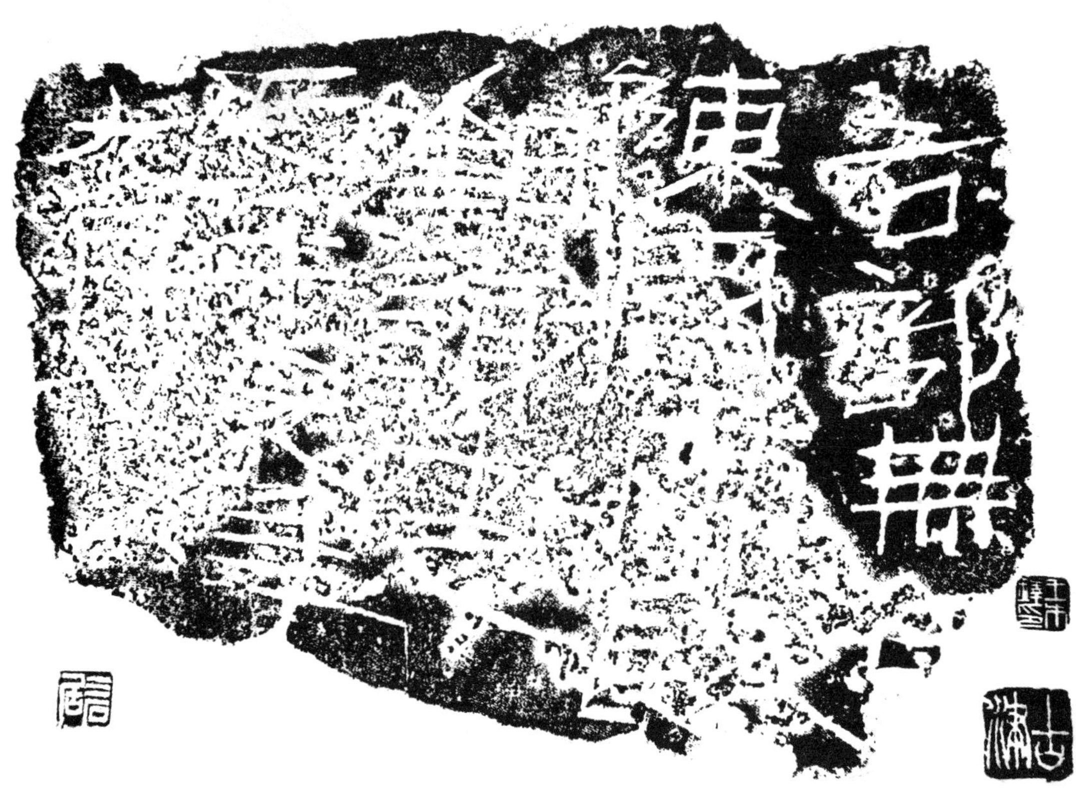

東漢延平元年(106)九月二十日

灰陶質。長23.5厘米，寬19.2厘米。陰刻隸書4行19字。

偃師市西大郊村出土。洛陽侯氏藏磚。

釋文：右部無任/陳留陳髡/鉗謝越/延平元年/九月廿日

9. 趙昌刑徒磚

東漢永初元年(107)十二月二十七日

灰陶質。 長29厘米，寬22厘米。 陰刻隸書4行24字。

偃師市西大郊村出土。 洛陽劉氏藏磚。

釋文：無任樂成武邑/完城旦趙昌永/初元十二月廿七日死/在此下

10. 魏來刑徒磚

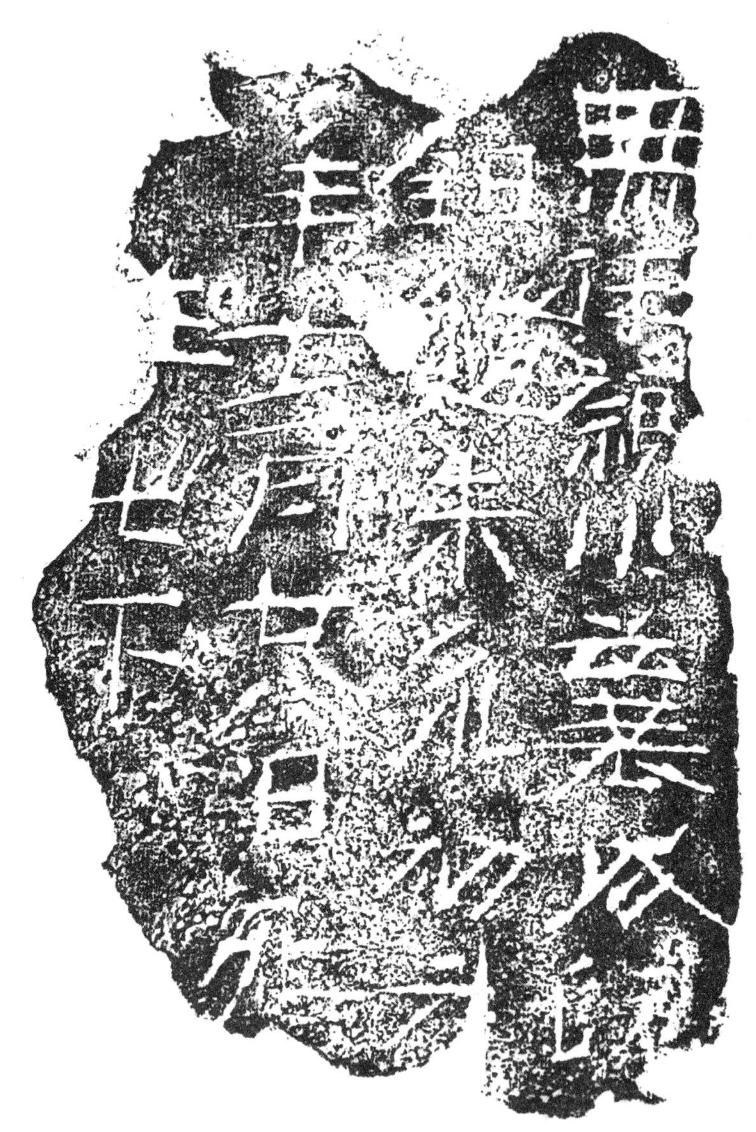

東漢永初元年(107)十二月二十八日

灰陶質。長22.8厘米，寬15.5厘米。陰刻隸書4行24字。

偃師市西大郊村出土。洛陽劉氏藏磚。

釋文：無任潁川襄城髡/鉗魏來永初元/年十二月廿八日死/在此下

11. 解□刑徒磚

東漢永初五年(111)正月十四日

灰陶質。 長23.3厘米，寬15.8厘米。 陰刻隸書4行23字。

偃師市西大郊村出土。 洛陽劉氏藏磚。

釋文：無任潁川潁陽鬼/新解□永初五年正/月十四日死在此/下

12. □初刑徒磚

東漢永初五年(111)二月三日

灰陶質。 長 28 厘米，寬 24 厘米。 陰刻隸書 3 行 23 字。

偃師市西大郊村出土。 洛陽劉氏藏磚。

釋文：無任潁川□□完/城旦□初永初五年/二月三日死在此下

13. 兒潘刑徒磚

東漢永初六年(112)正月十八日

灰陶質。長 24 厘米，寬 23.2 厘米。陰刻隸書 5 行 23 字。

偃師市西大郊村出土。洛陽劉氏藏磚。

釋文：無任廣陵海西/髡鉗兒潘永/初六年正月/十八日死在/此下

14. □□刑徒磚

東漢永初六年(112)十二月二十七日

灰陶質。 長22.8厘米，寬20.4厘米。 陰刻隸書4行24字。

偃師市西大郊村出土。 洛陽劉氏藏磚。

釋文：無任魯國□□/髡鉗□□永/初六年十二月廿七/日死在此下

15. 魏□刑徒磚

東漢永初六年(112)十二月二十七日

灰陶質。 長 22 厘米，寬 19.4 厘米。 陰刻隸書 4 行 24 字。

偃師市西大郊村出土。 洛陽劉氏藏磚。

釋文：無任潁川□陽/髡鉗魏□永初/六年十二月廿七/日死在此下

16. 陳唐刑徒磚

東漢永初七年(113)正月十二日

灰陶質。 長23.4厘米，寬20.3厘米。 陰刻隸書4行23字。

偃師市西大郊村出土。 洛陽劉氏藏磚。

釋文：無任九江□春髡/鉗陳唐永初七/年正月十二日死/在此下

17. 徐資刑徒磚

東漢永初七年(113)三月四日

灰陶質。 長 18.8 厘米，寬 23.2 厘米。 陰刻隸書 4 行 20 字。

偃師市西大郊村出土。 洛陽劉氏藏磚。

釋文：……會稽山/陰髡鉗徐資/永初七年三月/四日死在此下

18. □吴刑徒磚

東漢永初七年(113)三月十日

灰陶質。長 21.7 厘米，寬 23.5 厘米。陰刻隸書 5 行 21 字。

偃師市西大郊村出土。洛陽劉氏藏磚。

釋文：無任豫章/□□□□吴/永初七年三/月十日死在此/下

19. 張强刑徒磚

東漢永初七年(113)五月十一日

灰陶質。長 26 厘米，寬 23 厘米。陰刻隸書 4 行 22 字。

偃師市西大郊村出土。洛陽劉氏藏磚。

釋文：無任南陽鄧髟/鉗張强永初七年/五月十一日死在此/下

20. 留丙刑徒磚

東漢元初二年(115)二月五日

灰陶質。長31.3厘米，寬18.5厘米。陰刻隸書3行18字。

偃師市西大郊村出土。洛陽劉氏藏磚。

釋文：無任南陽鄧鬼新/留丙元初二年二月/五日死

21. 鄭荆刑徒磚

東漢元初二年(115)四月一日

灰陶質。 長 23 厘米，寬 14.5 厘米。 陰刻隸書 3 行 19 字。

偃師市西大郊村出土。

釋文：無任穎(潁)川穎(潁)陰髡/鉗鄭荆元初二/年四月一日死

22. 陳大刑徒磚

東漢元初二年(115)四月三日

灰陶質。長23.5厘米，寬23.5厘米。陰刻隸書3行19字。

偃師市西大郊村出土。

釋文：無任汝南平/輿髡鉗陳大/元初二年四/月三日死

23. 蔡升刑徒磚

東漢元初二年(115)九月十四日

灰陶質。 長22.5厘米，寬19.5厘米。 陰刻隸書4行23字。

偃師市西大郊村出土。

釋文：無任穎(潁)川襄城/髡鉗蔡升元初/二年九月十四日/死在此下

24. 張文刑徒磚

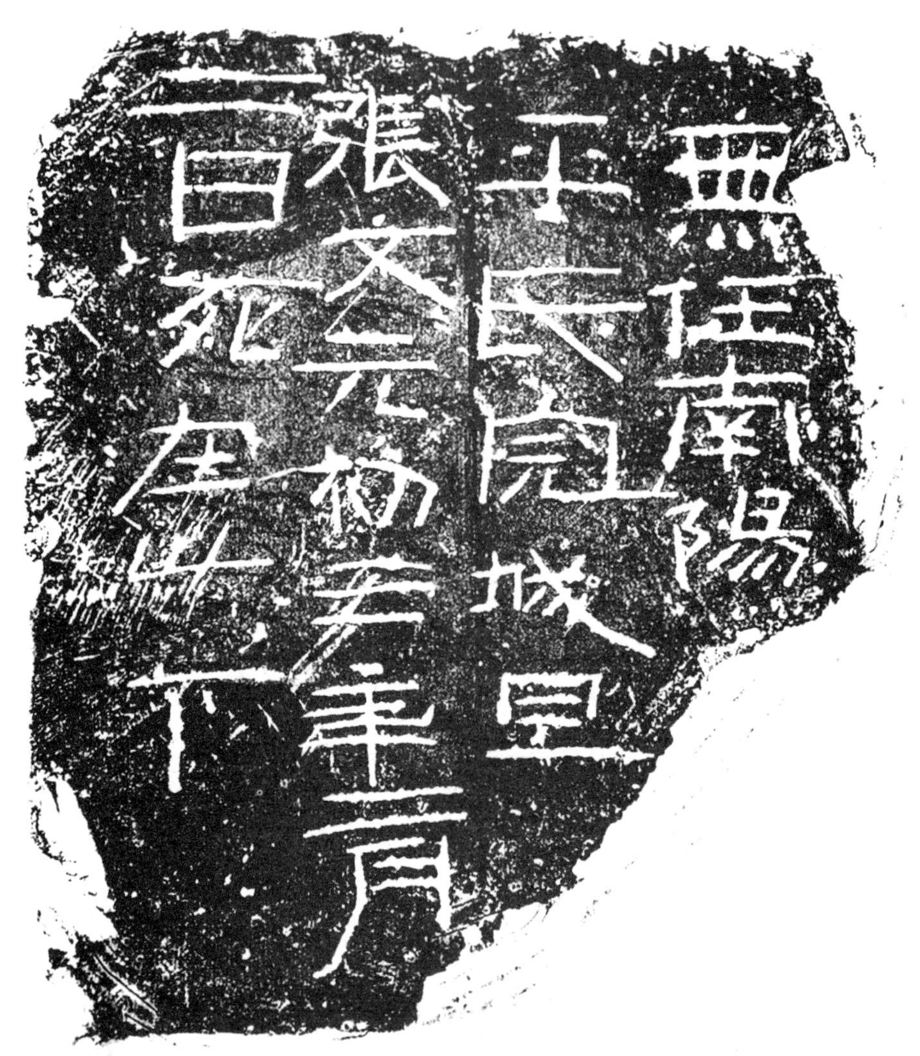

東漢元初三年(116)二月二日

灰陶質。長25.6厘米，寬23厘米。陰刻隸書4行23字。

偃師市西大郊村出土。拓片獲自洛陽古玩市場。

釋文：無任南陽/平氏完城旦/張文元初三年二月/二日死在此下

25. 張汝刑徒磚

東漢元初三年(116)三月二日

灰陶質。長 25. 2 厘米，寬 23. 5 厘米。陰刻隸書 4 行 19 字。

2012 年獲拓於洛陽張氏。

釋文：平氏完城/旦張汝元初三/年三月二日死/在此下

26. 張午刑徒磚

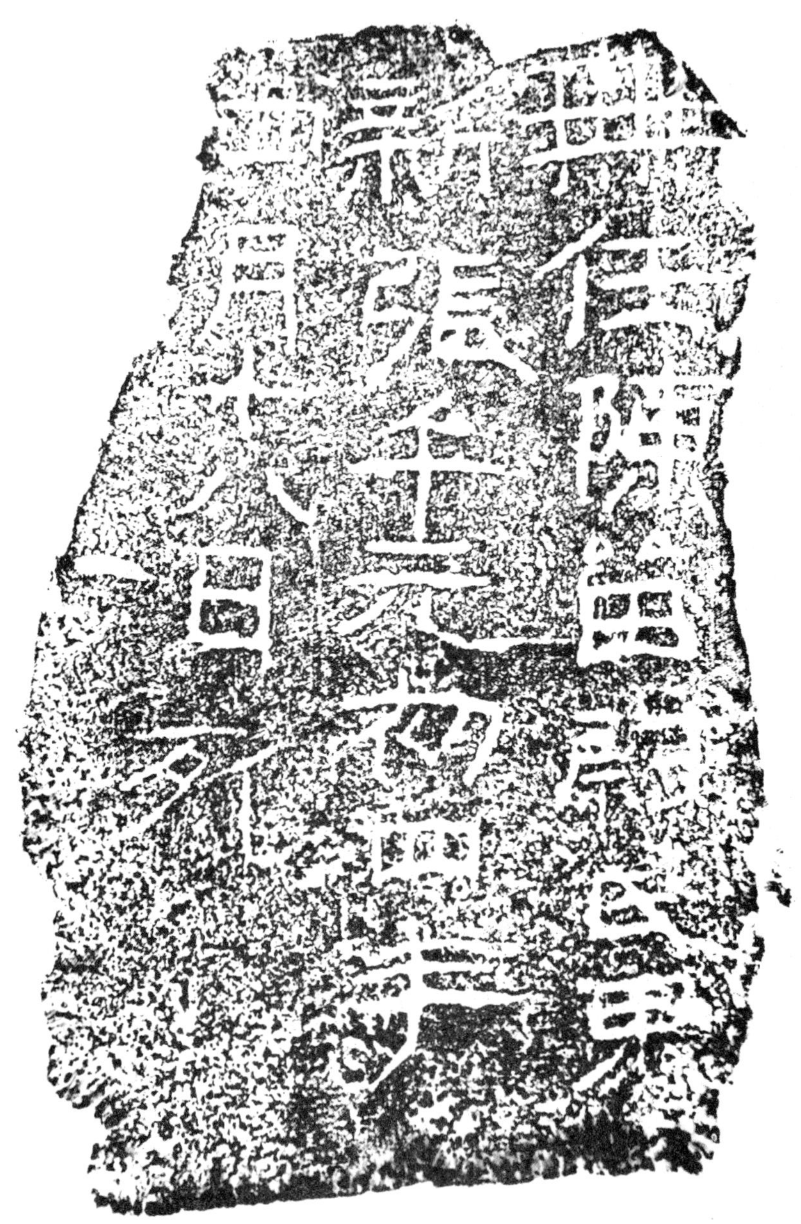

東漢元初四年(117)四月十八日

灰陶質。 長23.5厘米，寬16厘米。 陰刻隸書3行20字。

偃師市西大郊村出土。

釋文：無任陳留尉氏鬼/新張午元初四年/四月十八日死

27. 趙樹磚誌

東漢永興二年(154)九月七日

灰陶質。質地堅硬。長36厘米，寬15厘米，厚15.5厘米。陰刻隸書2行16字。1997年發現於漢魏洛陽故城金墉城遺址。現藏洛陽。

釋文：永興二年九月七日趙/樹勿(物)故是李愛婦

（參見王木鐸：《洛陽新獲磚誌說略》，《中國書法》2004年第4期）

28. □□刑徒磚

東漢□初元年正月十五日

灰陶質。 長 29 厘米，寬 22 厘米。 陰刻 4 行 19 字。

偃師市西大郊村出土。 洛陽劉氏藏磚。

釋文：……陳留陳/髡鉗□□□/初元年正月十五/死在此下

29. 張元刑徒磚

東漢□初七年三月八日

灰陶質。 長 21.3 厘米，寬 21 厘米。 陰刻隸書 4 行 23 字。

偃師市西大郊村出土。 洛陽劉氏藏磚。

釋文：無任汝南邵□/完城旦張元□/初七年三月八日/死在此下

30. 張明刑徒磚(一)

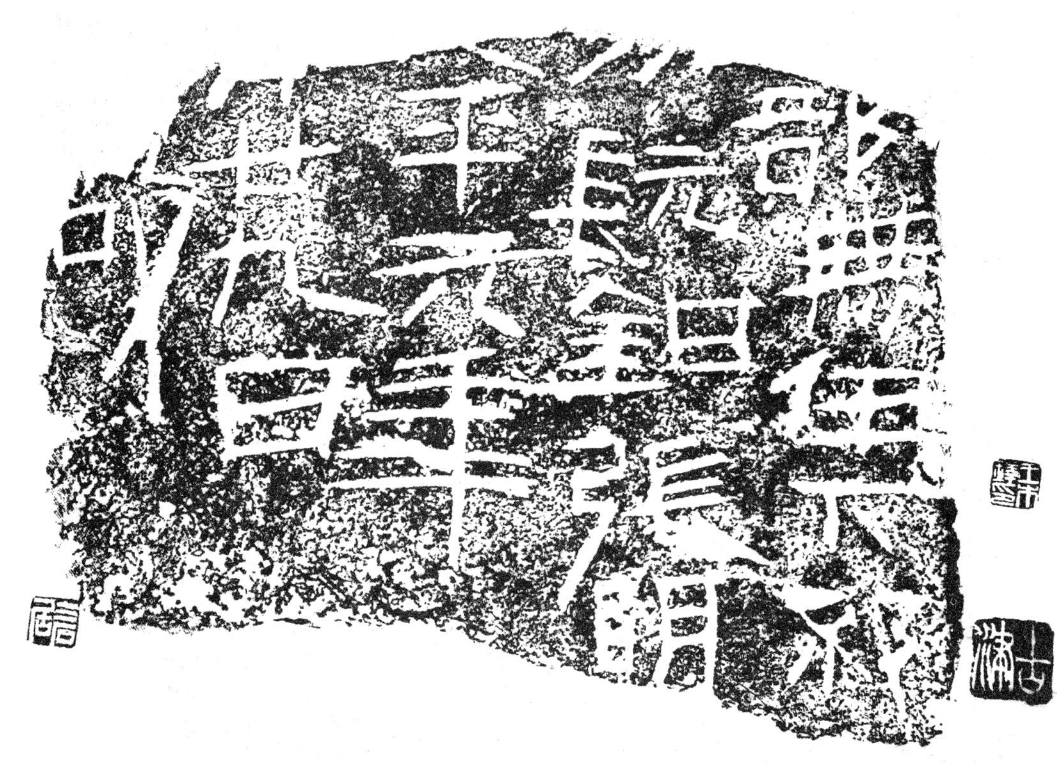

東漢□平元年□月二十九日

灰陶質。 長 17.5 厘米，寬 24 厘米。 陰刻隸書 5 行 21 字。

偃師市西大郊村出土。 洛陽侯氏藏磚。

釋文：部無任下□/□髡鉗張明/□平元年/□月廿九日/物故

31. 張明刑徒磚(二)

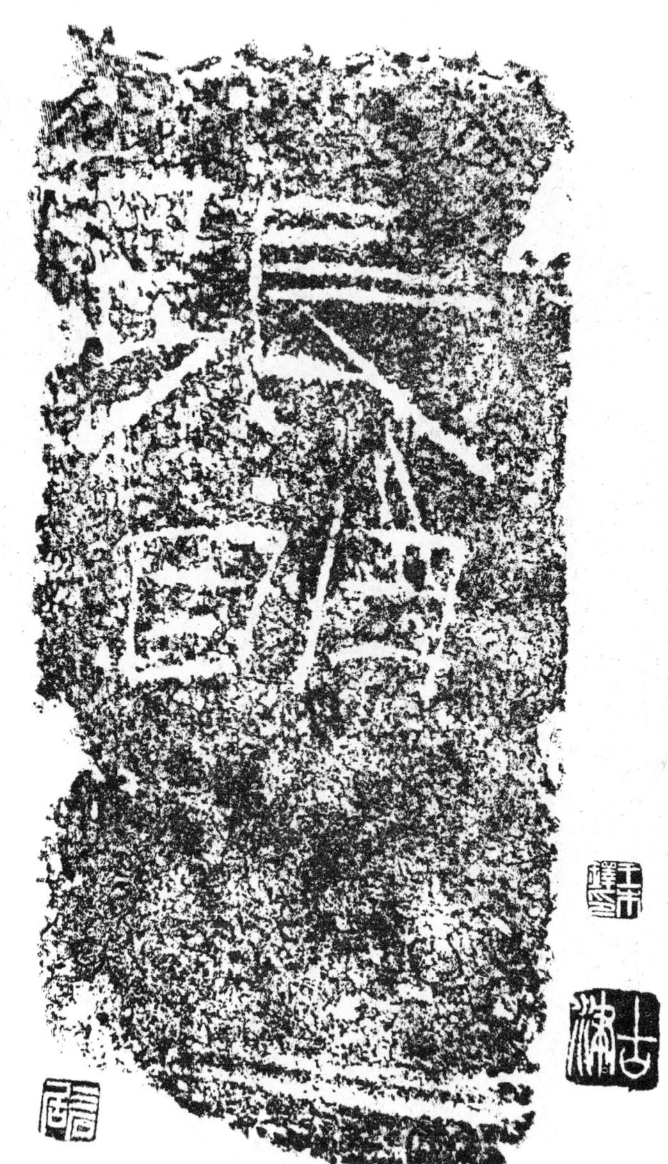

東漢

灰陶質。 長 23 厘米，寬 12 厘米。 陰刻隸書 2 字。

偃師市西大郊村出土。 洛陽侯氏藏磚。

釋文：張明

32. 三月九日刑徒磚

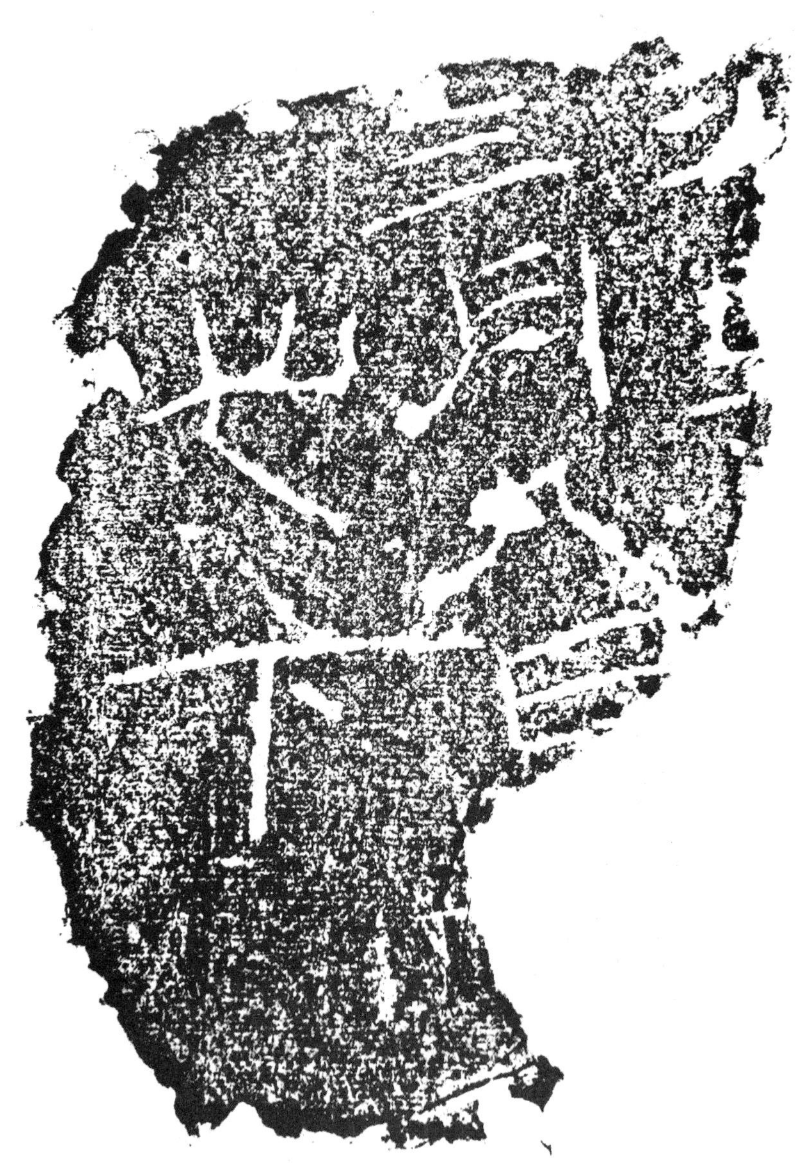

東漢

灰陶質。 長 17 厘米，寬 12 厘米。 殘存陰刻隸書 2 行 6 字。

偃師市西大郊村出土。 獲拓自洛陽古玩市場。

釋文：……/三月九日……/此下

33. □□刑徒磚

東漢

灰陶質。 長 22.8 厘米，寬 12.5 厘米。 陰刻隸書 3 行 8 字。

偃師市西大郊村出土。 洛陽劉氏藏磚。

釋文：無任會稽/吳髡鉗□□/輔

34. 宋建刑徒磚

東漢

灰陶質。長22.4厘米，寬14厘米。陰刻隸書2行9字。

偃師市西大郊村出土。洛陽劉氏藏磚。

釋文：無任陳留/完城旦宋建

35. 周䶄刑徒磚

東漢

灰陶質。 長 23 厘米，寬 18 厘米。 陰刻隸書 2 行 8 字。

偃師市西大郊村出土。 獲拓自洛陽古玩市場。

釋文：東平無鹽/周䶄在此

36. 金孟刑徒磚

東漢

灰陶質。 長 26 厘米，寬 14. 5 厘米。 陰刻隸書 6 字。

偃師市西大郊村出土。 獲拓自洛陽古玩市場。

釋文：南陽冠軍金孟

37. 謝配刑徒磚

東漢

灰陶質。長 11.8 厘米，寬 11 厘米。陰刻隸書 2 行 4 字。

偃師市西大郊村出土。洛陽侯氏藏磚。

釋文：豫章/謝配

38. 蘇摩刑徒磚

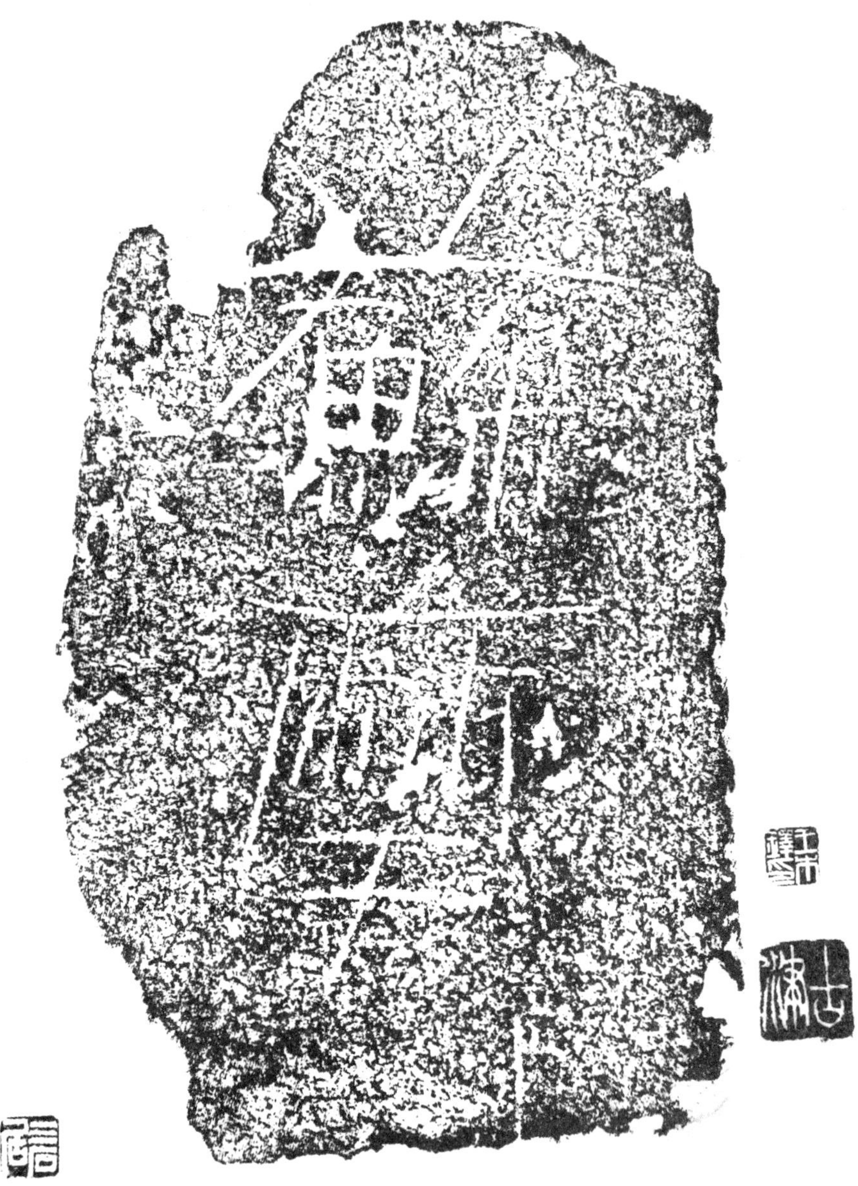

東漢

灰陶質。長23厘米，寬14.5厘米。陰刻隸書2字。

偃師市西大郊村出土。洛陽侯氏藏磚。

釋文：蘇摩

39. □商刑徒磚

東漢

灰陶質。 長 13 厘米，寬 23.5 厘米。 陰刻隸書 2 字。

偃師市西大郊村出土。 洛陽侯氏藏磚。

釋文：□商

40. 劉孟刑徒磚

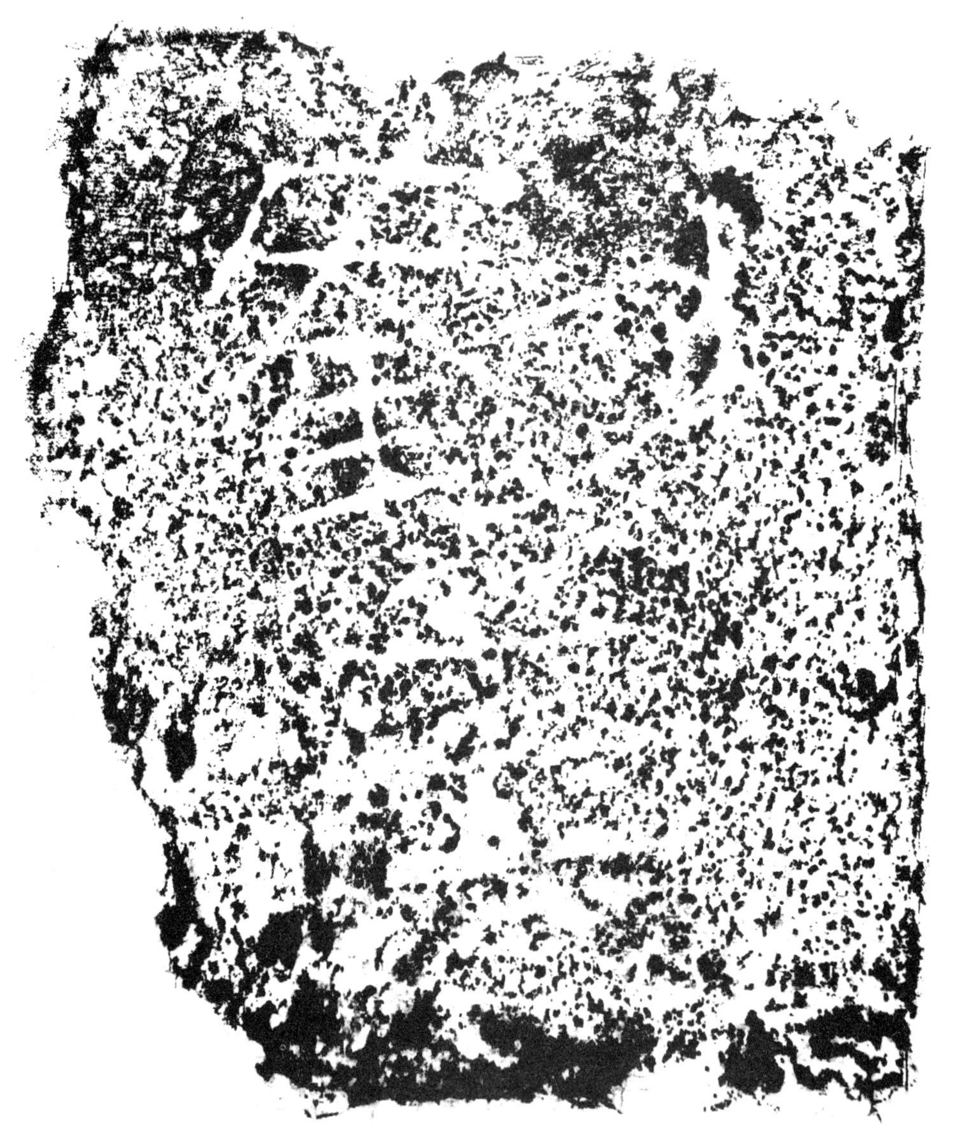

東漢

灰陶質。長 23.5 厘米，寬 21 厘米。陰刻隸書 2 字。

偃師市西大郊村出土。獲拓自洛陽古玩市場。

釋文：劉孟

41. 韓得刑徒磚

東漢

灰陶質。 長 23.5 厘米，寬 11.2 厘米。 陰刻隸書 2 字。

偃師市西大郊村出土。 獲拓自洛陽古玩市場。

釋文：韓得

42. 張紀刑徒磚

東漢刑徒磚

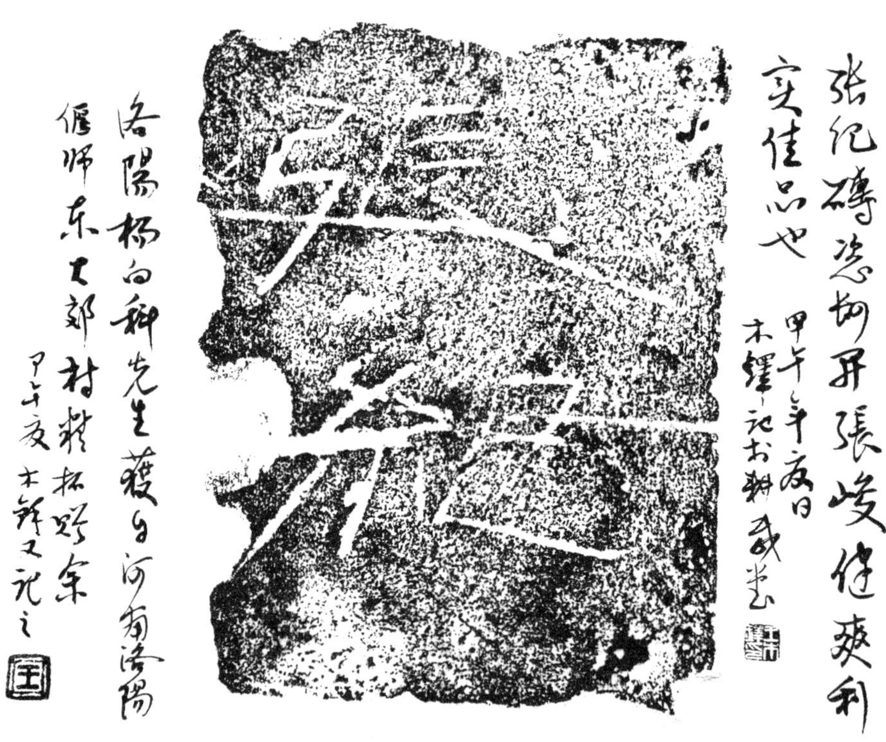

東漢

灰陶質。 長 23 厘米，寬 18 厘米。 陰刻隸書 2 字。

偃師市西大郊村出土。 偃師楊向科藏磚。

釋文： 張紀

43. 顧元刑徒磚

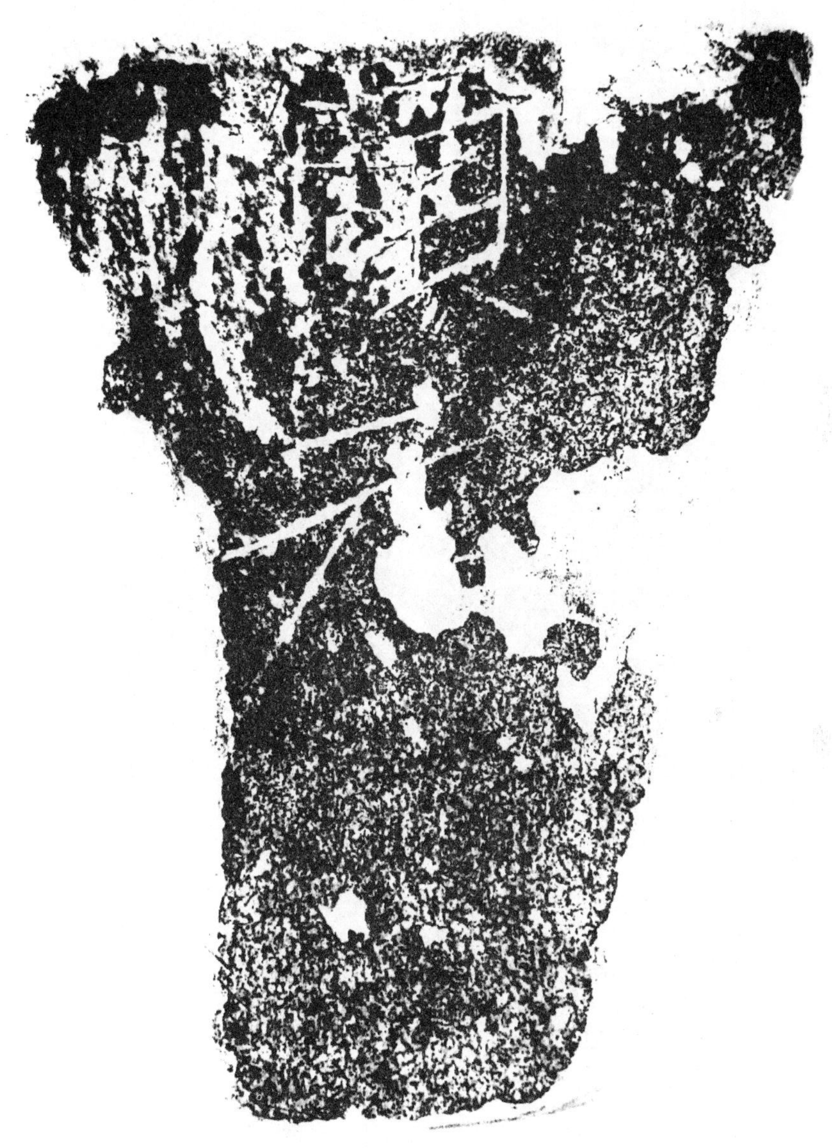

東漢

灰陶質。 長 22 厘米，寬 17 厘米。 陰刻隸書 2 字。

偃師市西大郊村出土。 汝陽王文東藏拓。

釋文：顧元

44. 李文刑徒磚

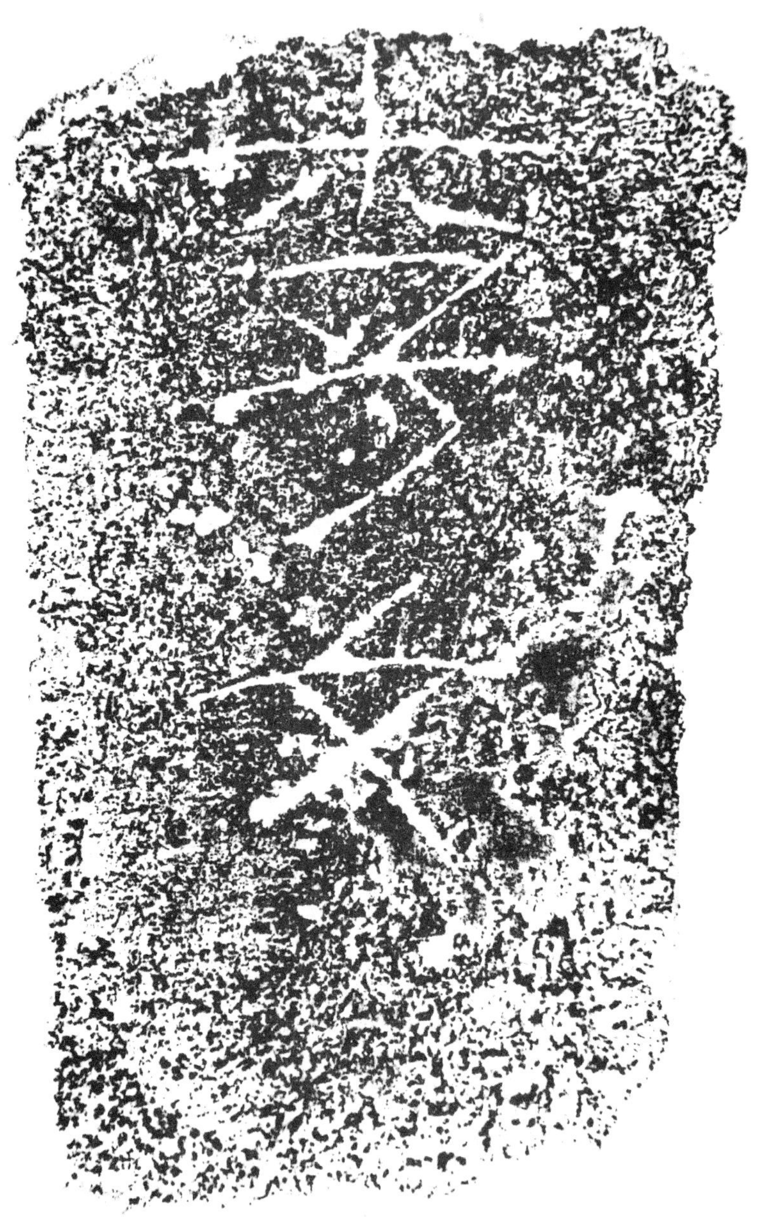

東漢

灰陶質。 長 22 厘米，寬 15 厘米。 陰刻隸書 2 字。

偃師市西大郊村出土。 汝陽王文東藏拓。

釋文：李文

45. 夏剛刑徒磚

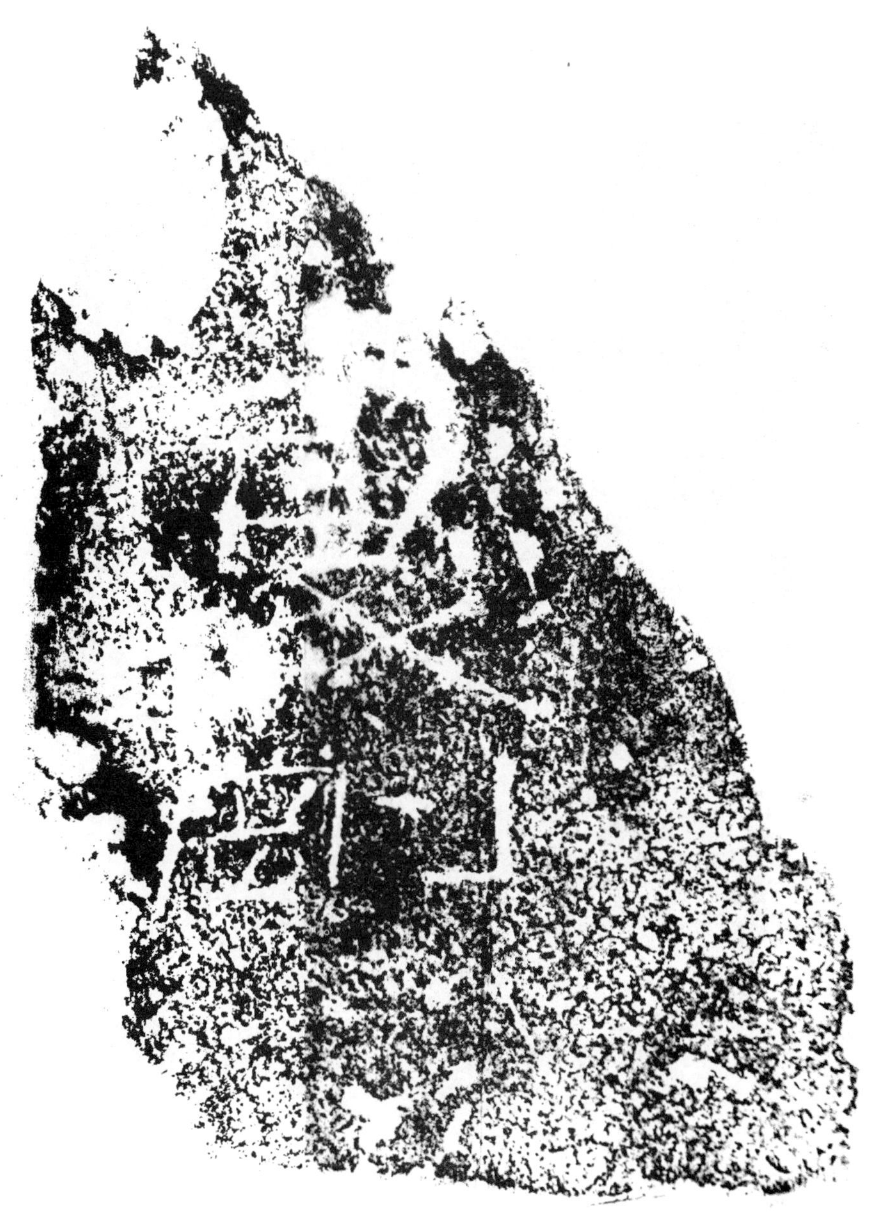

東漢

灰陶質。 長 17 厘米，寬 12.5 厘米。 陰刻隸書 2 字。

偃師市西大郊村出土。 汝陽王文東藏拓。

釋文：夏剛

46. □仲刑徒磚

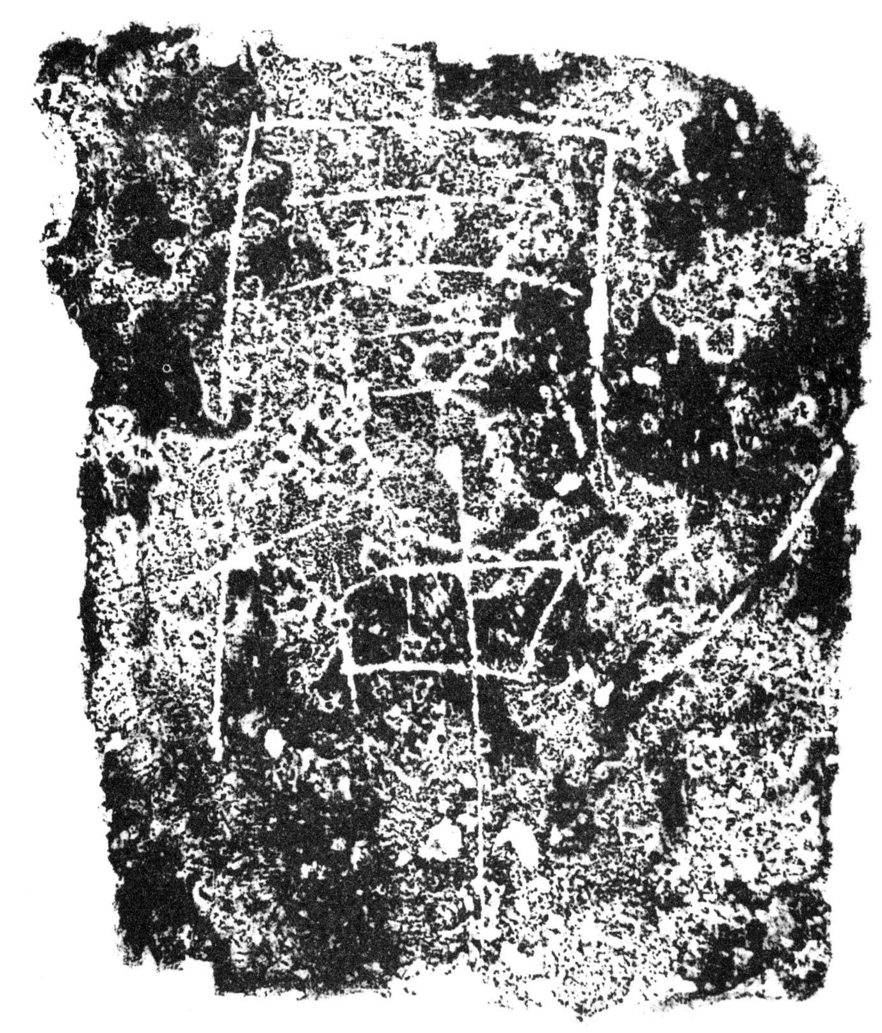

東漢

灰陶質。 長 22 厘米，寬 20 厘米。 陰刻隸書 2 字。

偃師市西大郊村出土。 汝陽王文東藏拓。

釋文：□仲

47. 丰祚刑徒磚

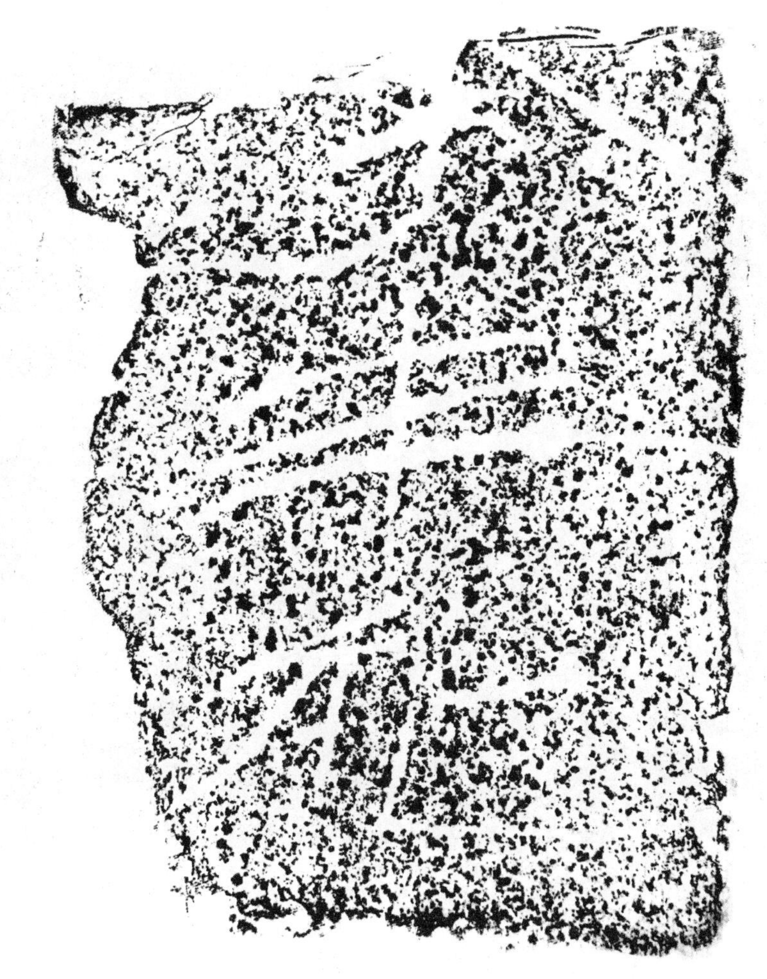

東漢

長 20 厘米，寬 15 厘米，陰刻隸書 3 字。第一字已殘，第二、三字較難識讀，以字形疑爲"丰祚"二字。

偃師市西大郊村出土。

釋文：□丰祚

48. 郝方磚

漢

紅陶質。殘長 15 厘米，寬 13.5 厘米，厚 5 厘米。陰刻隸書，殘存 3 行 9 字。筆畫中有朱砂痕。

1990 年漢魏洛陽故城金墉城遺址采集。現藏洛陽張氏。

釋文：年九月/平葙國/八郝方

49. 江孫磚

漢

灰陶質。 殘長 17 厘米，寬 13 厘米。 存陰刻隸書 3 行，右邊 1 行殘半，不可識。 可辨識者 2 行 8 字。

洛陽出土。 曾歸洛陽林氏。

釋文：史幼江孫直/廿日成

50. 韓郎妻磚

漢

灰陶質。質地較爲粗松。右下角損缺。長 34.8 厘米，寬 17.5 厘米，厚 7.5 厘米。陰刻隸書 5 字。

1998 年漢魏洛陽故城北原出土。現藏洛陽。

釋文：范陽韓郎妻

（參見王木鐸：《洛陽新獲磚誌説略》，《中國書法》2004 年第 4 期）

51. 張亭磚

漢

灰陶質。殘長23厘米，寬15.5厘米，厚5厘米。陰刻隸書2字。

洛陽出土。先歸洛陽林氏，現藏洛陽王氏。

釋文：張亭

52. 羊永磚

漢

灰陶質。殘長 17.5 厘米，寬 15 厘米，厚 4.5 厘米。陰刻隸書 2 字。2006 年春漢魏洛陽故城遺址出土。現藏洛陽。

釋文：羊永

53. 張女磚

漢

紅陶質。殘長 20 厘米，寬 16 厘米。殘存陰刻隸書 3 字，其中 1 字已不可辨識。1999 年洛陽出土。現藏洛陽。

釋文：□張女

54. 安都侯磚

漢

灰陶質。近方形。長 45.7 厘米，寬 43.5 厘米，厚 4.5 厘米。陰刻隸書 3 行 9 字。字痕爲扁方形利器鏟挖而成，粗深博大，端莊整飭，最大字徑約 16 厘米，爲近年洛陽出土道教文物最爲珍罕之品。

2006 年孟津縣出土。現藏洛陽。

釋文：安都侯/復無所/舉律令

55. 黄君磚

漢

灰陶質。長 42.5 厘米，寬 43 厘米。陽刻隸書 3 行 9 字。字體碩大，徑 10—14 厘米不等，字迹粗深，氣勢恢弘，爲漢代磚文中所少見。同墓出土另一塊磚，與此内容相同，惟大小、字迹略异。尚有陶盆、陶罐、陶壺等器出土。

1992 年洛陽市老城東關三樂食品廠院内東漢墓發掘出土。現藏洛陽市文物考古研究院。

釋文：黄君法/行孝女/䢃䢃芍

（參見洛陽市文物工作隊:《河南洛陽市東漢孝女黄晨、黄芍合葬墓》,《考古》1997 年第 7 期;陸錫興:《"黄君法行"朱字刻銘磚的探索》,《考古》2002 年第 4 期）

56. □根磚

漢

灰陶質。 長 43 厘米，寬 22.5 厘米。 陰刻隸書 2 字。

2006 年洛陽出土。 現藏洛陽。

釋文：□根

57. 高氏磚

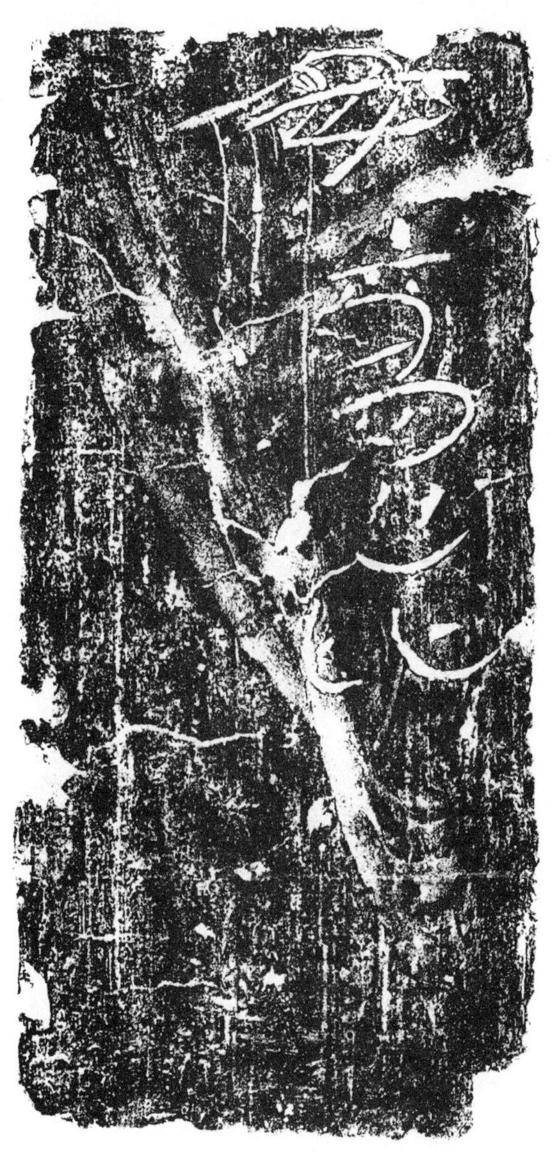

漢

灰陶質。 堅密。 長 34 厘米，寬 16. 5 厘米，厚 6 厘米。 陰刻 3 字。 書體類章草。 2006 年洛陽出土。 現藏洛陽。

釋文：母高氏

58. 由字磚

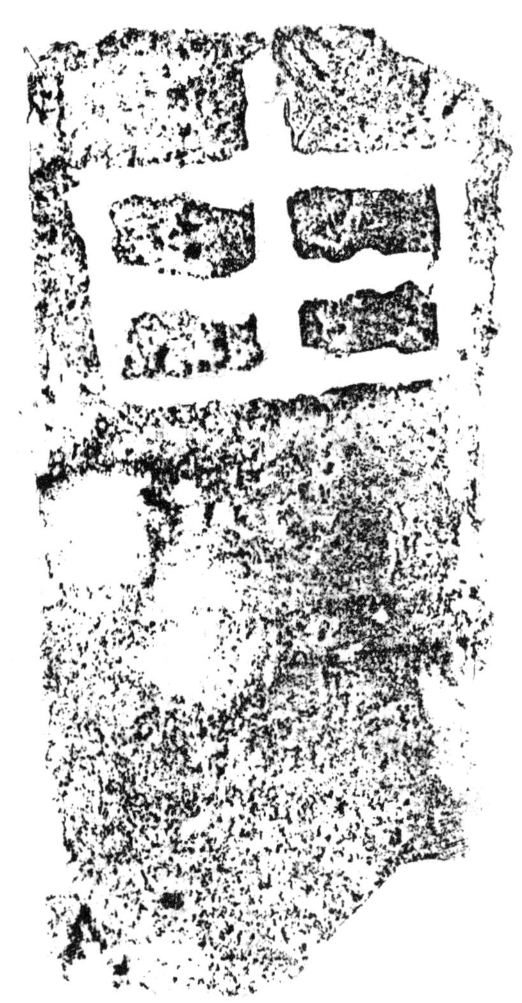

漢

灰陶質。長26厘米，寬13.5厘米，厚5.8厘米。陰刻隸書1字。2007年1月洛陽出土。現藏洛陽。

釋文：由

59. 延年益壽長樂未央空心磚(一)

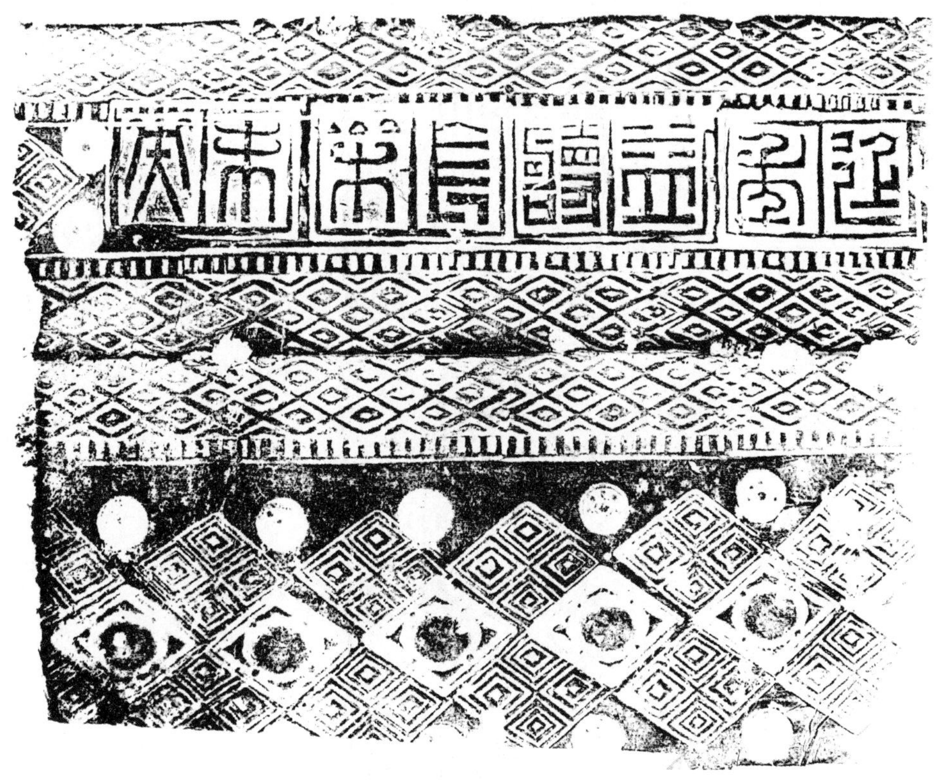

漢

灰陶質。 長 47.5 厘米，寬 38.5 厘米。 有菱形圖案。 磚側面模印陽文篆書 8 字。 洛陽出土。 現藏洛陽師範學院圖書館。

釋文：延年益壽長樂未央

60. 延年益壽長樂未央空心磚（二）

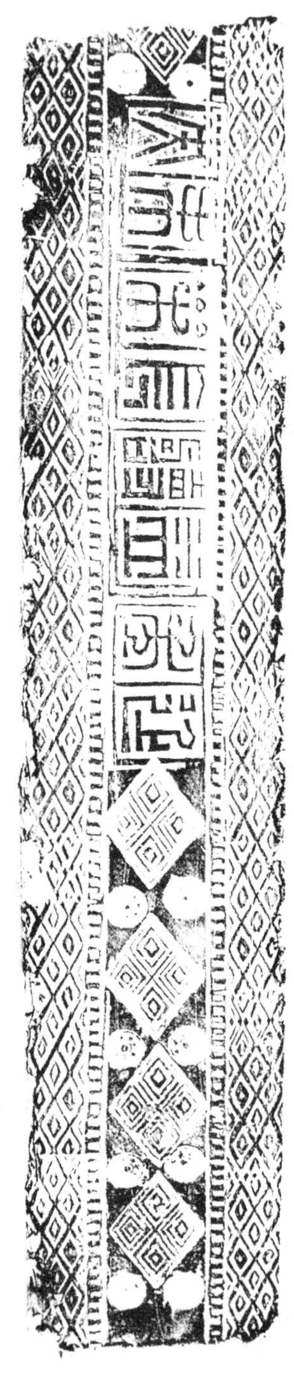

漢

拓片長 17 厘米，寬 86 厘米。有菱形飾紋。模印篆書 8 字。洛陽出土。

釋文：延年益壽長樂未央

61. 長樂益壽延年空心磚

漢

灰陶質。長116.5厘米，寬60厘米，厚19厘米。有菱形紋飾。側面有模印陽文篆書6字。

2005年4月洛陽出土。洛陽豫深古玩城獲拓。現藏洛陽。

釋文：長樂益壽延年

62. 延壽萬年空心磚(一)

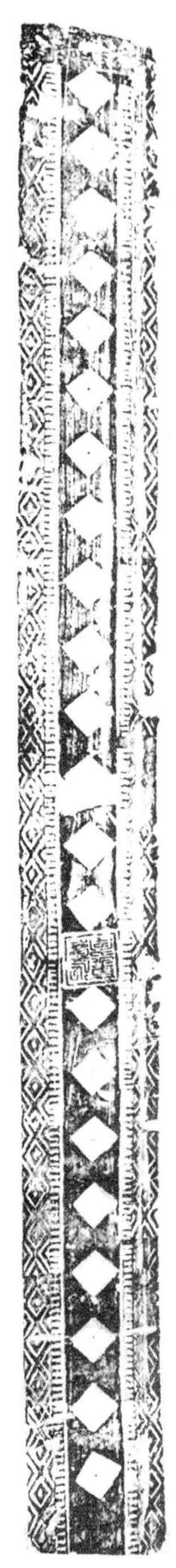

(局部)

漢

拓片長 150 厘米，寬 12.5 厘米。戳印 2 枚，陽文篆 4 字。有菱形紋飾。洛陽出土。

釋文：延壽萬年

63. 延壽萬年空心磚(二)

(局部)

漢

灰陶質。長、寬無記，厚 12.8 厘米。側面有菱形紋飾。戳印數枚，方形，各邊長 4.5 厘米。陽文篆書 4 字。

2005 年洛陽出土。現藏洛陽。

釋文：延壽萬年

64. 瑞獸五銖紋空心磚

漢

灰陶質。殘長 52 厘米，寬 33.5 厘米。兩面邊飾龍虎和瑞鹿紋，模印五銖紋。2008 年 11 月伊川縣出土。現藏洛陽吴氏。

釋文：五銖

65. 五銖錢紋空心磚

漢

灰陶質。 磚已殘，厚 6 厘米。 模印陽文篆書 2 字。

20 世紀 80 年代洛陽鐵路材料廠院内出土。 現藏洛陽市文物考古研究院。

釋文：五銖

66. 五萬錢紋空心磚

（局部）

漢

灰陶質。長 115 厘米，寬 18 厘米。模印圓形方孔錢紋於磚面中部，一排共 18 枚，枚陽文篆書 2 字。

20 世紀 80 年代洛陽市紗廠附近出土。現藏洛陽市文物考古研究院。

釋文：五萬

67. 程大利空心磚（一）

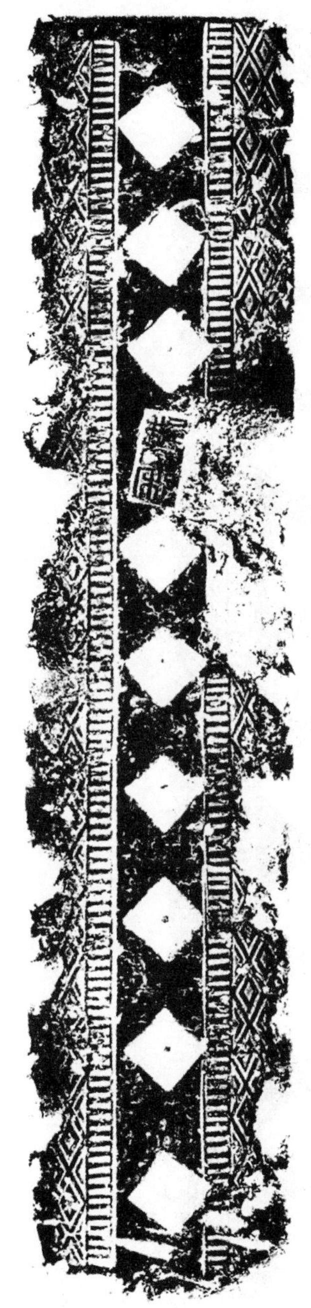

（局部）

漢

灰陶質。長 66 厘米，寬 22 厘米，厚 14 厘米。有菱形紋飾。戳印陽文篆書 3 字。另有一塊與此相類。

2005 年洛陽發現。現藏洛陽王氏。

釋文：程大利

68. 程大利空心磚(二)

漢

灰陶質。 殘長64厘米，寬22厘米，厚14厘米。 磚側有菱形花紋。 戳印陽文篆書3字。 另有一塊磚與此相類。

2005年洛陽發現。 現藏洛陽王氏。

釋文：程大利

69. 封萬年空心磚

漢

灰陶質。 殘長 13 厘米，寬 17.5 厘米。 戳印陽文篆書 3 字。

洛陽出土。 現藏洛陽。

釋文：封萬年

70. 延壽富貴宜子孫磚

漢

灰陶質。長 34 厘米，寬 5.4 厘米。模印陽文隸書 7 字。

2003 年洛陽出土。曾歸洛陽唐氏。

釋文：延壽富貴宜子孫

71. 大車磚

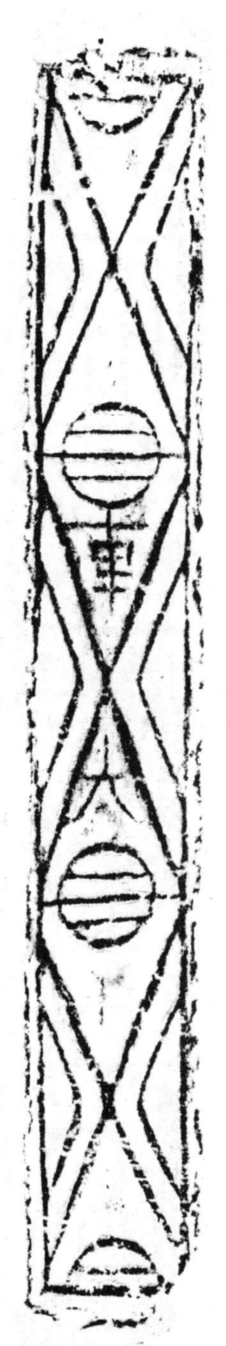

漢

灰陶質。 長 38 厘米，寬 5 厘米。 有菱形和圓形紋飾。 模印陽文隸書 2 字，應爲倒讀。

洛陽出土。 現藏洛陽。

釋文：大車

72. 留字磚

漢

灰陶質。長35.5厘米，厚5.5厘米。側面模印陽文隸書1字。有太陽紋裝飾。洛陽出土。現藏洛陽。

釋文：留

73. 壽萬年磚

漢

灰陶質。出土後被人截去大半，殘長 9 厘米，寬 12.8 厘米，厚 6 厘米。橫端爲一斜面，模印陽文隸書 3 字。

2009 年 1 月洛陽出土。現藏洛陽耕載堂。

釋文：壽萬年

74. □氏靈磚

漢

灰陶質。殘長 31 厘米，寬 13 厘米，厚 7.5 厘米。磚側模印陽文 3 字，第一字不可識。有圓形和菱形紋飾。

洛陽出土。現藏洛陽庵德堂。

釋文：□氏靈

75. 葬善地磚

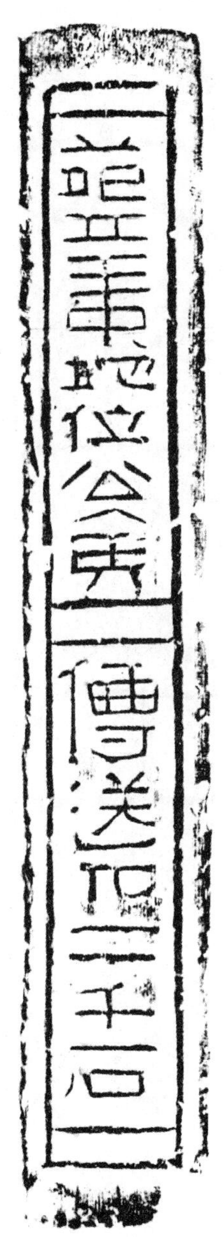

漢

灰陶質。長 36.4 厘米，寬 17 厘米，厚 6.1 厘米。字在磚側，有邊框。模印陽文 12 字。其中“兀”爲漢時“錢”字代用符號。

洛陽出土。曾歸洛陽唐氏。

釋文：葬善地位公侯/傳送兀二千石

76. 大吉宜錢磚

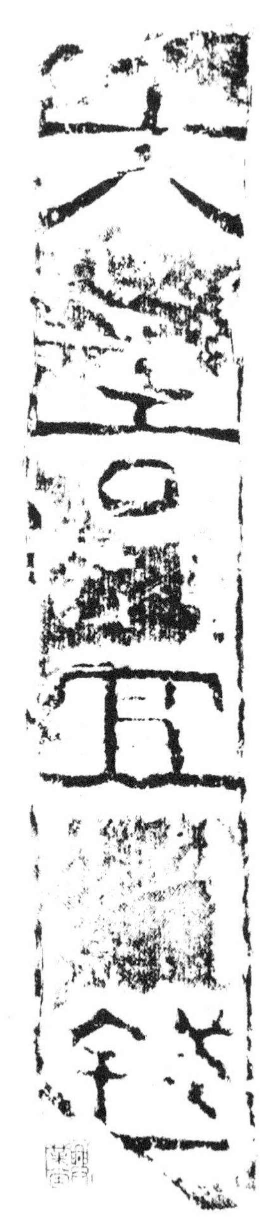

漢

灰陶質。長 28 厘米，寬厚 5.2 厘米。磚側模印陽文隸書 4 字。2006 年 11 月偃師市出土。現藏洛陽。

釋文：大吉宜錢

77. 大吉宜磚

漢

灰陶質。殘長 20 厘米，寬 17.2 厘米，厚 7.8 厘米。殘存模印陽文隸書 3 字。偃師市出土。現藏洛陽王氏。

釋文：大吉宜

78. 大吉磚

漢

灰陶質。長 34.5 厘米，寬 17.5 厘米，厚 8 厘米。磚面右上部模印陽文隸書 2 字。2006 年洛陽出土。現藏洛陽。

釋文：大吉

79. 大富磚

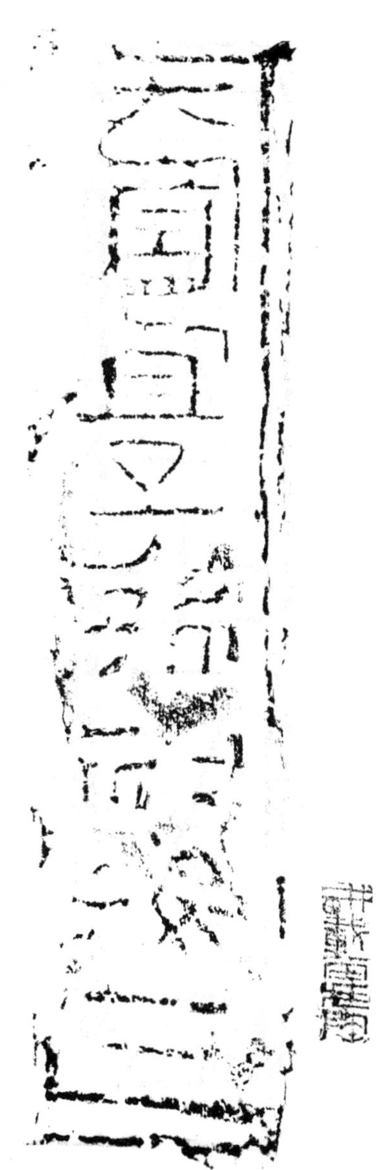

漢

長 30 厘米，寬 7.5 厘米，雙邊框。隸書。橫印陽文 8 字。

洛陽出土。現藏洛陽耕載堂。

釋文：大富宜子孫利後世

80. 五字磚

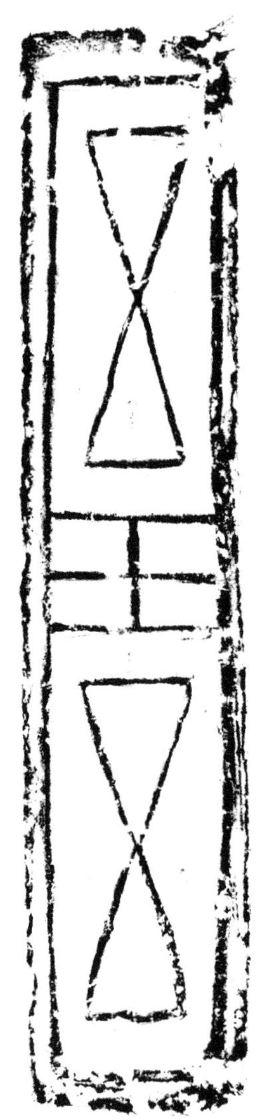

漢

灰陶質。 長 35 厘米，厚 7.5 厘米。 磚側面模印陽文篆書 2 字。洛陽出土。 現藏洛陽。

釋文：五五

81. 二千磚

漢

拓片長 30 厘米，寬 15 厘米。 陰刻隸書 3 行，行 3 字。 第二行第一、二字似改刻。 洛陽出土。 舊拓本。

釋文：凡二千/□百四/十四枚

82. 百八十枚磚

漢

舊拓本。 長23.5厘米，寬17厘米。 陰刻隸書，行4字。

洛陽出土。

釋文：百八十枚

83. 二丈一印磚

漢

灰陶質。 磚殘。 素面。 側面戳印陰文 3 字數組。

洛陽漢墓采集。 現藏洛陽市文物考古研究院。

釋文：二丈一

84. 泊字磚

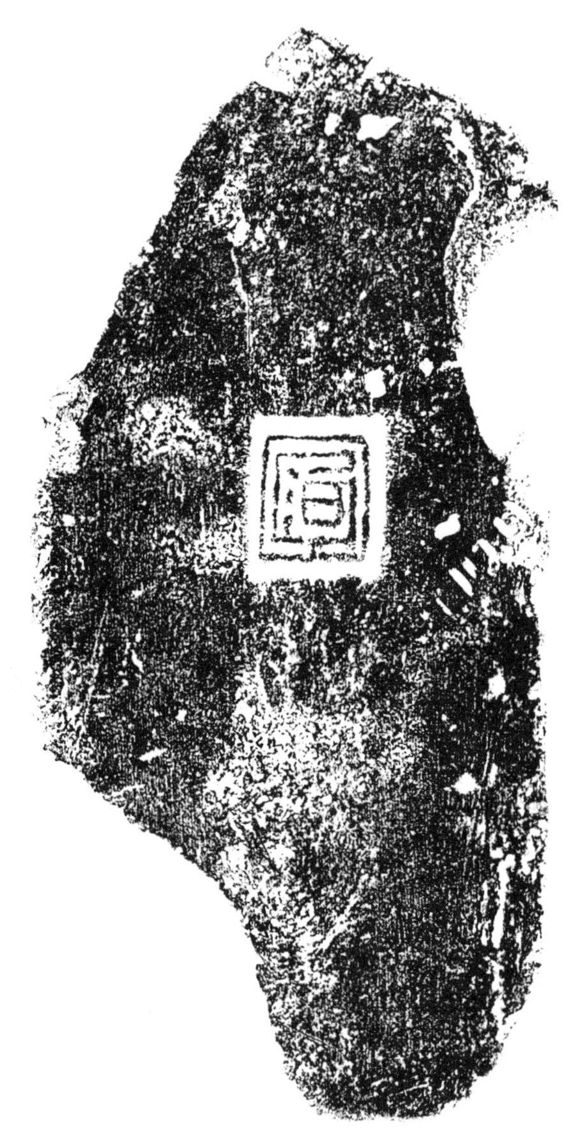

漢

灰陶質。 長 34 厘米，寬 16.3 厘米，厚 6.8 厘米。 戳印陽文隸書 1 字。
洛陽出土。 現藏洛陽。

釋文：泊

85. 關字瓦當(一)

漢

灰陶質。當徑 14 厘米，輪寬 1.8 厘米。邊輪内有弦紋。模印陽文 1 字，體在篆隸之間。

1998 年新安縣鹽東村漢函谷關倉儲建築遺址出土。現藏洛陽市文物考古研究院。

釋文：關

（參見洛陽市第二文物工作隊：《黄河小浪底鹽東村漢函谷關倉儲建築遺址發掘簡報》，《文物》2000 年第 10 期；王木鐸：《漢函谷關字瓦當説略》，《書法叢刊》2004 年第 4 期）

86. 關字瓦當（二）

漢

灰陶質。當徑 16 厘米，輪寬最寬處 2.3 厘米，窄處僅 1 厘米。模印陽文 1 字。體在篆隸間，下呈八字形。

1998 年，新安縣鹽東村漢函谷關倉儲建築遺址出土。現藏洛陽市文物考古研究院。

釋文：關

（參見洛陽市第二文物工作隊：《黃河小浪底鹽東村漢函谷關倉儲建築遺址發掘簡報》，《文物》2000 年第 10 期；王木鐸：《漢函谷關字瓦當説略》，《書法叢刊》2004 年第 4 期）

87. 關字瓦當(三)

漢

灰陶質。 邊輪殘。 殘當徑 12.2 厘米。 模印陽文 1 字。 體在篆隸之間。

1998 年新安縣鹽東村漢函谷關倉儲建築遺址出土。 現藏洛陽市文物考古研究院。

釋文: 關

（參見洛陽市第二文物工作隊: 《黃河小浪底鹽東村漢函谷關倉儲建築遺址發掘簡報》, 《文物》2000 年第 10 期; 王木鐸: 《漢函谷關字瓦當說略》, 《書法叢刊》2004 年第 4 期）

88. 關字瓦當(四)

漢

灰陶質。 當徑 15.5 厘米，輪寬 1.8 厘米。 模印陽文 1 字。 同類瓦當較多。 新安縣漢函谷關遺址出土。 現藏新安縣文物保護管理所。

釋文：關

（參見王木鐸：《漢函谷關字瓦當說略》，《書法叢刊》2004 年第 4 期）

89. 關字瓦當（五）

漢

灰陶質。當徑 15 厘米，輪寬 1.5 厘米。右上部邊輪殘失一半。模印陽文 1 字。體在篆隸間。

新安縣漢函谷關遺址出土。現藏新安縣文物保護管理所。

釋文：關

（參見王木鐸：《漢函谷關字瓦當説略》，《書法叢刊》2004 年第 4 期）

90. 關字瓦當(六)

漢

灰陶質。 當徑 16 厘米，輪寬 1.3 厘米，厚 2 厘米。 模印陽文 1 字，體在篆隸之間。“門”字框處有“ꟹ”紋裝飾。

新安縣漢函谷關遺址出土。 現藏洛陽。

釋文：關

（參見王木鐸：《漢函谷關字瓦當説略》，《書法叢刊》2004 年第 4 期）

91. 關字瓦當(七)

漢

灰陶質。當徑 14 厘米，輪寬 1.5 厘米，厚 1.5 厘米。中部有一小孔。當面殘留有塗朱砂痕迹。模印陽文 1 字，體在篆隸間，“門”字框處有“⟅”紋裝飾。

新安縣漢函谷關遺址出土。現藏洛陽。

釋文：關

（參見王木鐸：《漢函谷關字瓦當説略》，《書法叢刊》2004 年第 4 期）

92. 關字瓦當（八）

漢

灰陶質。當徑 13.5 厘米，輪寬 1.4 厘米，厚 2 厘米。邊輪殘存三分之一，中有乳突釘。模印陽文 1 字，"門" 字框處有 "ナ" 形裝飾。

新安縣漢函谷關遺址出土。現藏洛陽。

釋文：關

（參見王木鐸：《漢函谷關字瓦當說略》，《書法叢刊》2004 年第 4 期）

93. 關字瓦當（九）

漢

灰陶質。當徑 14 厘米，輪寬 1.3 厘米，厚 2 厘米。“門”字框處有“〉”形裝飾，當面完好。模印陽文 1 字，體在篆隸間。

新安縣漢函谷關遺址出土。現藏洛陽。

釋文：關

（參見王木鐸：《漢函谷關字瓦當説略》，《書法叢刊》2004 年第 4 期）

94. 關字瓦當（十）

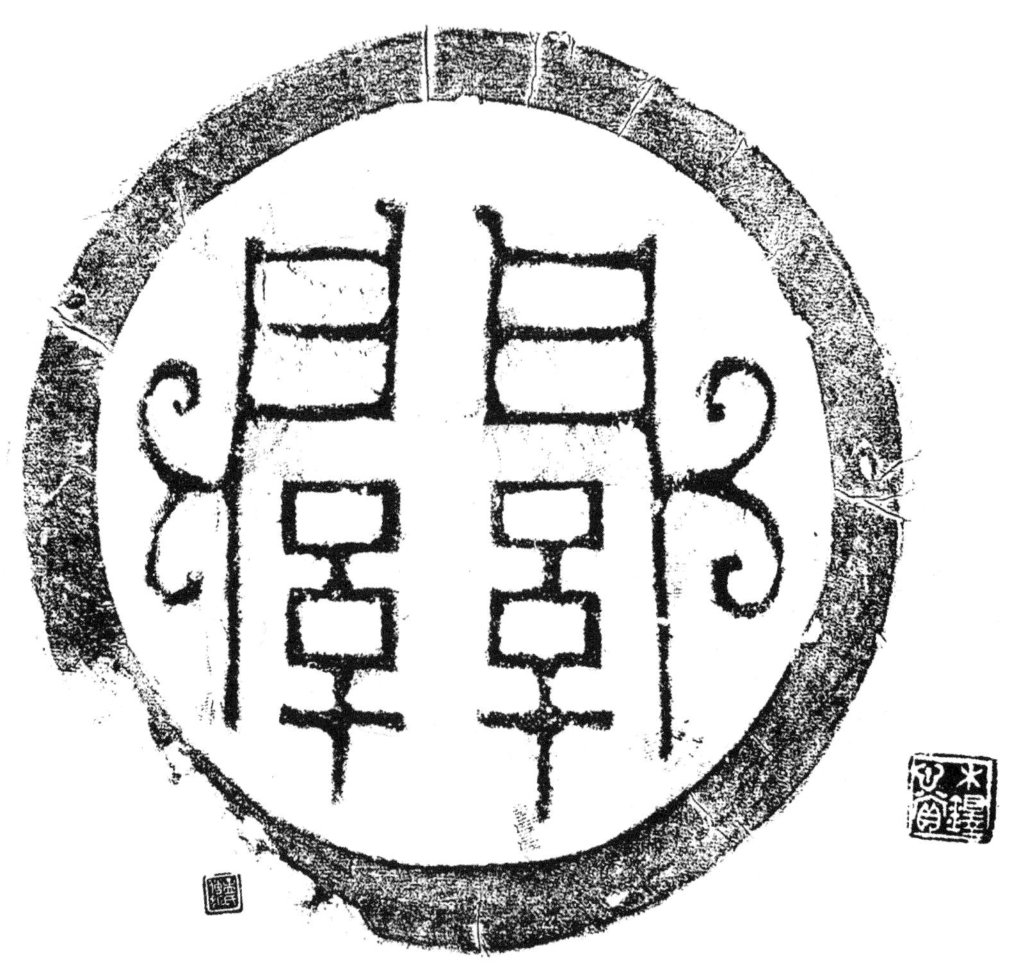

漢

灰陶質。徑 22 厘米，邊輪寬 2 厘米。模印陽文篆書 1 字。“門”字框處有“ℰ”形紋飾。所見關字瓦當，此爲最大者。

新安縣漢函谷關遺址出土。洛陽胡氏藏瓦。

釋文：關

95. 延壽王瓦當(一)

漢

灰陶質。 直徑 16.2 厘米，輪寬 1 厘米。 邊輪已殘失一半。 四界分格。 模印陽文篆書 4 字。

1999 年新安縣游溝村西漢建築遺址發掘出土。 現藏洛陽市文物考古研究院。

釋文：延壽王瓦

（參見梁曉景：《新發現的西漢“尹壽亦王”銘文瓦當》，《文物》2000 年第 10 期；高智：《“延壽王瓦”考釋》，《華夏考古》2004 年第 3 期）

96. 延壽王瓦當(二)

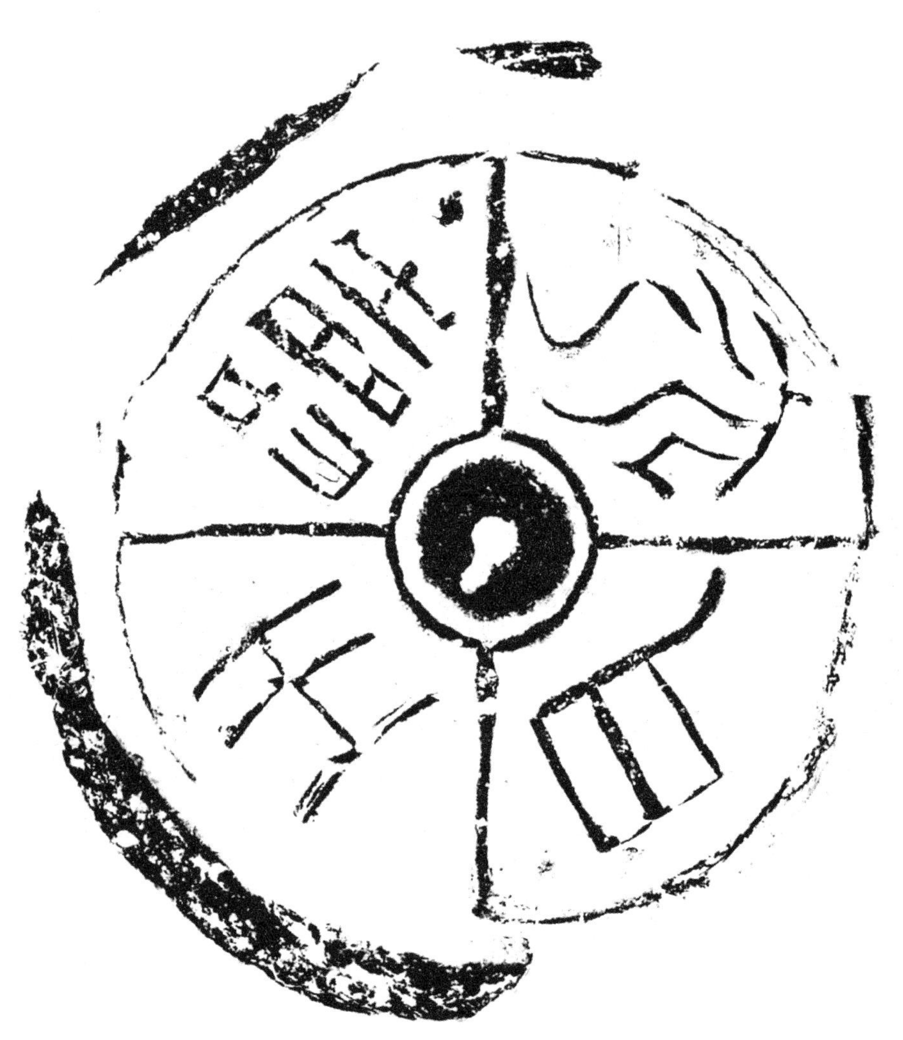

漢

灰陶質。 直徑 15.8 厘米，輪寬 1 厘米。 邊輪已殘失一半。 四界分格。 模印陽文篆書 4 字。

1999 年新安縣游溝村西漢建築遺址發掘出土。 現藏洛陽市文物考古研究院。

釋文：延壽王瓦

97. 長樂萬歲瓦當(一)

漢

灰陶質。 直徑 14 厘米。 四界分格。 模印陽文篆書 4 字。

新安縣采集。 現藏洛陽。

釋文：萇藥(長樂)萬歲

98. 長樂萬歲瓦當(二)

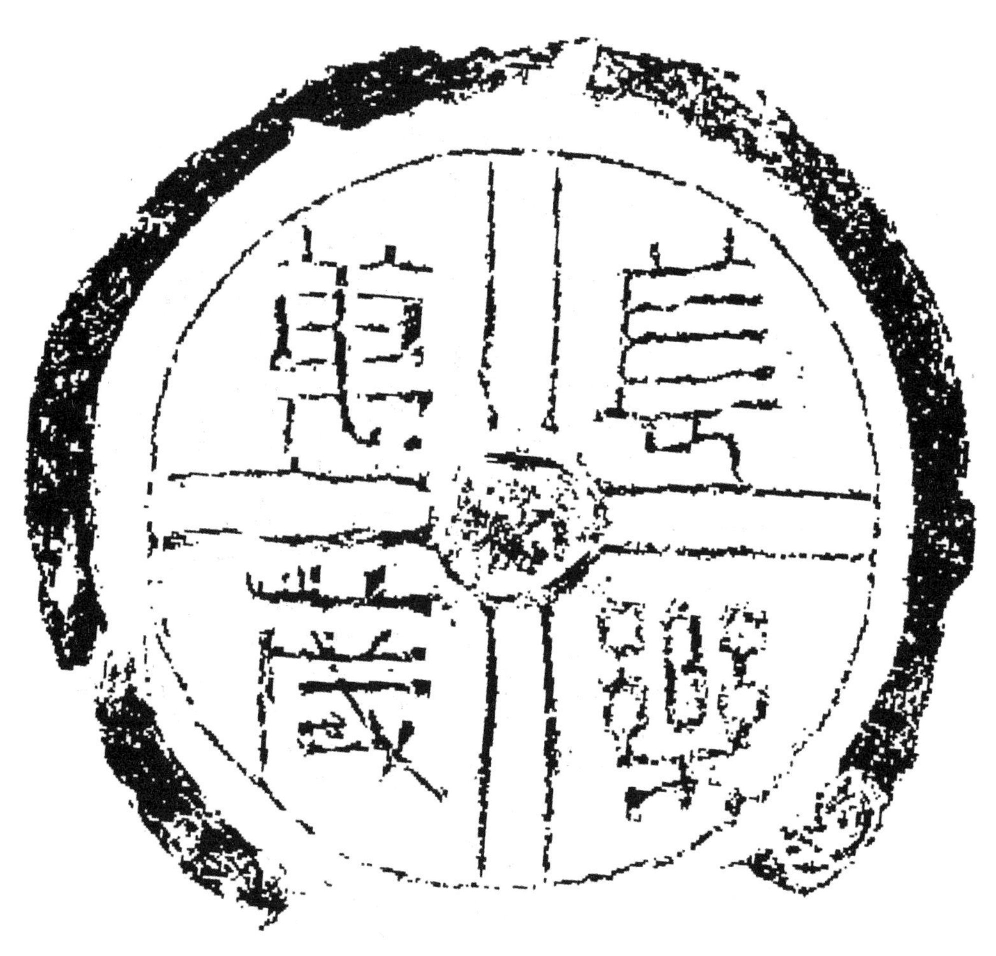

漢

灰陶質。 直徑 15 厘米。 四界分格。 模印陽文篆書 4 字。

1999 年新安縣游溝村西漢建築遺址發掘出土。 現藏洛陽市文物考古研究院。

釋文: 萇(長)樂萬歲

99. 長樂未央瓦當

漢

灰陶質。當徑 15.8 厘米，輪寬 1.3 厘米。四界分區。當心有凸起。模印陽文篆書 4 字。

現藏偃師商城博物館。

釋文：長樂未央

100. 長宜子孫瓦當

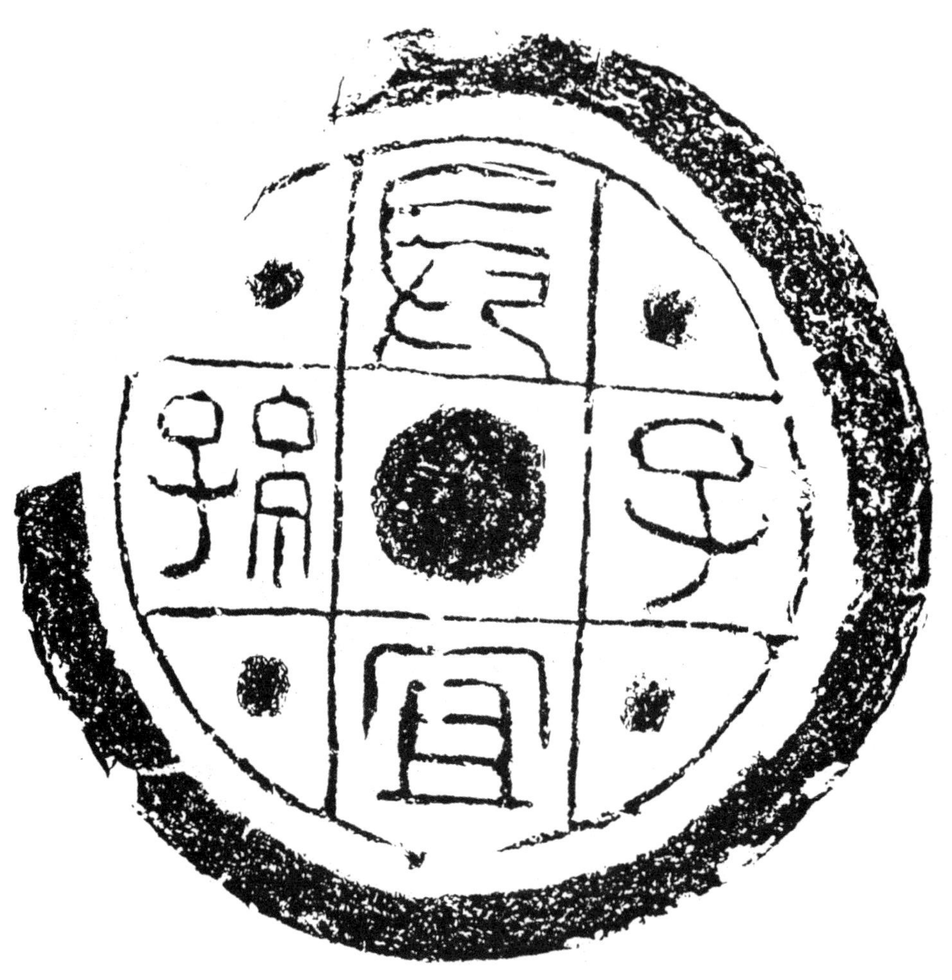

漢

灰陶質。 當徑 13.2 厘米。 有井字界格，當心有凸起。 模印陽文篆書 4 字。 1990 年洛陽東郊機車工廠漢墓出土。 現藏洛陽市文物考古研究院。

釋文：長宜子孫

101. 富貴萬歲瓦當

漢

灰陶質。 當直徑 14.4 厘米。 模印陽文篆書 4 字。

洛陽采集。 現藏洛陽。

釋文：富貴萬歲

102. 安世瓦當

漢

灰陶質。 當徑 13.4 厘米，輪寬 1.5 厘米。 邊輪内側有雙道弦紋。 模印陽文筆畫爲“女”“卄”，借用弦紋組成文字。

新安縣出土。 現藏新安縣文物保護管理所。

釋文：安世

103. 大樂瓦當

漢

灰陶質。已殘失小半，當徑17厘米，輪寬1.5厘米。輪内雙弦紋。模印陽文篆書2字。

20世紀60年代洛陽采集。現藏洛陽市文物考古研究院。

釋文：大樂

104. 大吉瓦當

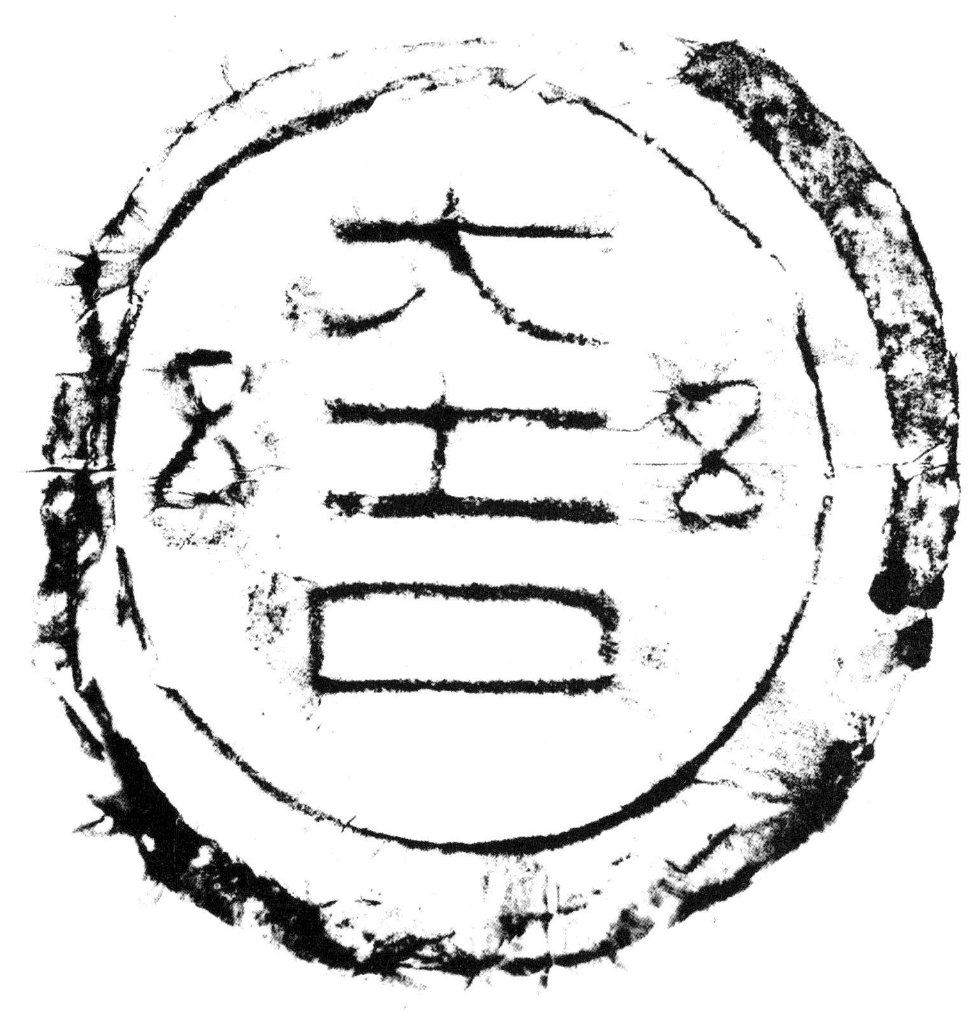

漢

灰陶質。當徑 17 厘米，輪寬 1.4 厘米，厚 1.5 厘米。模印陽文隸書 2 字、篆書 2 字。

近年洛陽采集。現藏洛陽。

釋文：大吉

五五

105. 安成侯第瓦當

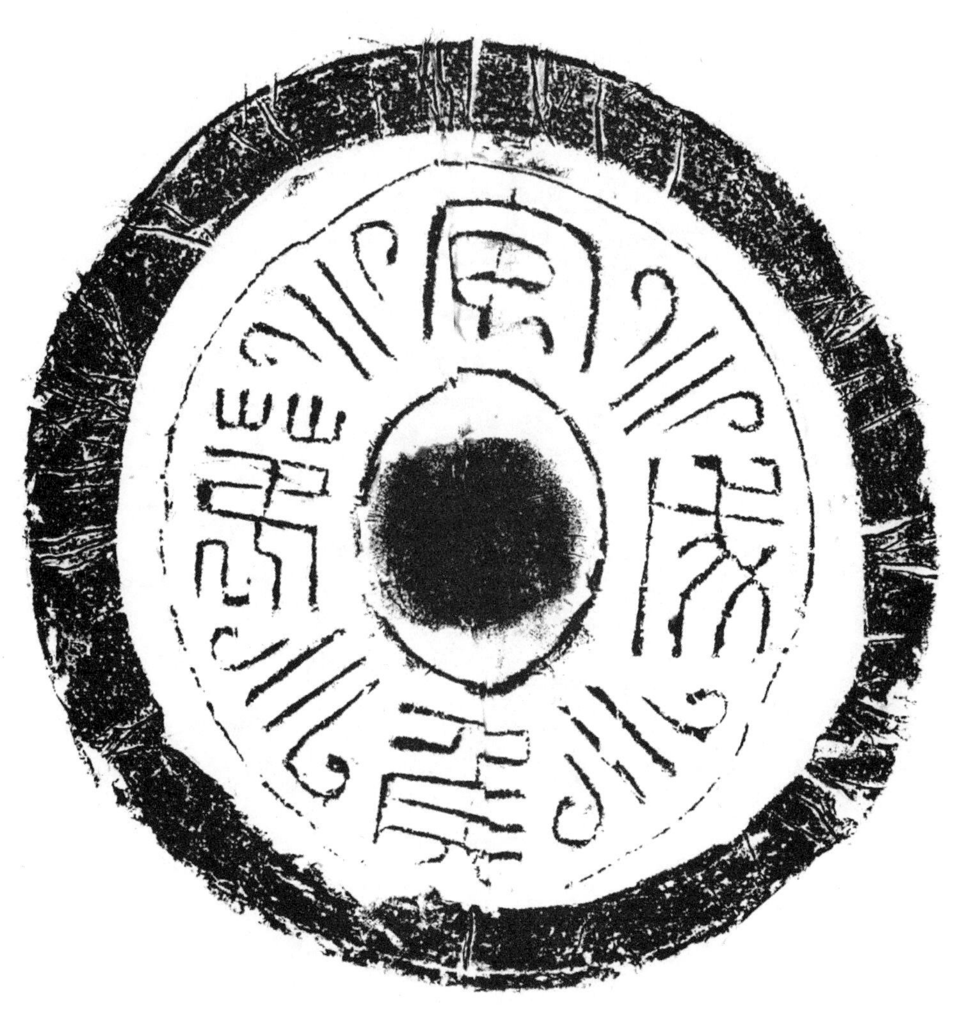

漢

灰陶質。 當徑 16.5 厘米，輪寬 1.5 厘米。 模印陽文篆書 4 字。

偃師縣文物保護管理委員會辦公室徵集。 現藏偃師商城博物館。

釋文：安成侯第

106. 津門瓦當

漢

灰陶質。當徑 15.6 厘米，輪寬 1.3 厘米。輪内環以齒狀紋飾，貼齒環紋有四組雲頭紋飾。模印陽文 2 字，體在篆隸之間。津門，又名津陽門，爲東漢京城十二門之一。此瓦當應爲津門遺物，出土於東漢墓中，用做墊棺。同墓出土尚有“黄君”刻銘磚兩塊以及陶倉、陶罐等物。

1992 年洛陽東漢墓發掘出土。現藏洛陽市文物考古研究院。

釋文：津門

（參見洛陽市文物工作隊：《河南洛陽市東漢孝女黄晨、黄芍合葬墓》，《考古》1997 年第 7 期）

107. 射里唐氏罐

漢

灰陶質。表面抛光。雙綫弦紋。罐高 37 厘米，口徑 14.5 厘米，腹徑 26 厘米，底徑 21.1 厘米。肩部陰刻 6 字，體在篆隸間。

2004 年洛陽出土。現藏洛陽。

釋文：射里唐氏十斗

108. 申徒疾罐

漢

灰陶質。 表面拋光。 有雙綫弦紋。 罐高 38. 5 厘米，口徑 14 厘米，腹徑 26 厘米，底徑 18. 3 厘米。 肩部陰刻 5 字，體在篆隸間。

2004 年洛陽出土。 現藏洛陽。

釋文：申徒疾

十斗

109. 五斗罐

漢

灰陶質。 罐高 31.5 厘米，口徑 13.6 厘米，腹徑 24 厘米，底徑 17 厘米。 肩部陰刻 2 字，體在篆隸間。

2003 年洛陽出土。 現藏洛陽。

釋文：五斗

110. 耒種罐

漢

灰陶質。 罐高 25.2 厘米，口徑 17.7 厘米，腹徑 23 厘米，底徑 18.2 厘米。 肩部陰刻隸書 2 字。

2004 年洛陽出土。 現藏洛陽。

釋文：耒種

111. 原蓮罐

漢

灰陶質。 殘。 罐肩部陰刻隸書 2 字。

洛陽出土。 現藏洛陽。

釋文：原蓮

112. 河市碗

漢

灰陶質。 印戳長 1.7 厘米，寬 1 厘米，在陶碗内底部。 陰文隸書 2 字。

1954—1955 年洛陽中州路出土。 現藏洛陽市文物考古研究院。

釋文：河市

（參見中國科學院考古研究所編：《中國田野考古報告集：洛陽中州路（西工段）》，科學出版社 1959 年 1 月出版）

113. 河亭盆

漢

灰陶質。 印戳長 1.2 厘米，寬 2 厘米，在陶盆内底部。 陰刻隸書 2 字。

1954—1955 年洛陽市中州路出土。 現藏洛陽市文物考古研究院。

釋文：河亭

（參見中國科學院考古研究所編：《中國田野考古報告集：洛陽中州路（西工段）》，科學出版社 1959 年 1 月出版）

114. 河市盆

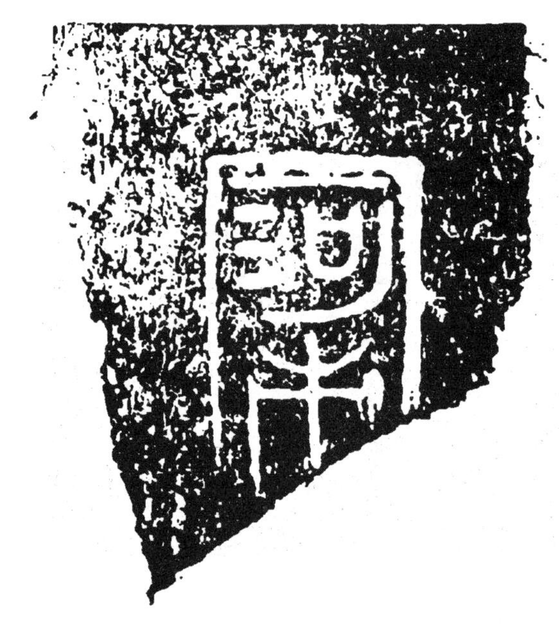

漢

灰陶質。 器已殘。 戳印在盆口沿上，陰文 2 字，體在篆隸間。

1974 年冬洛陽東周王城内古窑址出土。 現藏洛陽市文物考古研究院。

釋文：河市

（參見洛陽市文物工作隊：《洛陽東周王城内的古窑址》，《考古與文物》1983 年第 3 期）

115. 大趙盆

漢

灰陶質。 口沿處陰刻隸書 2 字。

2005 年洛陽澗河與洛河交匯處西漢窖藏出土。 現藏洛陽市文物考古研究院。

釋文：大趙

116. 趙字盆

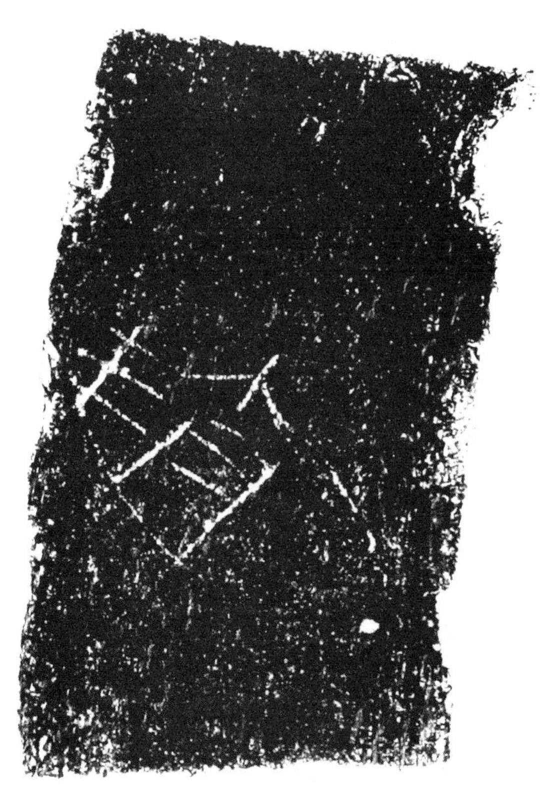

漢

灰陶質。口沿陰刻隸書 1 字。

2005 年洛陽澗河與洛河交匯處西漢窖藏出土。現藏洛陽市文物考古研究院。

釋文：趙

117. 侯氏盆

漢

灰陶質。 口沿處陰刻隸書 2 字。

2005 年洛陽澗河與洛河交匯處西漢窖藏出土。 現藏洛陽市文物考古研究院。

釋文：侯氏

118. 吉字盆

漢

泥質灰陶。腹部陰刻隸書1字，字下部“口”字有變化。

2002年1月洛陽市九都路南側市有綫電視臺院内出土。現藏洛陽市文物考古研究院。

釋文：吉

（參見洛陽市文物工作隊：《東周王城戰國至漢代陶窑遺址發掘簡報》，《文物》2004年第7期）

119. 成皋壺

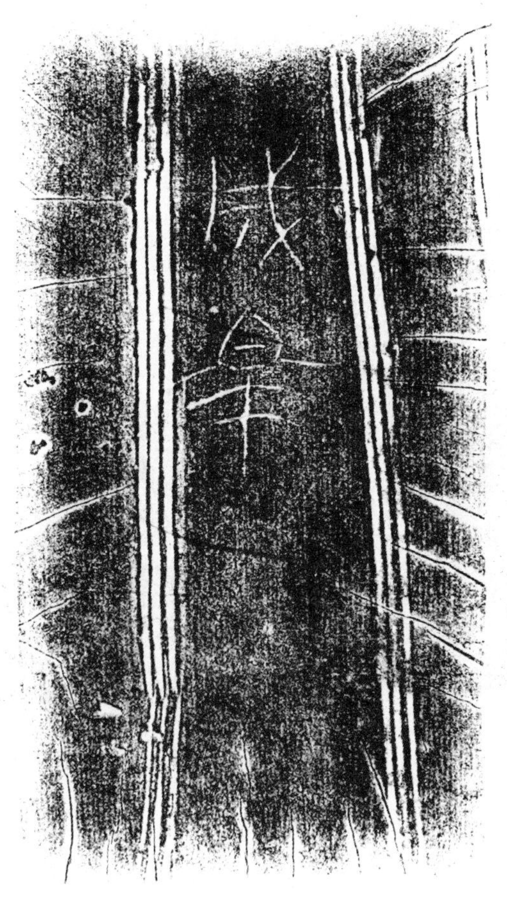

漢

黑褐陶質。 繭形。 表面磨光。 有條狀紋飾。 陰刻隸書 2 字。
洛陽出土。 現藏洛陽張氏。

釋文：成皋

120. 河亭豆盤

漢

灰陶質。 器已殘。 戳印陰文隸書 2 字。

1974 年冬洛陽東周王城内古窑址出土。 現藏洛陽市文物考古研究院。

釋文：河亭

（參見洛陽市文物工作隊：《洛陽東周王城内的古窑址》，《考古與文物》1983 年第 3 期）

121. 左左□甕

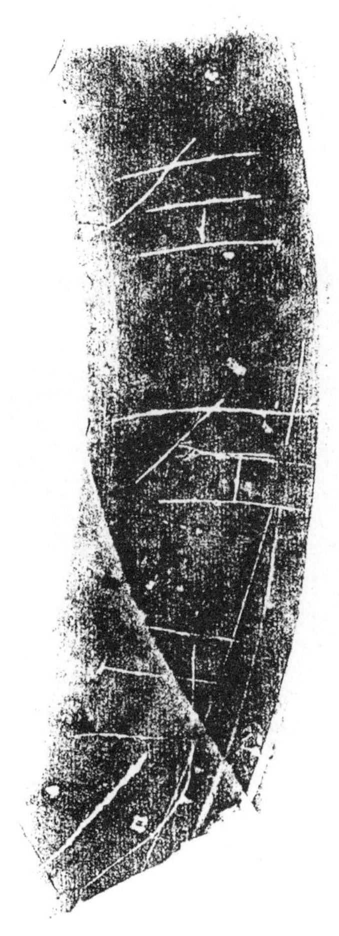

漢

灰陶質。肩部陰刻楷書 3 字。

2005 年 11 月洛陽王城公園東南華夏房地產公司工地出土。現藏洛陽市文物考古研究院。

釋文：左左□

122. 大小月甕

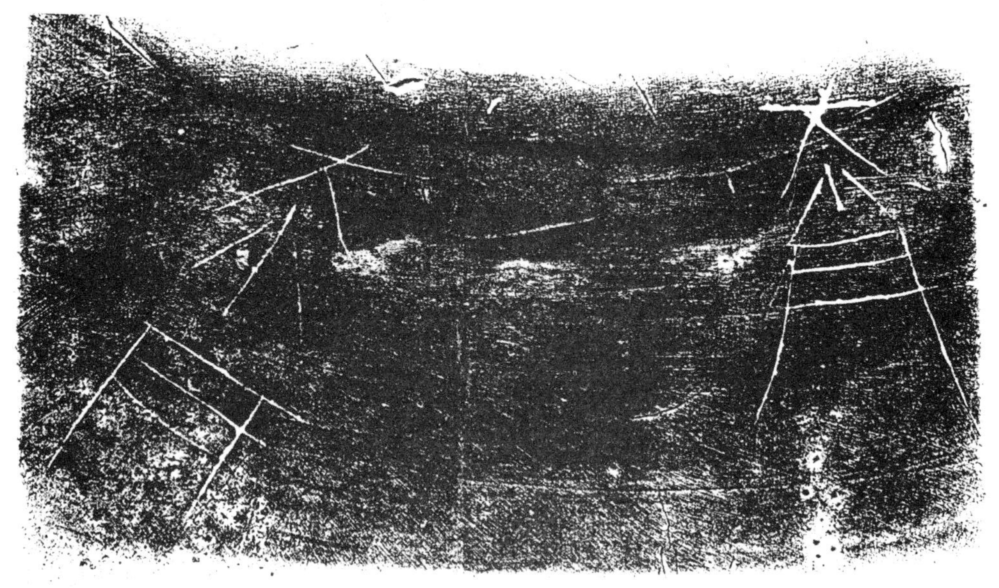

漢

灰陶質。口徑 30.5 厘米，底徑 20 厘米，高 54 厘米。肩部陰刻隸書 2 組，組各 3 字。共 6 字。

1984 年汝陽縣三屯鄉南堡村出土。現藏汝陽縣文物保護管理所。

釋文：大小月

大小月

123. 大東甕

漢

灰陶質。 甕肩部陰刻隸書 3 字。

1994 年洛陽市王城南路工地出土。 現藏洛陽市文物考古研究院。

釋文: 大東

大

124. 䧿氏甕

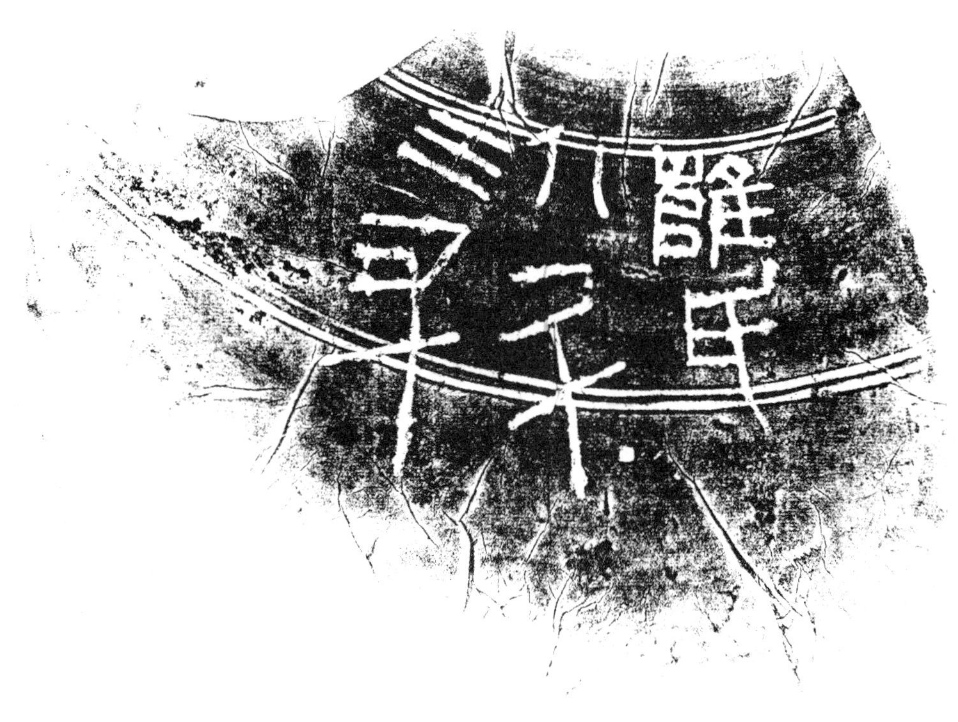

漢

灰陶質。殘。肩部有兩道凸弦紋。在燒成的器壁上刻陰文篆書 6 字。洛陽出土。現藏洛陽。

釋文：䧿氏

八斗

三斗

125. 日利千萬甕

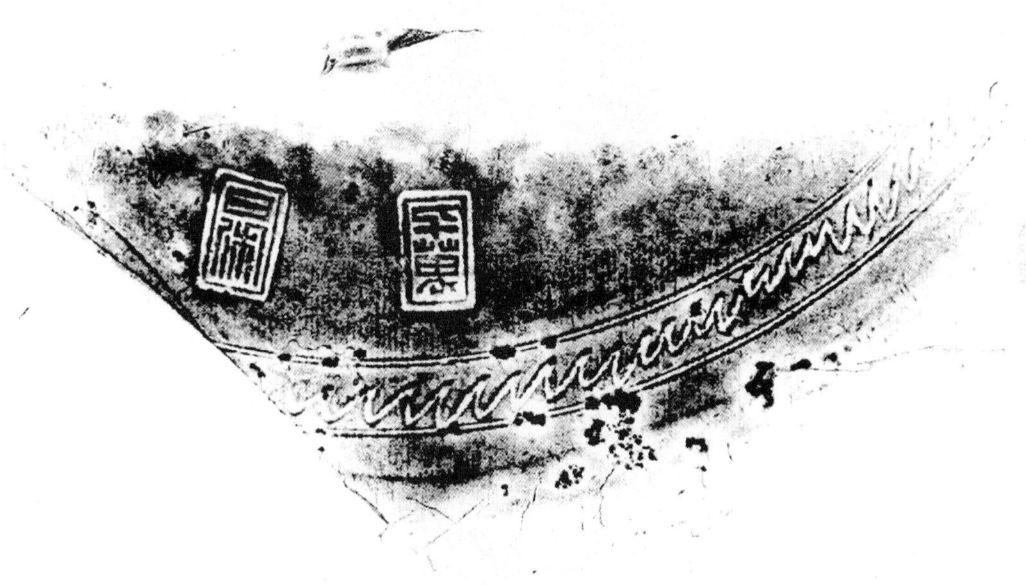

漢

灰陶質。 殘。 肩部有印戳 2 枚，各陽文篆書 2 字。

洛陽出土。 現藏洛陽。

釋文：千萬

日利

126. 耒四甕

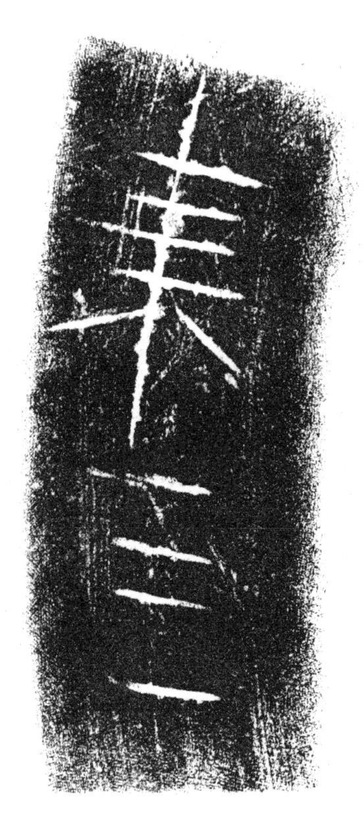

漢

灰陶質。殘。甕口部陰刻楷書 2 字。

1994 年 5 月洛陽市王城南路工地出土。現藏洛陽市文物考古研究院。

釋文：耒四

127. 大陶缸（一）

漢

灰陶質。缸肩部陰刻楷書 2 字。

1999 年洛陽市紗廠南路通元房地産公司工地出土。現藏洛陽市文物考古研究院。

釋文：大陶

128. 大陶缸（二）

漢

灰陶質。缸肩部陰刻楷書 2 字。

1999 年洛陽市紗廠南路通元房地產公司工地出土。現藏洛陽市文物考古研究院。

釋文：大陶

129. 大吉耳杯

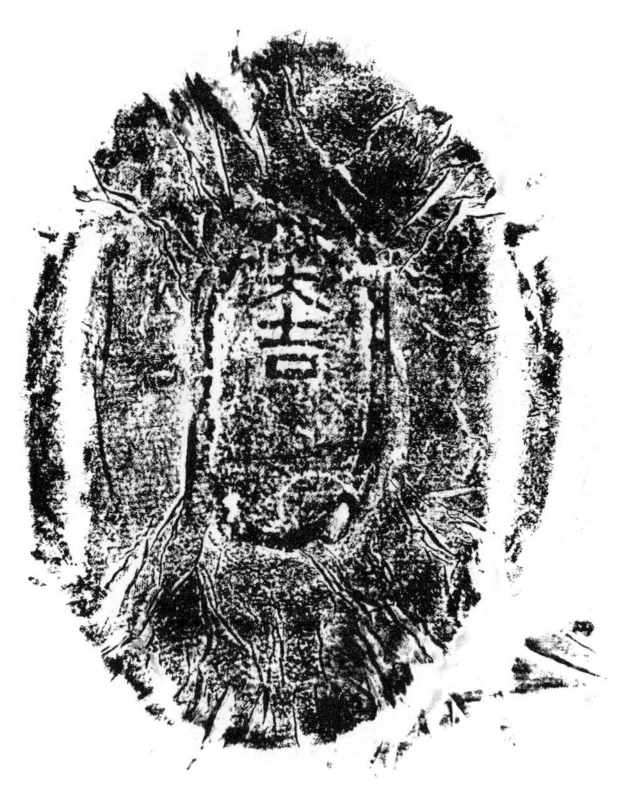

漢

紅陶質，施緑釉，開銀片。長 9. 6 厘米，寬 8. 5 厘米，高 3. 5 厘米。杯底模印陽文反書隸書 2 字。

河南靈寶市出土。現藏洛陽。

釋文：大吉

130. 大吉利耳杯

漢

紅陶胎，施緑釉，開銀片。長 11.1 厘米，寬 7.7 厘米，高 2.7 厘米。底部模印陽文反書隸書 3 字。

河南靈寶市出土。現藏洛陽。

釋文：大吉利

131. 半兩錢母範(一)

漢

泥質灰陶。殘長 15 厘米，寬 9.5 厘米，厚 4.5 厘米。内槽深 0.6 厘米，寬 6.5 厘米。槽中部有凸起的澆槽模，兩側各有一排錢模。錢模直徑 2.3 厘米，穿徑 0.9 厘米。枚模印陽文篆書 2 字。

1972 年 12 月洛陽市橡膠廠西漢鑄範遺址出土。現藏洛陽市文物考古研究院。

釋文：半兩

（參見程永建：《洛陽出土的幾批兩漢錢範及相關問題》，《中國錢幣》1994 年第 2 期）

132. 半兩錢母範(二)

漢

砂質紅陶，陶質松散。殘長 9 厘米，寬 11.5 厘米，厚 4 厘米。爲四銖半兩錢母範。範槽寬 6.8 厘米，深 0.4 厘米。槽中部有凸起的澆槽模。範模兩排，錢模直徑 2.2 厘米，穿徑 0.9 厘米。枚模印陽文隸書 2 字。

1992 年初洛陽市康樂食品廠出土。現藏洛陽市文物考古研究院。

釋文：半兩

（參見程永建：《洛陽出土的幾批兩漢錢範及相關問題》，《中國錢幣》1994 年第 2 期）

133. 榆莢半兩錢母範

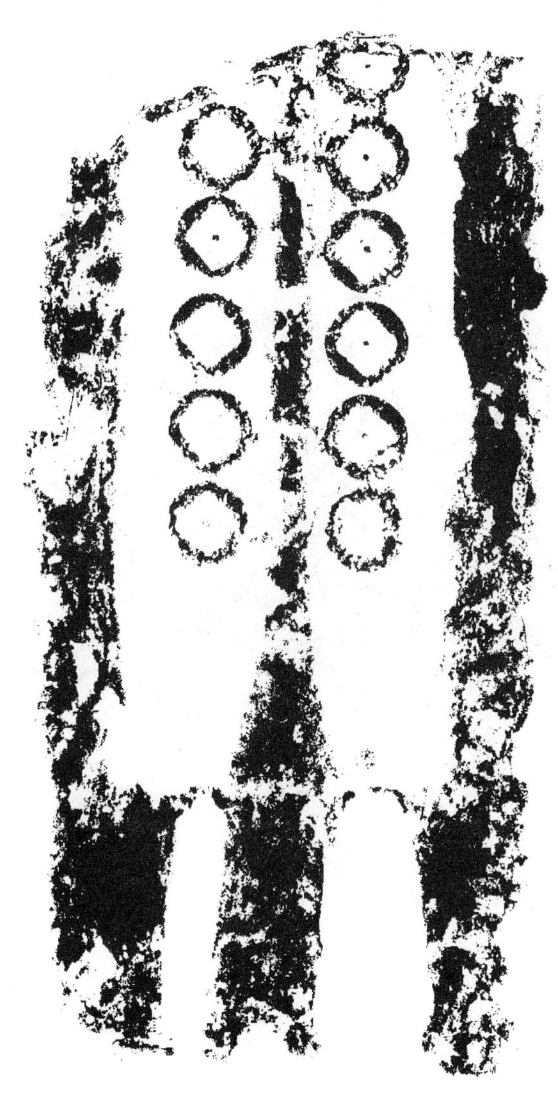

漢

砂質紅陶，質地較松。 殘長 16 厘米，寬 8 厘米，厚 4.5 厘米。 内槽寬 4.5 厘米，深 0.7 厘米，範模兩排。 錢模直徑 1.3 厘米，穿徑 0.7 厘米。 枚模印陽文篆書 2 字。

1972 年 12 月洛陽市橡膠廠西漢鑄範遺址出土。 現藏洛陽市文物考古研究院。

釋文：半兩

（參見程永建：《洛陽出土的幾批兩漢錢範及相關問題》，《中國錢幣》1994 年第 2 期）

134. 五銖錢母範

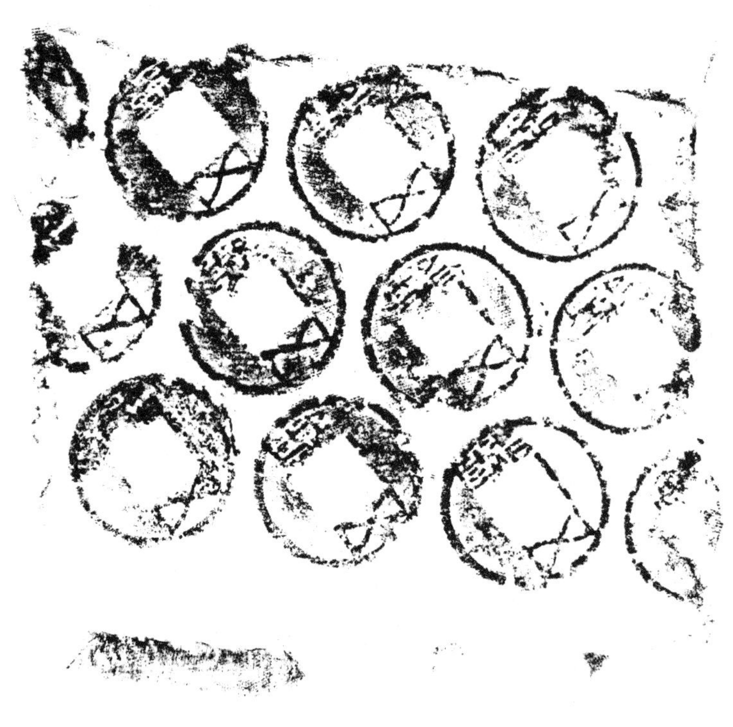

漢

紅陶質。殘長 10.5 厘米，寬 10 厘米，厚 3.4 厘米。殘存錢母範 3 排 12 枚。枚陽文篆書 2 字。

洛陽出土。現藏洛陽。

釋文：五銖

135. 五銖紋陶片

漢

灰陶質。殘長 8.5 厘米，寬 8.5 厘米。磚面模印錢紋陽文篆書 2 字。洛陽出土。現藏洛陽。

釋文：五銖

136. 大泉五十錢母範

漢

灰陶質。 直徑 2.9 厘米，輪寬 0.2 厘米。 中間方孔。 模印陽文篆書 4 字。 2000 年洛陽采集。 現藏洛陽。

釋文：大泉五十

137. 孟氏作陶錢紋磚(一)

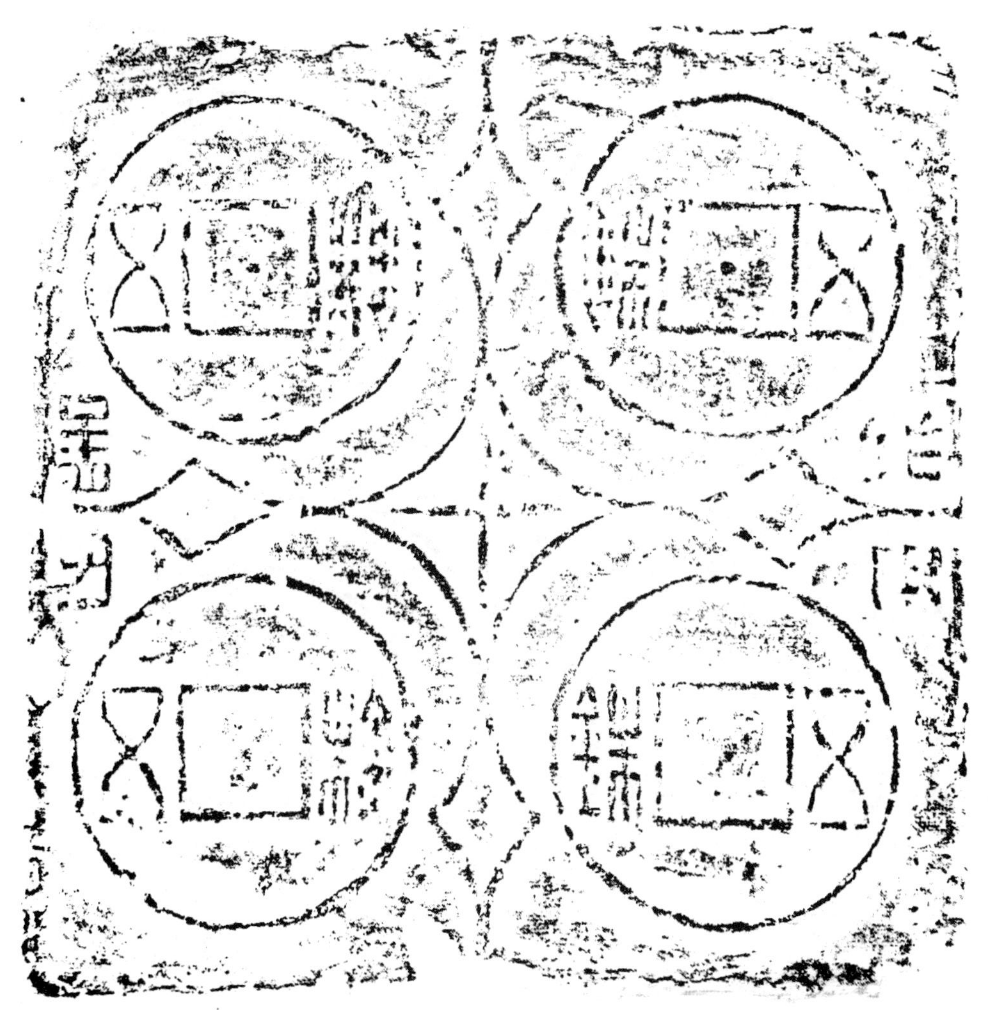

漢

灰陶質。方形，邊長24.5厘米。模印陽文隸書4字。4界格，各界格內置一錢紋，模印陽文篆書2字。

2012年洛陽出土。現藏洛陽耕載堂。

釋文：孟氏作陶

五銖

138. 孟氏作陶錢紋磚(二)

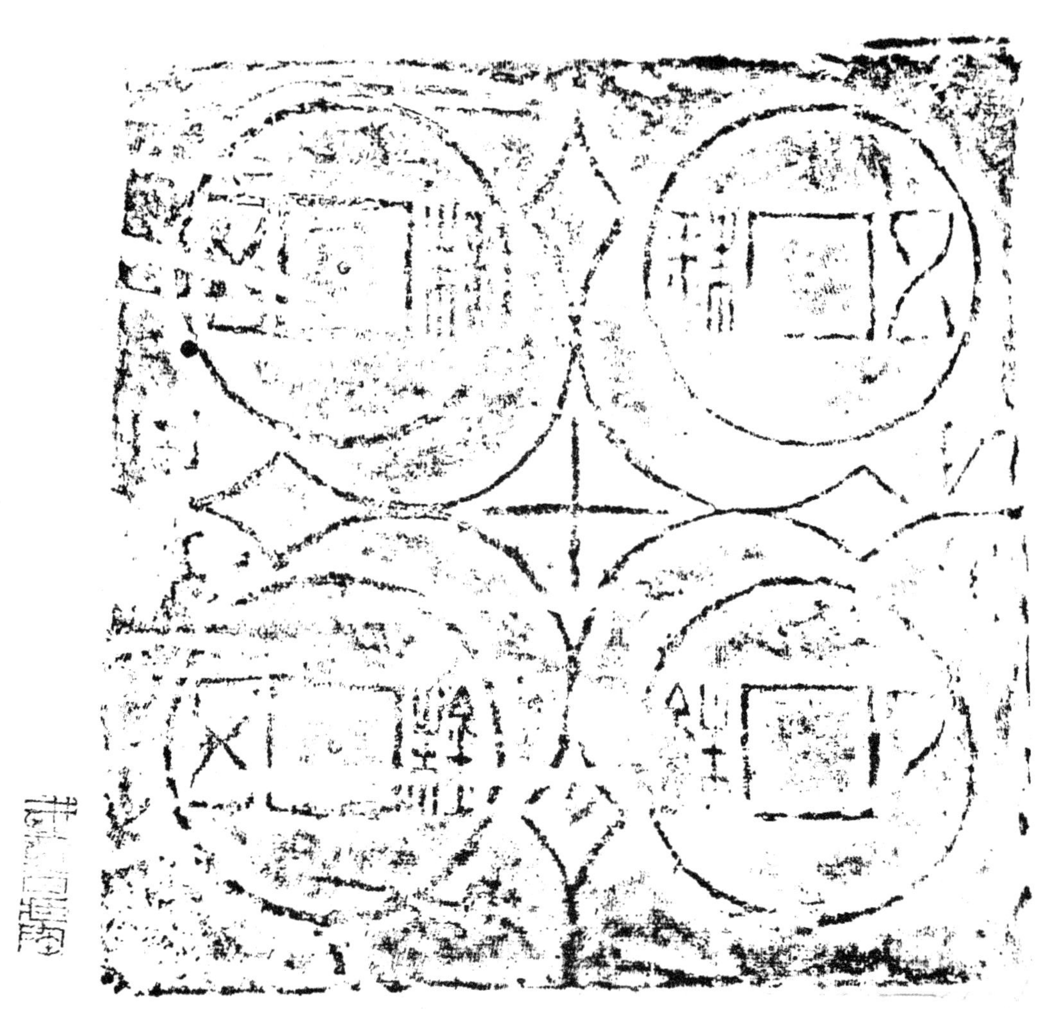

漢

灰陶質。方形，邊長24.5厘米。模印陽文隸書4字，已不可辨識。4界格，各界格內置一錢紋，模印陽文篆書2字。

2012年洛陽出土。現藏洛陽耕載堂。

釋文：孟氏作陶

五銖

139. 黄神印章

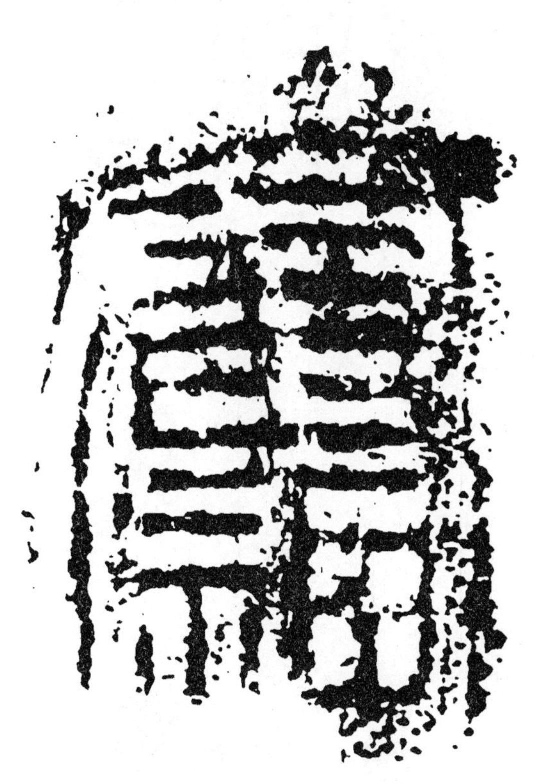

漢

紅陶質。獸形。長 2.7 厘米，寬 1.5 厘米，高 1.8 厘米。印文在獸腹下部，有邊框，陽文篆書 2 字。此類印章常與"越章"印爲朋，屬道教法印。

2001 年洛陽出土。現藏洛陽。

釋文：黄神

（參見趙振華、王木鐸：《洛陽出土"黄神"、"治都總攝"道教法印考》，《中原文物》2007 年第 1 期）

140. 封泥八種

（一）河南太守章封泥

漢

近方形，印邊長 2.4 厘米，厚 0.8 厘米。 戳印陽文篆書 5 字。

1955 年洛陽漢河南縣城遺址出土。 現藏洛陽市文物考古研究院。

釋文：河南太守章

（二）史守信印封泥

漢

方形。 印邊長 1.1 厘米。 戳印陽文、陰文各 2 字，均爲篆書。

1955 年洛陽漢河南縣城遺址出土。 現藏洛陽市文物考古研究院。

釋文：史守信印

（三）雒陽丞印封泥

漢

圓形。 印邊長 2.2 厘米。 戳印陽文篆書 4 字。

1955 年洛陽漢河南縣城遺址出土。 現藏洛陽市文物考古研究院。

釋文：雒陽丞印

（四）□印封泥

漢

方形。 印邊長 1.6 厘米。 戳印陽文篆書 2 字。

1955 年洛陽漢河南縣城遺址出土。 現藏洛陽市文物考古研究院。

釋文：□印

（五）□丞封泥

漢

方形。 印殘邊長 1.5 厘米。 戳印陽文篆書 2 字。

1955 年洛陽漢河南縣城遺址出土。 現藏洛陽市文物考古研究院。

釋文：□丞

（六）□丞封泥

漢

已殘。 印殘邊長 1.8 厘米。 戳印陰文篆書 2 字。

1955 年洛陽漢河南縣城遺址出土。 現藏洛陽市文物考古研究院。

釋文：□丞

（七）雒陽丞印封泥

漢

近圓形。直徑 2.5 厘米，厚 0.8 厘米。戳印陽文隸書 4 字。

1954—1955 年洛陽市中州路漢初房基遺址出土。現藏洛陽市文物考古研究院。

釋文：雒陽丞印

（八）雒陽丞印封泥

漢

近圓形。直徑 2.2 厘米，厚 0.8 厘米。戳印陽文隸書 4 字。

1954—1955 年洛陽市中州路漢初房基遺址出土。現藏洛陽市文物考古研究院。

釋文：雒陽丞印

（（一）—（六）參見郭寶鈞：《洛陽西郊漢代居住遺迹》，《考古通訊》1956 年第 1 期；（七）—（八）參見中國科學院考古研究所編：《洛陽中州路（西工段）》，科學出版社 1959 年 1 月出版）

141. 建威將軍章封泥

漢

黑陶質。近方形，邊長 3 厘米，厚 0.8 厘米。模印陽文篆書 5 字。

2001 年洛陽市澗東路南段出土。現藏洛陽市文物考古研究院。

釋文：建威將軍章

142. 蒼頡作書陶鎮

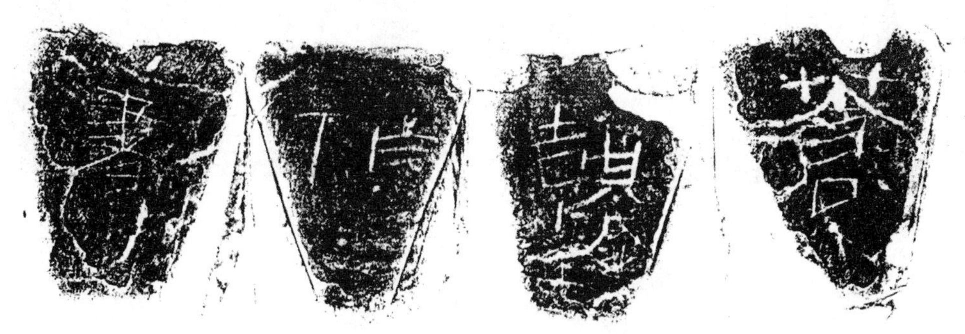

漢

灰陶質。堅密，外表磨光。四面臺體。底邊長 5 厘米，頂邊長 2.5 厘米，高 5.8 厘米。四側各陰刻隸書 1 字，共 4 字。置於案上，文字倒置，握掌欣賞，則文字端正。字體嫻熟流暢，燦然可觀。此鎮出土於洛寧縣。洛寧古稱永寧縣，傳爲蒼頡造字之地，今尚有一碩大土堆，謂之造字臺。縣城塑有蒼頡像，作爲紀念。陶鎮出於此，可見意義非凡。或謂可作紙鎮、硯研兩用。

1986 年洛寧縣出土。現藏洛陽。

釋文：蒼頡作書

143. 東井滅火井欄

漢

灰陶質。 雜有石英類礦物質，閃銀星。 長 20 厘米，寬 13. 2 厘米，高 10 厘米。 有蓋，盝頂式。 抛光。 四周有模製雲頭、水波紋飾，又有魚、鶴圖案。 一側有漁人得利圖，一側有模印陽文篆書 4 字。 屬隨葬明器。 此類井欄，以前洛陽地區曾有出土，然與此略有不同，已見於著録。

2004 年洛陽出土。 現藏洛陽。

釋文：東井滅火

144. 天下太平竈

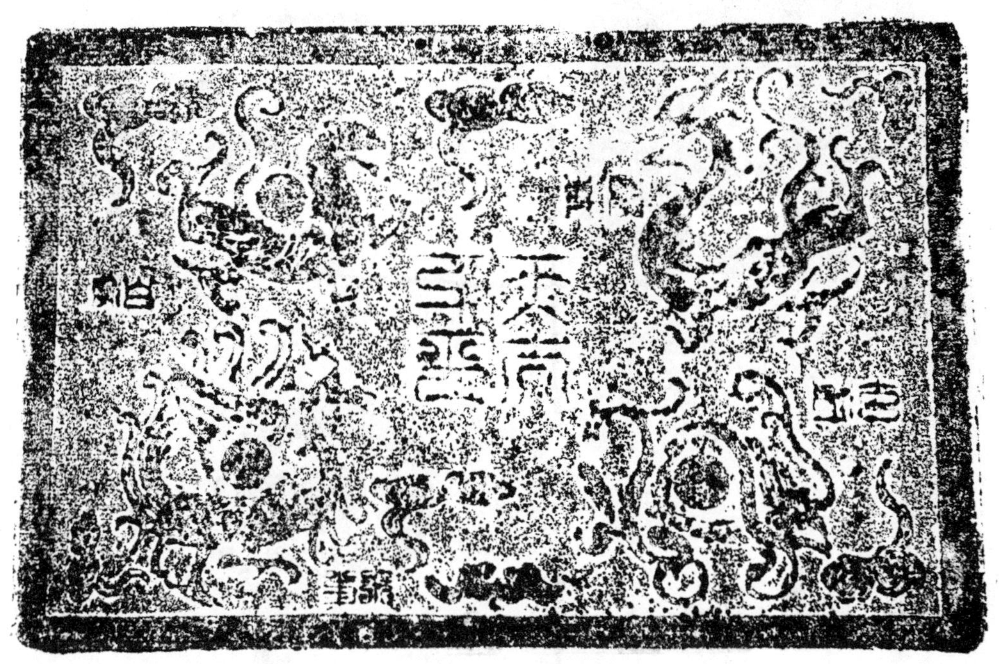

漢

陶竈一側。拓片長 24.5 厘米，寬 15.5 厘米。模印陽文篆書 4 字，字迹較大。有四神圖案，四神旁各注名稱，模印陽文 2 字。

洛陽出土。洛陽坊間獲拓。

釋文：天下太平

青龍

白虎

朱雀

玄武

145. 富利子孫陶板

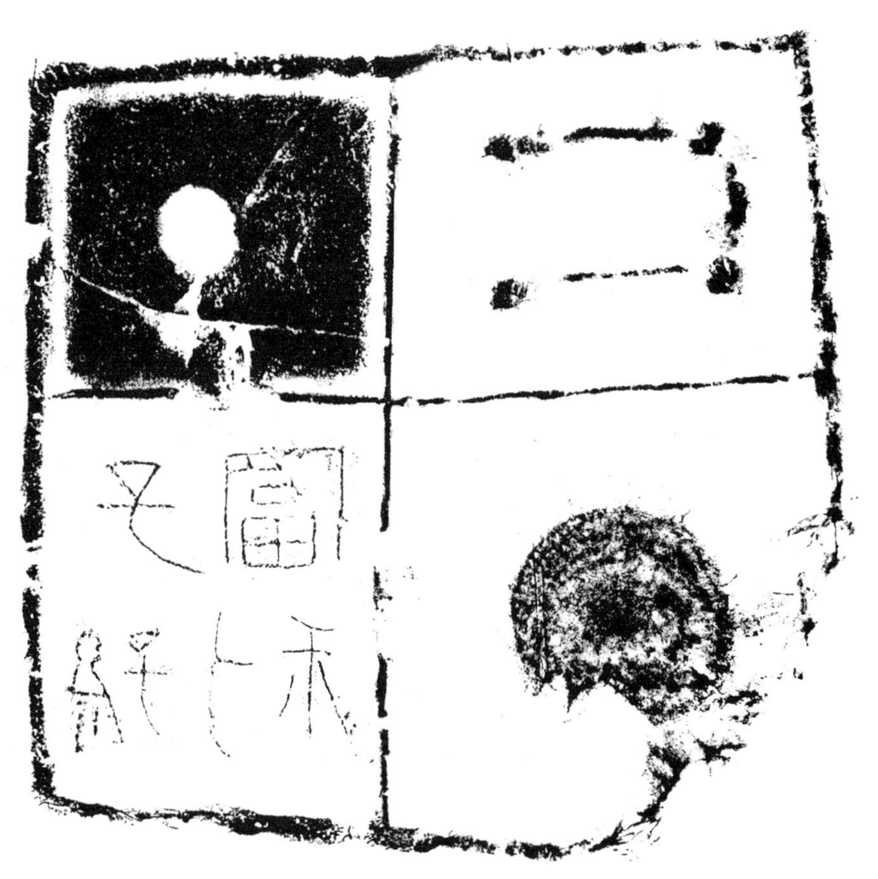

漢

灰陶質。隨葬明器。爲一近似正方形陶板，殘一角。邊長約 23 厘米。有十字界格，分爲四區。其中三個格内分别爲加工糧食的臼架、臼坑和磨子模型，另有一格内模印陽文反文 4 字。

1999 年洛寧縣出土。現藏洛陽。

釋文：富利子孫

146. 大吉利後無復有槽

漢

灰陶質。長 79.5 厘米，寬 23 厘米。模印陽文隸書 7 字，字徑 16.5 厘米。器爲一飼牛槽，字在一側。如此大陶器甚爲少見，而有此等碩大文字者，更爲稀罕。

2004 年洛陽出土。現藏洛陽。

釋文：大吉利後無復有

147. 大吉陶支墊

漢

泥質灰陶。呈曲尺狀，爲燒陶工具。一側模印陽文隸書 2 字。

2002 年 1 月洛陽市九都路南側市有綫電視臺院内漢晚期陶窑遺址出土。現藏洛陽市文物考古研究院。

釋文：大吉

（參見洛陽市文物工作隊：《東周王城戰國至漢代陶窑遺址發掘簡報》，《文物》2004 年第 7 期）

148. 等字陶支墊

漢

泥質灰陶。 呈曲尺狀，爲燒陶工具。 一側陰文隸書 1 字。

2002 年 1 月洛陽市九都路南側市有綫電視臺院内漢晚期陶窑遺址出土。 現藏洛陽市文物考古研究院。

釋文：等

（參見洛陽市文物工作隊：《東周王城戰國至漢代陶窑遺址發掘簡報》，《文物》2004 年第 7 期）

149. 陶竈銘文

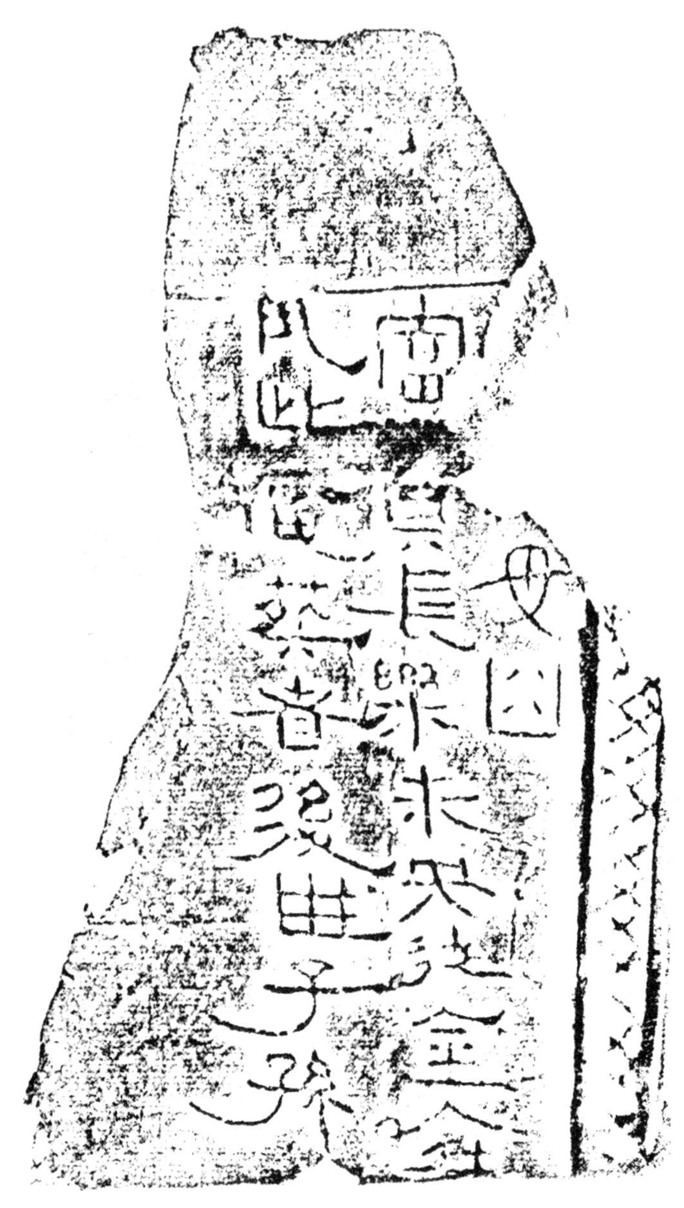

漢

淺灰色陶器殘片。長 19.5 厘米，寬 11.7 厘米，厚 0.8 厘米。邊有網狀紋飾。模印陽文隸書 3 行 20 字。

2004 年冬洛寧縣出土。現藏洛陽張氏。

釋文：用此竈葬者後世子孫/富貴長樂未央從金人往/□（萬）□（歲）毋曰（咎）

150. 買曹者陶片

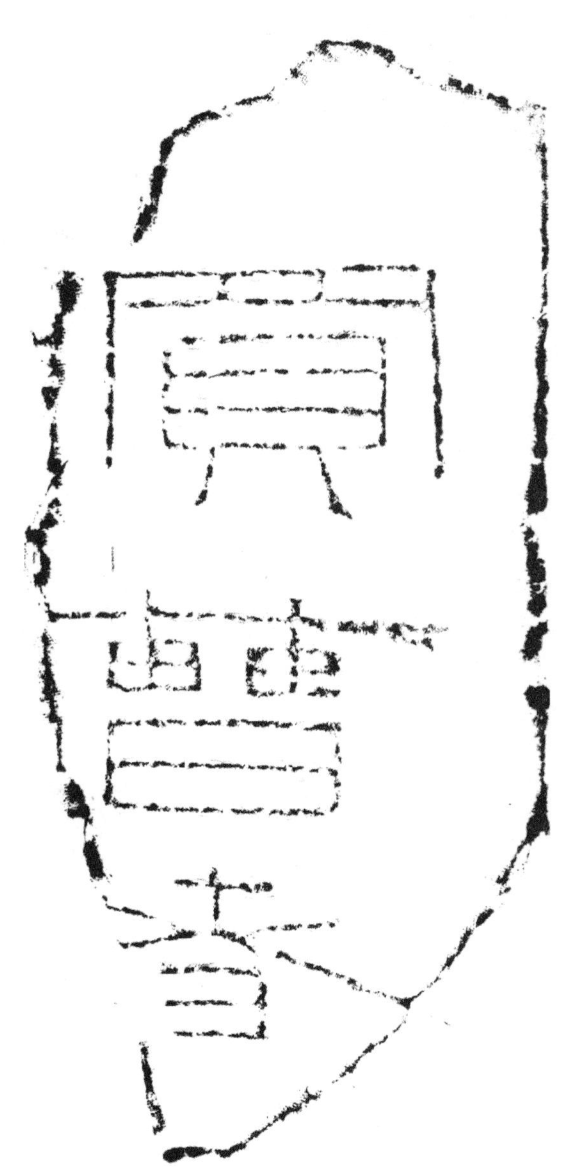

漢

灰陶質，色褐暗。器殘片，長 34 厘米，寬 16 厘米，厚 1.5 厘米。模印陽文，存 3 字。曾見洛陽何留根先生藏拓片《買曹者後無復有大吉》，約長 87 厘米，寬 16 厘米。

2008 年洛陽出土。現藏洛陽。

釋文：買曹者

第五章　曹魏、西晋陶文

DIWUZHANGCAOWEIXIJINTAOWEN

1. 南部君長女金璧磚

曹魏大和三年(229)三月

灰陶質。長28厘米，寬15厘米。陰刻隸書4行，滿行12字，共40字。

2015年5月，新安縣磁澗鎮老井村北曹魏墓出土南部君諱陵字碑及其長女、次女、第三女磚誌共5方。現藏新安縣博物館。

釋文:南部君長女字金璧以魏黄初/七年秋九月二日生至大和三/年春三月遭癘氣夭折年四歲/時在京師

（參見：張宗子《曹魏南部君墓誌》，《書法叢刊》2016年第4期）

2. 南部君第二女惡藥磚

曹魏大和五年(231)八月十九日

灰陶質。長27.5厘米，寬15厘米。陰刻隸書4行，滿行12字，共47字。

釋文：南部君第二女字惡藥以魏大/和二年冬十有一月廿六日生/至五年秋八月十九日遭疾夭/折亦年四歲時在都尉官舍

3. 南部君第三女君壽磚

曹魏青龍二年(234)七月十三日

灰陶質。 長29厘米，寬15厘米。 陰刻隸書4行，滿行12字，共46字。

釋文:南部君第三女字君壽以魏大/和六年秋九月十七日生至青/龍二年秋七月十三日遭疾夭/折年三歲時在都尉官舍

4. 南部君陵磚(一)

(正面)

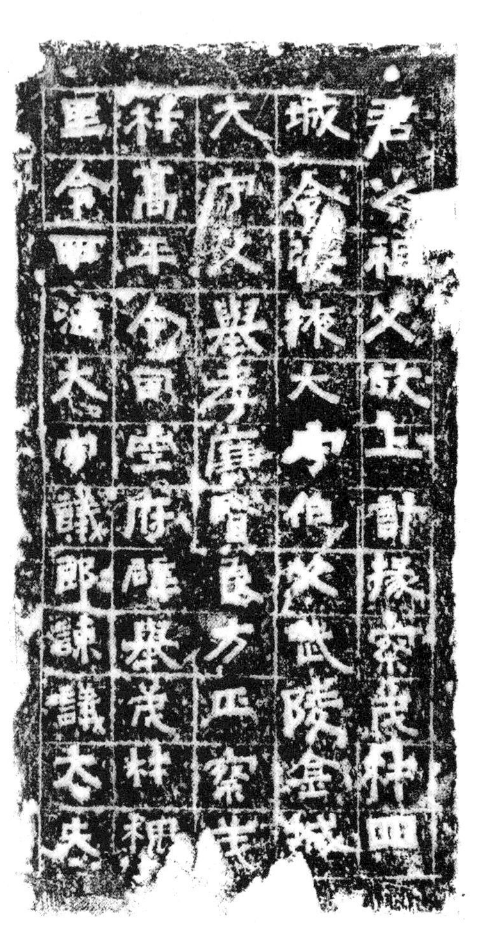

(背面)

曹魏景初三年(239)五月十二日

南部君磚共兩塊,灰陶質。各長 28 厘米,寬 15 厘米。其中一塊兩面刻。正面陰刻隸書 5 行,滿行 11 字,計 55 字;背面 5 行,滿行 12 字,計 60 字;另一塊字可辨識者存 2 行 20 字;共計 135 字。

釋文:君諱陵字子皋天水冀人也/以漢建安八年春正月七日/癸巳生魏景初三年夏五月/十二日丙申遭疾而卒年卅/有七冬十有二月葬於此土(正面)

君之祖父故上計掾察茂材四/城令張掖太守伯父武陵金城/太守父舉孝廉賢良方正察茂/材高平令司空府辟舉茂材槐/里令西海太守議郎諫議大夫(背面)

5. 南部君陵磚(二)

曹魏

灰陶質。長28厘米，寬15厘米。陰刻隸書，可辨識者存2行20字。爲南部君陵磚之二。

釋文：一從父舉孝廉金吾丞/君在官惠愛公平吏民稱述

6. 官鮮卑婢少皇磚

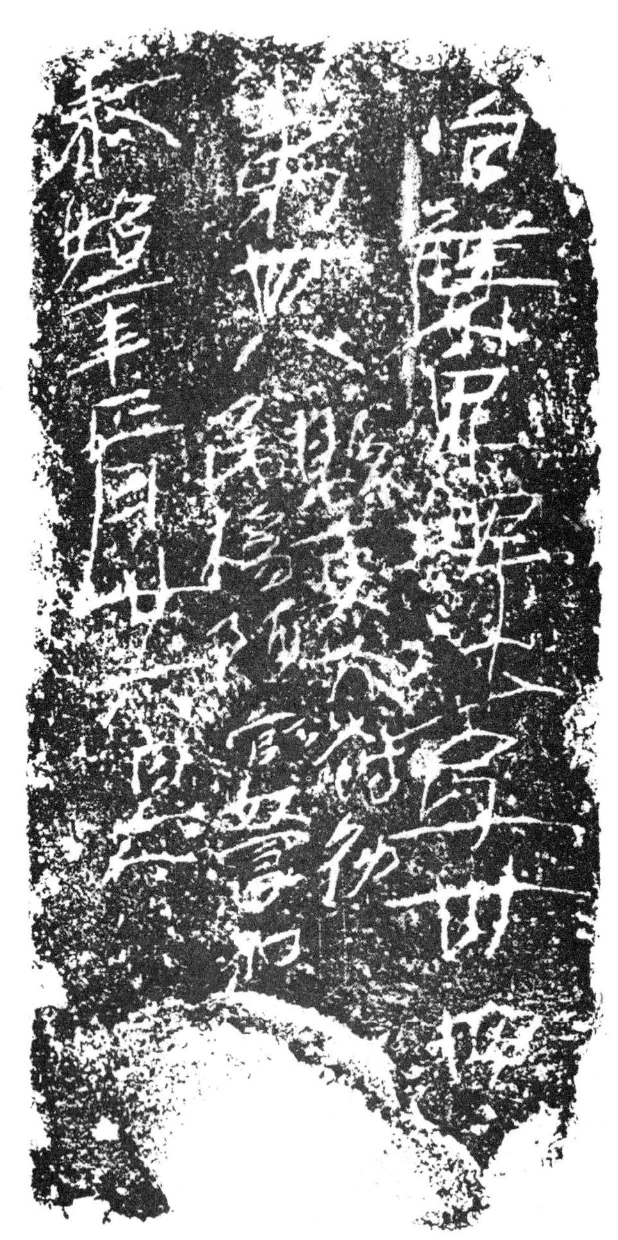

西晋泰始二年(266)正月二十六日

灰陶質。長25.3厘米，寬12.8厘米，厚6厘米。陰刻隸書4行33字。

2008年夏洛陽北邙山出土。孟津王氏存拓。

釋文：官鮮卑婢少皇卅四/第卌八縣吏大尉初/民楊阿官奴富加/泰始二年正月廿六日亡

7. 官鮮卑婢勾日馬磚

西晉泰始二年(266)二月二十六日

灰陶質。長25.5厘米，寬13.3厘米，厚6厘米。陰刻隸書4行29字。2008年夏洛陽北邙山出土。孟津王氏存拓。

釋文：官鮮卑婢勾日馬/第卌九縣吏大尉/民楊阿養婢/泰始二年二月廿六日亡

8. 官鮮卑婢延文磚

西晋泰始三年(267)六月二十八日

灰陶質。 長25.5厘米，寬12.5厘米，厚6厘米。 陰刻隸書3行20字。

2008年夏洛陽北邙山出土。 孟津王氏存拓。

釋文：官鮮卑婢延文年五十/第卌/泰始三年六月廿八日

9. 官虜婢女磚

西晉泰始四年(268)九月二十日

灰陶質。長26.5厘米，寬13.3厘米，厚6厘米。陰刻隸書3行20字。2008年夏洛陽北邙山出土。孟津王氏存拓。

釋文：官虜婢女年卌五/第五十八/泰始四年九月廿日亡

10. 官羌婢子磚

西晋泰始五年(269)七月二十一日

灰陶質。長25厘米，寬12.5厘米，厚6厘米。陰刻隸書3行18字。

2008年夏洛陽北邙山出土。孟津王氏存拓。

釋文：奚官羌婢子年十七/泰始五年七月廿一日亡

11. 官鮮卑婢金女磚

西晋泰始五年(269)八月十八日

灰陶質。長25厘米，寬12.5厘米，厚6厘米。陰刻隸書3行20字。

2008年夏洛陽北邙山出土。孟津王氏存拓。

釋文：奚官鮮卑婢金女/年五十五/泰始五年八月十八日

12. 官晋婢郭南磚

西晋泰始五年(269)八月二十三日

灰陶質。長25厘米，寬12.5厘米，厚6厘米。陰刻隸書2行19字。2008年夏洛陽北邙山出土。孟津王氏存拓。

釋文：官晋婢郭南年五十九/泰始五年八月廿三日亡

13. 官鮮卑婢富歸磚

西晋泰始五年(269)九月六日

灰陶質。長25.3厘米，寬12.5厘米，厚6厘米。陰刻隸書2行17字。

2008年夏洛陽北邙山出土。孟津王氏存拓。

釋文：官鮮卑婢富歸年卌/泰始五年九月六日亡

14. 鮮卑婢益磚

西晋泰始五年(269)十月二日

灰陶質。長25.5厘米，寬12.5厘米，厚6厘米。存陰刻隸書2行16字。2008年夏洛陽北邙山出土。孟津王氏存拓。

釋文：□鮮卑婢益年卌四/泰始五年十月二日

15. 官虜婢興屈文磚

西晉泰始五年(269)十月四日

灰陶質。 長 24 厘米，寬 12.5 厘米，厚 6 厘米。 陰刻隸書 3 行 17 字。

2008 年夏洛陽北邙山出土。 孟津王氏存拓。

釋文：官虜婢興屈文年/卌一/泰始五年十月四日

16. 官鮮卑婢白女磚

西晉泰始五年(269)十月十二日

灰陶質。長24厘米，寬12.5厘米，厚6厘米。陰刻隸書3行21字。2008年夏洛陽北邙山出土。孟津王氏存拓。

釋文：官鮮卑婢白女年卌/第五十三/泰始五年十月十二日

17. 官鮮卑婢宜磚

西晋泰始五年(269)十二月十三日

灰陶質。 長25.5厘米，寬12.5厘米，厚6厘米。 陰刻隸書2行17字。2008年夏洛陽北邙山出土。 孟津王氏存拓。

釋文：官鮮卑婢宜年卅/泰始五年十二月十三日

18. 官羌婢虜女磚

西晋泰始五年(269)十二月二十五日

灰陶質。長25厘米，寬12.5厘米，厚6厘米。陰刻隸書2行17字。2008年夏洛陽北邙山出土。孟津王氏存拓。

釋文：官羌婢虜女年卌/泰始五年十二月廿五日

19. 官婢遺夷磚

西晋泰始六年(270)四月二十日

灰陶質。殘長24.2厘米，寬12.5厘米，厚6厘米。陰刻隸書，存2行11字。2008年夏洛陽北邙山出土。孟津王氏存拓。

釋文：官婢遺[夷]/泰始六年四月[廿]

20. 鮮卑桃支磚

西晋泰始八年(272)三月

灰陶質。 殘長15厘米，寬12.5厘米，厚6厘米。 陰刻隸書，存3行11字。 2008年夏洛陽北邙山出土。 孟津王氏存拓。

釋文：鮮卑桃支/卌/泰始八年三月

21. 官婢桃支磚(一)

西晋泰始八年(272)四月七日

灰陶質。殘長17.5厘米，寬12.5厘米，厚6厘米。陰刻隸書，存2行12字。2008年夏洛陽北邙山出土。孟津王氏存拓。

釋文：官婢桃支年/泰始八年四月七

22. 官婢桃支磚(二)

西晋泰始八年(272)四月八日

灰陶質。殘長 20 厘米，寬 13 厘米，厚 6 厘米。陰刻隸書 2 行 15 字。2008 年夏洛陽北邙山出土。孟津王氏存拓。

釋文：官婢桃支年六十/泰始八年四月八日

23. 官鮮婢益斗磚

西晋泰始八年(272)五月二十一日

灰陶質。殘長 17.8 厘米，寬 12.5 厘米，厚 6 厘米。陰刻隸書，存 2 行 15 字。2008 年夏洛陽北邙山出土。孟津王氏存拓。

釋文：官鮮婢益斗年/泰始八年五月廿一日

24. 官鮮卑婢雅女磚

西晉泰始年(265—274)**十一月二十四日**

灰陶質。 長 25 厘米，寬 13 厘米，厚 6 厘米。 陰刻隸書 2 行 18 字。

2008 年夏洛陽北邙山出土。 孟津王氏存拓。

釋文：官鮮卑婢雅女年卅九/泰始年十一月廿四日

25. □樂磚

西晉泰始年(265—274)九月二十八日

灰陶質。 長 12 厘米，寬 12.5 厘米，厚 6 厘米。 存陰刻隸書 2 行 9 字。 2008 年夏洛陽北邙山出土。 孟津王氏存拓。

釋文：□樂年五九/月廿八日亡

26. 郎中龐磚

西晋咸寧五年(279)三月三日

灰陶質。 長 28.5 厘米，寬 14.4 厘米，厚 4.5 厘米。 正面陰刻 2 行 7 字，一側及頂端陰刻 9 字。 體在楷隸間。

2006 年洛陽出土。 現藏洛陽。

釋文：郎中龐/來年十七(正面)

咸寧五年三月(側面)

三日亡(端面)

27. 太康元年磚

西晋太康元年(280)

灰陶質。 長 31 厘米，寬 4. 2 厘米。 一側模印陽文隸書 5 字。

2006 年秋偃師市出土。 現藏洛陽。

釋文：太康元年月

28. 太妃王氏磚

（正面）

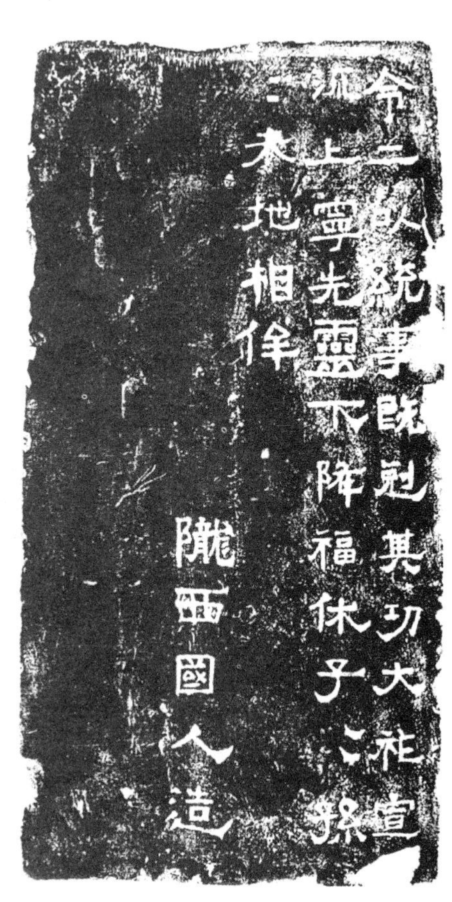

（背面）

西晋太康四年（283）三月

灰陶質。長 48 厘米，寬 24 厘米，厚 10 厘米。正、背面雙刻。陰刻，隸書。正面 6 行 73 字，背面 4 行 34 字，共計 10 行 107 字。

1979 年河南孟縣南莊鎮黄莊村出土。現藏孟州市博物館。

釋文：惟晋太康三年冬十一月我王皇/妣太妃王氏薨春三月協櫬于/皇考太常戴侯陵王孝幕□極/遂遜袠列侍于陵次以管域不/夷乃命有司致力于斯坑役夫/七千功天朝遣使臨焉國卿一（正面）

令二以統事既剋其功大祚宣/流上寧先靈下降福休子子孫/孫天地相侔/隴西國人造（背面）

（參見梁永照：《西晋王氏墓磚考》，《華夏考古》1996 年第 4 期）

29. 何武磚

西晉太康五年(284)八月二十日

灰陶質。殘長35.8厘米，寬19厘米。陰刻楷書2行15字。

洛陽出土。曾歸洛陽唐氏。

釋文：太康五年八月廿日南/陽何武年十七

30. 虞羡磚(一)

西晋太康五年(284)八月二十二日

灰陶質。 長36.5厘米，厚5.8厘米。 磚側模印陽文隸書2行34字。

2006年秋偃師出土。 現藏洛陽。

釋文：吴故牙門將裨將軍虞羡字敬悌年五十/有七以大(太)康五年秋八月廿二日庚子午時卒

31. 虞羨磚(二)

西晋太康五年(284)八月二十二日

灰陶質。長35厘米，厚5.3厘米。模印陽文隸書36字。與同墓出土另一磚文略有异。

2006年秋偃師市出土。現藏洛陽。

釋文：吴故牙門將裨將軍虞羨字敬悌年五十有七/以大(太)康五年秋八月廿二日庚子午時卒八男

32. 冶原妻黄磚

（正面）

（背面）

西晋太康五年（284）十月二十三日

青灰陶質。長 32 厘米，寬 16 厘米，厚 5 厘米。正面陰刻楷書 3 行 18 字。背面陰刻楷書 2 字。

2005 年洛陽出土。現藏洛陽。

釋文：太康五年十月廿三/日弘農冶原/妻黄年廿七（正面）

冶勝（背面）

33. 太康五年稚磚

西晋太康五年(284)二十八日

灰陶質。殘長27厘米，寬17.5厘米，厚7.5厘米。磚面陰刻楷書2行9字，磚側陰刻楷書1行4字，共存13字。

洛陽出土。現藏洛陽。

釋文：大(太)康五年/廿八日河南(正面)

稚年卅五(側面)

34. 劉舊妻种美珠磚

西晋太康八年(287)六月二十五日

灰陶質。長25.5厘米，寬12.7厘米。陰刻隸書3行21字。洛陽出土。現藏洛陽。

釋文：太康八年六月廿五日陳/留劉舊妻种字美/珠年十九

35. 蘇華芝磚(一)

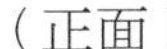
（正面）

（背面）

西晋太康八年(287)九月四日

灰陶質。 長25厘米，寬12.5厘米，厚5.5厘米。 兩面陰刻，正面2行8字，背面2行5字。 字體在隸楷之間，蒼茂古樸，渾厚飽滿。

2003年洛陽九都路西晋墓出土。 現藏洛陽市文物考古研究院。

釋文：清河蘇華/芝太康八(正面)

年九月/四日(背面)

（參見洛陽市文物工作隊：《西晋蘇華芝墓》，《文物》2005年第1期）

36. 蘇華芝磚(二)

(正面)

(背面)

西晉太康八年(287)九月四日

灰陶質。長24 厘米，寬12 厘米，厚4.8 厘米。兩面刻。正面陰刻2 行9 字，背面陰刻2 行4 字。字體在隸楷之間。另有一磚，與此内容相同，唯此磚字體瘦勁，而另一磚厚重。

2003 年洛陽九都路西晉墓出土。現藏洛陽市文物考古研究院。

釋文：大(太)康八年/九月四日清(正面)

河蘇華/芝(背面)

(參見洛陽市文物工作隊：《西晉蘇華芝墓》，《文物》2005 年第1 期)

37. 董小兒磚

西晋太康十年(289)**八月二十三日**

灰陶質。長 33 厘米，寬 17.5 厘米。陰刻 2 行 14 字。體在隸楷之間。

洛陽出土。現藏洛陽。

釋文：大(太)康十年八月廿三日/董小兒之柩

38. 任牛磚

西晋太康十年(289)□**月八日**

灰陶質。殘長 21.6 厘米，寬 15.4 厘米。殘存陰刻楷書 3 行 13 字。其中“**⿱西目**”字應爲“相”作偏旁移位處理。

洛陽出土。現藏洛陽。

釋文：太康十年□□/八日相西王/奉妻任牛

39. 晋陽□令弓君磚

西晋元康二年(292)八月十日

灰陶質。長31.7厘米，厚4.7厘米。一側模印陽文隸書20字。其中“令”字下竪筆拉長，兩側各有一“弓”字，疑爲繁作。

2006年秋偃師市出土。現藏洛陽。

釋文：元康二年八月十日太歲在壬子晋陽□令弓君□

40. 郭滿磚墓誌

西晋元康二年(292)八月十五日

灰陶質。 長 31 厘米，寬 15.5 厘米。 陰刻隸書 3 行，共 20 字。

近年洛陽出土。 現藏於洛陽程氏。

釋文：元康二年八月十五日/賜官協律都尉郭/滿年卌四

41. 元康四年磚

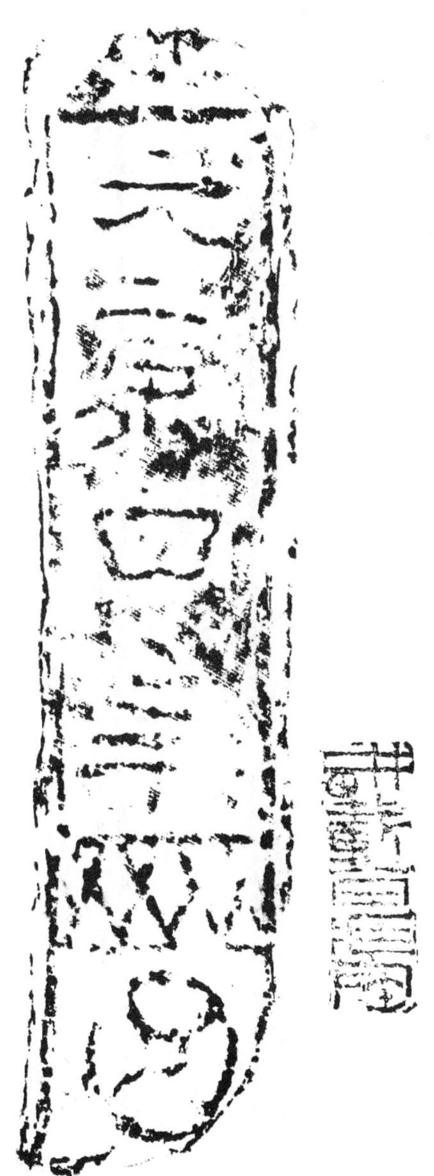

西晉元康四年(294)

灰陶質。 長 17.5 厘米，寬 4.5 厘米。 模印陽文 4 字。

洛陽出土。

釋文：元康四年

42. 元康五年九月十日磚

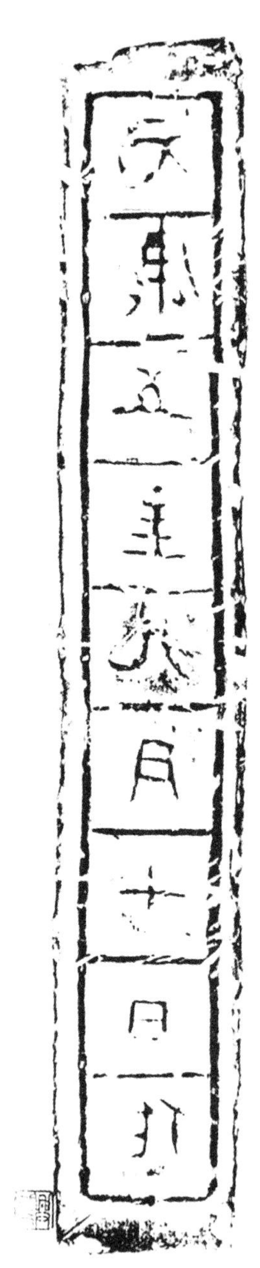

西晋元康五年(295)九月十日

灰陶質。 長 34 厘米，厚 5.3 厘米。 磚側模印陽文反文隸書 9 字。 2006 年 11 月偃師市出土。 曾歸洛陽興業堂。

釋文：元康五年九月十日作

43. 張生磚

西晋元康七年(297)六月十四日

灰陶質。 長25.2厘米，寬12厘米。 陰刻隸書3行26字。

洛陽出土。 曾歸洛陽張氏。

釋文：元康七年六月十四日右/尚方弟(第)一里弟(第)三家/魏郡張生年五十二

44. 張阿次磚

西晋元康七年(297)六月二十三日

灰陶質。長46.5厘米，寬23.5厘米。陰刻3行24字，另有横列3字。體在隸楷之間。字體疏朗開張，遒勁峻健，爲漢字隸、楷過渡時期珍貴的書法藝術資料。

近年洛陽出土。現藏洛陽。

釋文：元康七年六月廿三日九/親部曲將王建妻/張年卌六字阿次

汝南人

45. 卓氏磚

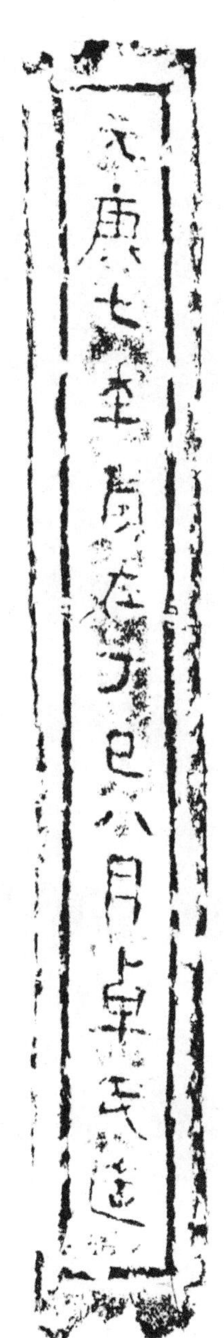

西晉元康七年(297)八月

灰陶質。長33厘米，厚5米。一側單綫方框内模印陽文隸書13字。2006年秋偃師市出土。現藏洛陽。

釋文：元康七年歲在丁巳八月卓氏造

46. 梁夫磚

西晋元康七年(297)

灰陶質。長 30 厘米，寬 17. 3 厘米。陰刻 2 行 7 字。其中左上部一刻痕，疑爲“妻”字之上部；“梁”爲“梁”之别書。

2006 年秋洛陽出土。現藏洛陽。

釋文：元康七年/妻梁夫

47. 吴金宛磚（一）

西晋元康八年(298)二月二十二日

灰陶質。長29厘米，寬14厘米。陰刻3行21字。體在隸楷之間。

2006年洛陽出土。現藏洛陽。

釋文：元康八年二月廿二日河/南吴金宛年九/歲父字長基

48. 吴金宛磚(二)

(正面)　　(背面)

西晋元康八年(298)二月二十二日

灰陶質。長33厘米，寬16.2厘米。兩面刻。正面陰刻隸書6字，背面陰刻隸書3字。同墓出土有另一塊吴金宛磚，時在元康八年二月二十二日，此磚應與其同時。

2006年秋洛陽出土。現藏洛陽。

釋文：吴金宛年九歲(正面)

父吴南(背面)

49. 張嘯磚

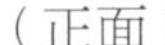
（正面）

（背面）

西晉元康八年(298)四月二十八日

灰陶質。長35厘米，寬17.5厘米。正面1行9字，背面2行9字。陰刻隸書，字體率意。

洛陽出土。現藏洛陽。

釋文：元康八年四月廿八日(正面)

都尉張嘯鉅/鹿李元叙(背面)

50. 劉氏冢磚

西晋元康八年(298)七月十四日

灰陶質。 長31.5厘米，厚4厘米。 磚側模印陽文隸書23字。 2006年秋偃師市出土。 現藏洛陽。

釋文：晋元康八年歲在戊午七月十四日甲申劉氏冢工柯□作

51. 董文妻磚

西晋元康八年(298)九月

灰陶質。 長26厘米，寬12.5厘米。 陰刻3行，存16字。 體在隸楷之間。 2009年洛陽出土。 現藏洛陽唐氏。

釋文：元康八年九月/尚方董文妻/是年四十九

52. 秦德信磚

西晋元康九年(299)四月十日

灰陶質。長35.5厘米，寬18厘米。陰刻2行13字，體在隸楷之間。2006年洛陽出土。現藏洛陽。

釋文：元康九年四月十日/魏郡秦德信

53. 張孔林妻劉侯棺柩磚

西晋元康九年(299)十月二日

灰陶質。殘長24.5厘米，寬17.5厘米。陰刻隸書4行22字。

2004年洛陽出土。曾歸洛陽唐氏。

釋文：元康九年十月二日/殿中校尉南陽張/孔林妻劉侯棺/柩

54. 馬策妻張阿嚑磚

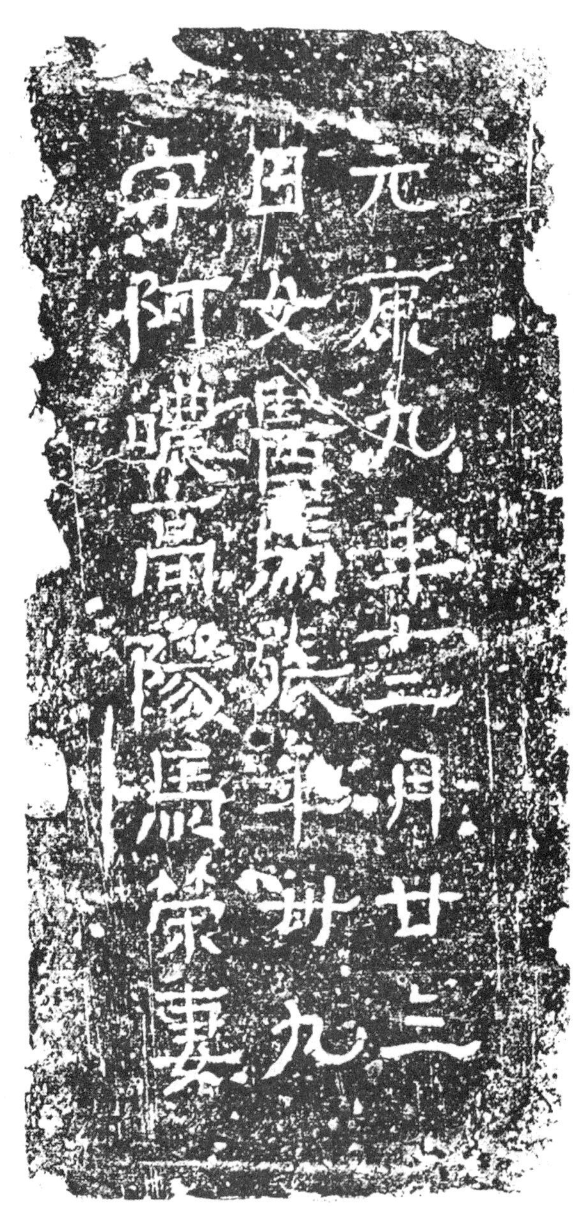

西晋元康九年(299)十二月二十三日

灰陶質。長45.2厘米，寬21.5厘米。陰刻隸書3行25字。

2009年洛陽出土。現藏洛陽。

釋文：元康九年十二月廿三/日女醫馬張年卅九/字阿嚑高陽馬策妻

55. 馮婢磚

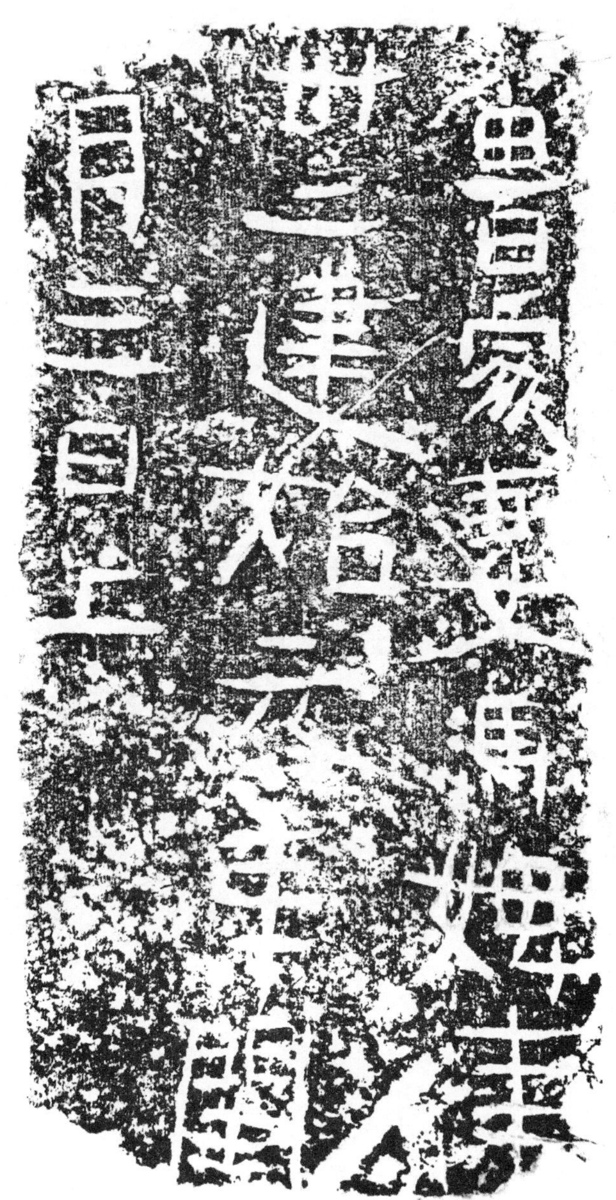

西晋建始元年(301)閏月三日

灰陶質。長34厘米，寬17厘米。陰刻隸書3行，共17字。洛陽出土。

釋文：魯家妻馮婢年/卅二建始元年閏/月三日亡

56. 殿中都尉磚

西晉建始元年(301)

灰陶質。磚殘。殘長18厘米，寬15厘米。陰刻隸書，存10字。洛陽出土。

釋文：建始元[年]/**殿中都**[尉]/**年十七**

57. 黄宗息女磚

西晋永寧元年(301)九月十二日

灰陶質。長31.5厘米，寬16.5厘米，厚5.5厘米。陰刻隸書3行20字。第二行"乙卯"右下刻一字，似爲"丑"字衍。古代女子年十五歲及笄，文曰"來年十五"，實期女子成人而尚未成人也。

2005年偃師市采集。現藏洛陽。

釋文：永寧元年九月十/二日乙卯丑黄宗息女/來年十五

58. 任黑磚

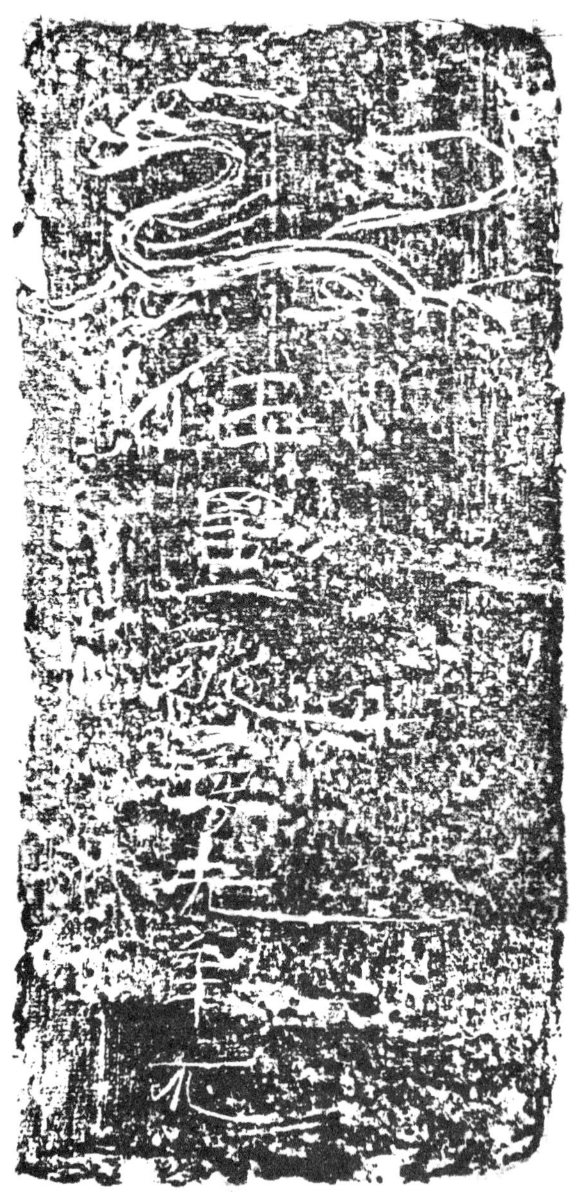

西晋永寧元年(301)

灰陶質。長26.5厘米，寬13厘米。陰刻一龍圖，飛揚靈動。陰刻隸書7字。洛陽出土。

釋文：任黑永寧元年亡

59. 陶女磚

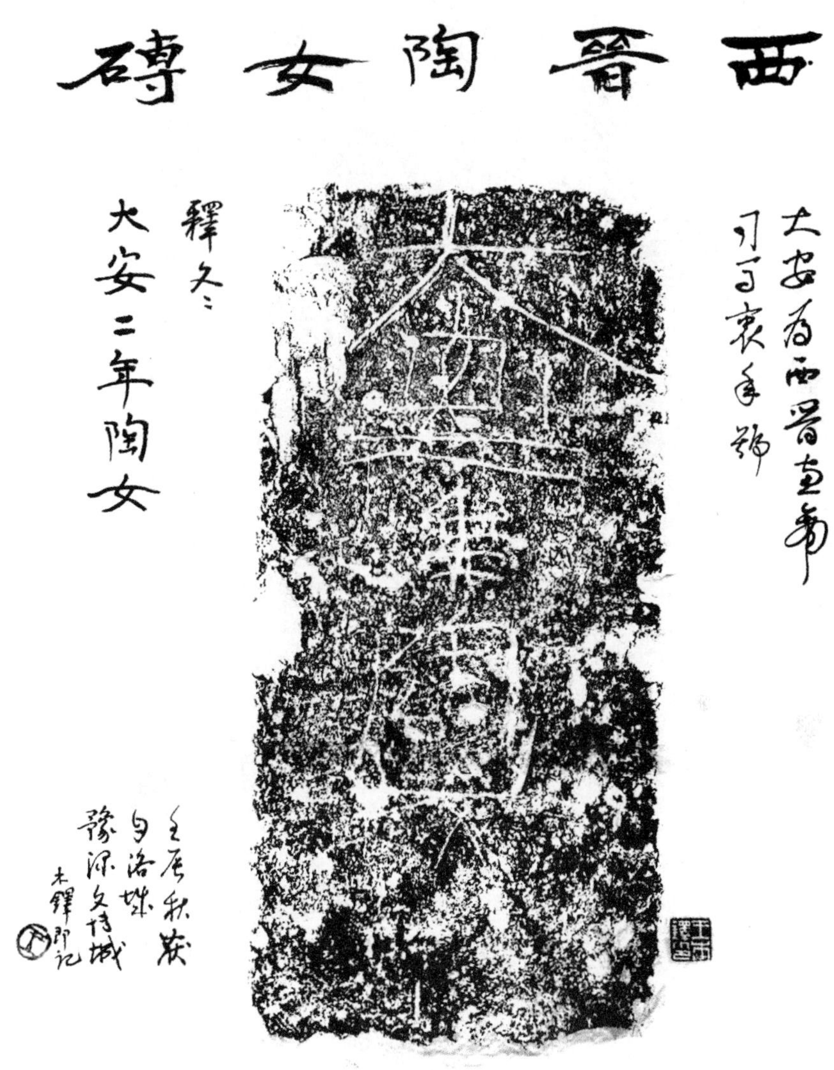

西晉大安二年（303）

灰陶質。長 35 厘米，寬 17 厘米。陰刻隸書 6 字。

洛陽出土。2012 年秋獲拓於洛陽豫深文博古玩城。

釋文：大安二年陶女

60. 侍中元公柩誌

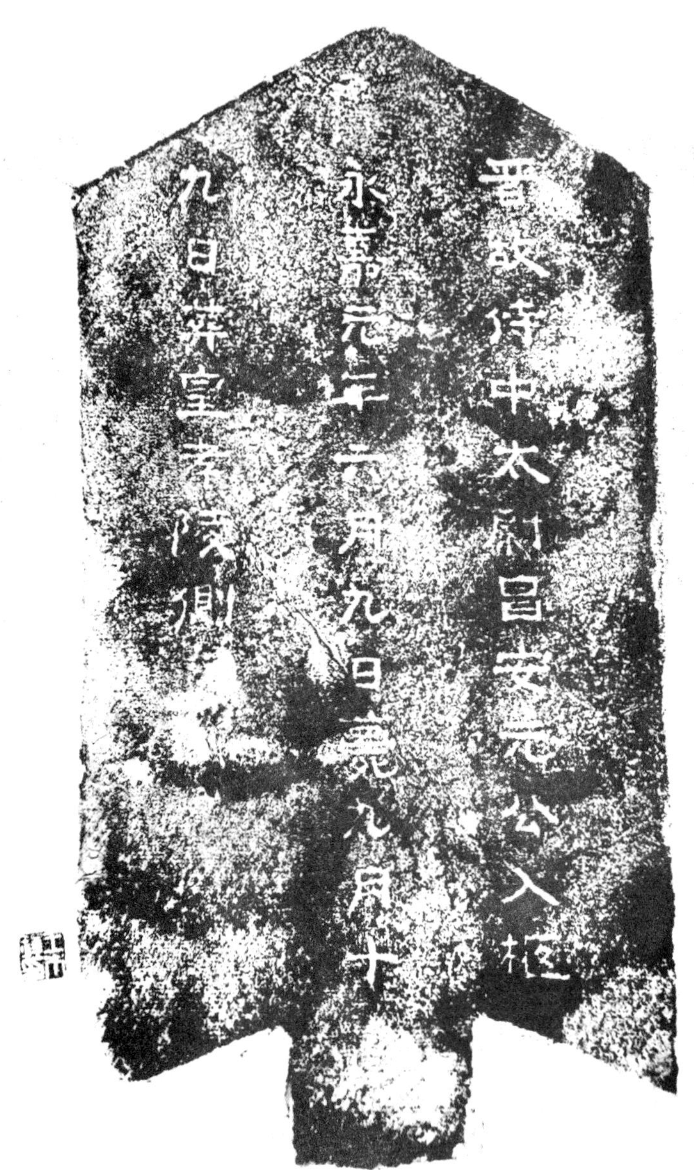

西晉永嘉元年(307)九月十九日

灰陶質，圭形，有龜形座。長 29.5 厘米，寬 15.5 厘米。陰刻隸書，3 行，行 12 字。共 31 字。

2012 年夏偃師市首陽山出土。曾歸孟津某氏。

釋文：晉故侍中太尉昌安元公入柩/永嘉元年六月九日薨九月十/九日葬皇孝陵側

61. 趙□芝磚

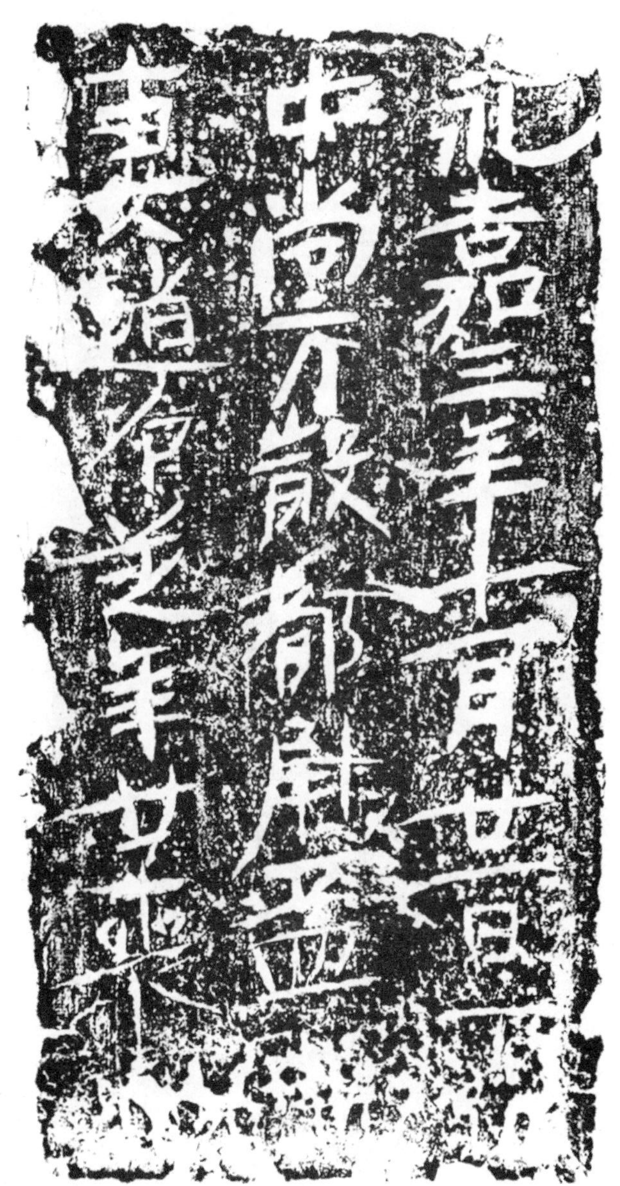

西晋永嘉三年(309)十一月二十一日

灰陶質。堅硬，一端火燒焦裂。長31.5厘米，寬16厘米，厚5.4厘米。陰刻3行27字。字體在隸楷之間。

1998年漢魏洛陽故城遺址采集。現藏洛陽耕載堂。

釋文：永嘉三年十一月廿一日丁卯/中尚方散都尉孟□/妻趙□芝年廿喪

（參見王木鐸：《洛陽新獲磚誌説略》，《中國書法》2004年第4期）

62. 張蘭磚

西晉□康七年十一月

灰陶質。殘長 24.5 厘米，寬 12 厘米。陰刻隸書，存 3 行 17 字。2005 年洛陽出土。現藏汝州宗氏。

釋文：□妻張蘭/五日大□□梁/□康七年十一月

63. 貫泰磚

西晋

灰陶質。殘長 28.5 厘米，寬 16.7 厘米。陰刻隸書 3 行 10 字。字迹碩大，率意奔放，字意完整，可知在刻字瘞埋時即使用殘磚。

2001 年洛陽出土。現藏洛陽。

釋文：中散大夫燕/國貫泰/之柩

64. 劉欽水磚

西晋

灰陶質。 殘長 23 厘米，寬 14.5 厘米。 陰刻隸書 2 行，存 8 字。洛陽出土。 現藏洛陽。

釋文：中尚方匠劉/欽水□

65. 左青磚

西晋

灰陶質。 長 25.8 厘米，寬 13 厘米。 陰刻楷書 3 行 17 字。

2008 年洛陽出土。 現藏洛陽。

釋文：左青字仲甫/年卅居三里東/道南五十步所

66. 輔達磚

西晋

灰陶質。長 29.5 厘米，寬 6.5 厘米，厚 6 厘米。正面陰刻隸書“輔達”2 字，體碩大，痕較深。另陰刻一隸書“保”字。磚一側陰刻隸書 “上谷俎人” 4 字，另一側陰刻隸書 2 字，其中一爲“陽”字，另一字不辨。

2007 年獲拓，洛陽唐氏藏磚。

釋文：輔達 保(正面)

上谷俎人(側面)

陽□(側面)

67. 劉振磚

西晋

灰陶質。長 36.5 厘米，寬 18 厘米。陰刻 4 字，體在隸楷之間，字痕粗深。2006 年秋洛陽出土。現藏洛陽。

釋文：陳留劉振

68. 孫榮磚

西晋

灰陶質。殘長 26.5 厘米，寬 18.5 厘米。陰刻隸書 4 字。

2008 年洛陽出土。2009 年 2 月 11 日獲拓片於洛陽唐氏。

釋文：河内孫榮

69. 張建磚

西晋

灰陶質。 長 31 厘米，寬 17.5 厘米，厚 8 厘米。 陰刻隸書 4 字。
偃師市出土。 現藏洛陽。

釋文：穎(潁)川張建

70. 李黄磚

（正面）

（背面）

西晉

灰陶質。長29厘米，寬13.5厘米。兩面刻，各刻隸書2字。2008年洛陽出土。2009年2月15日獲拓片於洛陽唐氏。

釋文：李黄（正面）

安平（背面）

71. 李續妻張磚

西晉

灰陶質。殘長 25 厘米，寬 18.5 厘米。陰刻隸書 3 行 6 字。

2006 年秋洛陽出土。現藏洛陽。

釋文：河南李/續妻/張

72. 蘇文然妻磚

西晉

灰陶質。 長 28 厘米，寬 18 厘米。 陰刻隸書 4 字。

洛陽出土。 現藏洛陽。

釋文：蘇文然妻

73. 宋嬈磚

西晋

灰陶質。 長 25 厘米，寬 12 厘米，厚 6 厘米。 陰刻隸書 4 字。

洛陽出土。 現藏洛陽。

釋文：沛國宋嬈

74. 夏欽妻魯磚

西晋

灰陶質。 長 29 厘米，寬 18 厘米。 陰刻隸書 2 行 4 字。

洛陽出土。 現藏洛陽。

釋文：夏欽/妻魯

75. 麻君磚

（正面）　　（背面）

西晋

灰陶質。 磚長 28 厘米，寬 14 厘米，厚 6 厘米。 正面陰刻楷書 2 字。 背面陰刻楷書 1 字。

2008 年秋偃師市出土。 旋歸洛陽唐氏。

釋文：麻君（正面）

麻（背面）

76. 章盧磚

西晉

灰陶質。 殘長 14 厘米，寬 12. 2 厘米。 陰刻，存 6 字，體在隸楷之間。 洛陽出土。

釋文：章盧/□□陽□

77. 丁異姓磚

西晋

灰陶質。 長 27 厘米，寬 13.5 厘米。 隸書，1 行 3 字。

洛陽出土。 汝陽王文東贈拓。

釋文：丁異姓

78. 石順磚

西晋

灰陶質。 長 31 厘米，寬 15.5 厘米。 隸書 2 字。

洛陽出土。 汝陽王文東贈拓。

釋文：石順

79. 王潛磚

西晋

灰陶質。 殘長 16 厘米，寬 12 厘米。 陰刻隸書 2 字。

洛陽出土。

釋文：王潛

80. 張葩磚

西晋

灰陶質。 長 35 厘米，寬 17.5 厘米。 陰刻隸書 2 字。

洛陽出土。

釋文：張葩

81. 逯淮磚

西晋

灰陶質。 長 25 厘米，寬 13 厘米。 陰刻隸書 2 字。

2009 年洛陽出土。 現藏洛陽唐氏。

釋文：逯淮

82. 績興磚

西晋

灰陶質。殘長 20 厘米，寬 15 厘米。陰刻隸書 2 字。其中第二字疑爲“興”字繁作。

洛陽出土。現藏洛陽。

釋文：績興(?)

83. 君冶磚

西晋

灰陶質。長 24. 5 厘米，寬 12. 5 厘米，厚 6 厘米。正面减底模印陽文隸書，存 2 字。

2004 年洛陽出土。現藏洛陽。

釋文：君冶

84. 𢉖和磚

西晋

灰陶質。殘長39厘米，寬22厘米。陰刻隸書2字。另有殘字刻畫，已不可辨。洛陽出土。2008年3月23日獲拓片於偃師市任氏。

釋文：𢉖和

85. 嘉四等字磚

西晉

灰陶質。殘長 15 厘米，寬 22 厘米。字已殘甚，除“嘉四”兩字外，餘皆不可辨識。

洛陽出土。

釋文：嘉四

86. 八十磚

西晋

灰陶質。爲西晋墓封門磚。長 26.5 厘米，寬 13 厘米，厚 5.4 厘米。陰刻隸書 2 字。該墓出土數字磚多塊，書刻多爲竪磚竪式，此磚則爲横磚竪式。

2006 年 10 月吉利區河陽花園出土。現藏洛陽市文物考古研究院。

釋文：八十

（參見洛陽市文物工作隊：《河南洛陽吉利區西晋墓發掘簡報》，《文物》2010 年第 8 期）

87. 百廿磚

西晉

灰陶質。爲西晉墓封門磚。長 28 厘米，寬 12.5 厘米，厚 5.7 厘米。陰刻隸書 2 字。

2006 年 10 月吉利區河陽花園出土。現藏洛陽市文物考古研究院。

釋文：百廿

（參見洛陽市文物工作隊：《河南洛陽吉利區西晉墓發掘簡報》，《文物》2010 年第 8 期）

88. 五十磚

西晉

灰陶質。爲西晉墓封門磚。長28厘米，寬12.5厘米，厚5厘米。陰刻隸書2字。2006年10月吉利區河陽花園出土。現藏洛陽市文物考古研究院。

釋文：五十

（參見洛陽市文物工作隊：《河南洛陽吉利區西晉墓發掘簡報》，《文物》2010年第8期）

89. 十字磚

西晋

灰陶質。爲西晋墓封門磚。長 28 厘米，寬 14 厘米，厚 5.4 厘米。陰刻隸書 1 字。2006 年 10 月吉利區河陽花園出土。現藏洛陽市文物考古研究院。

釋文：十

（參見洛陽市文物工作隊：《河南洛陽吉利區西晋墓發掘簡報》，《文物》2010 年第 8 期）

90. 百五十磚

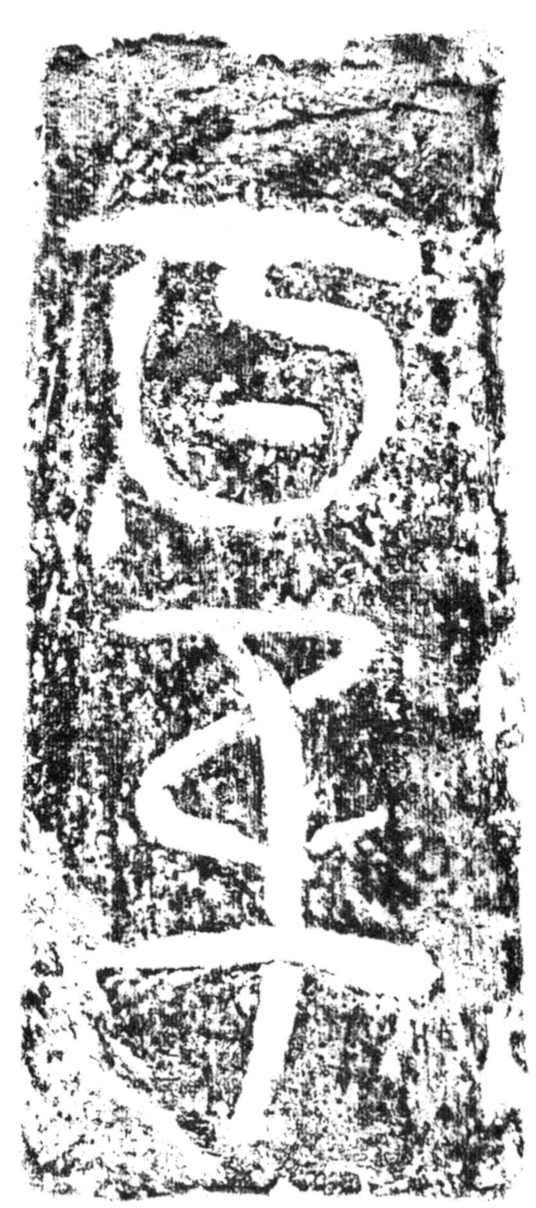

西晋

灰陶質。爲西晋墓封門磚。長 28.5 厘米，寬 12.5 厘米，厚 5.7 厘米。陰刻隸書 3 字。其中“五十”二字連書，極具創造力。

2006 年 10 月吉利區河陽花園出土。現藏洛陽市文物考古研究院。

釋文：百五十

（參見洛陽市文物工作隊：《河南洛陽吉利區西晋墓發掘簡報》，《文物》2010 年第 8 期）

91. 無字磚

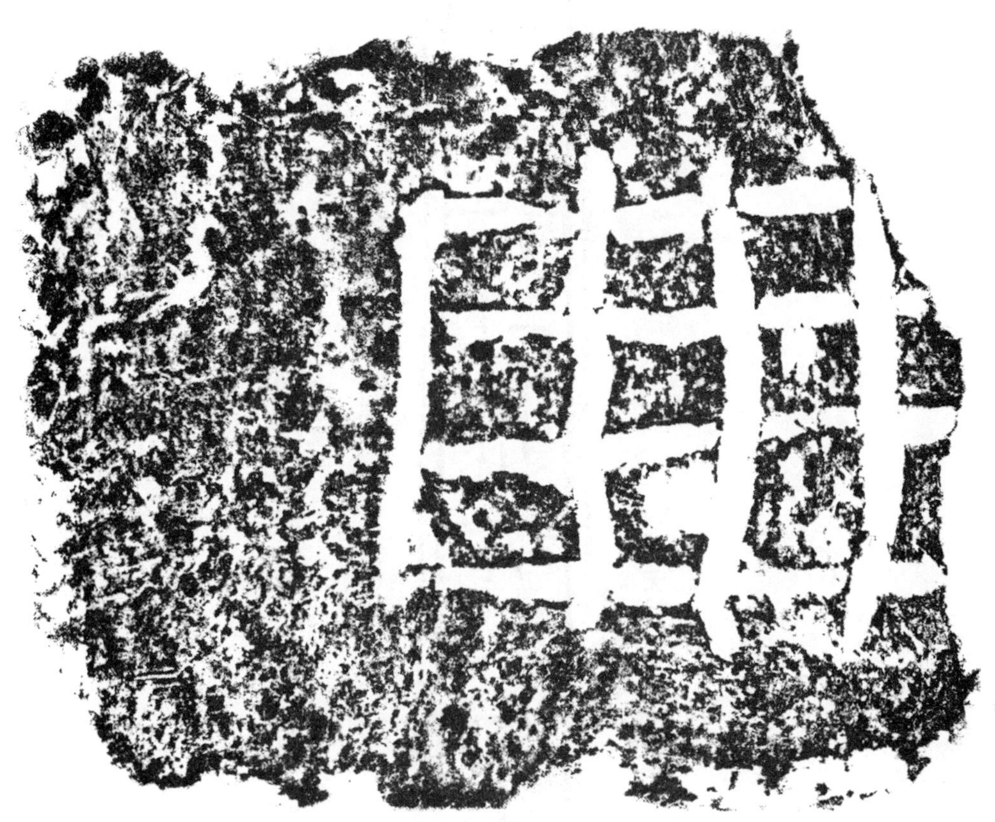

西晋

灰陶質。爲西晋墓封門磚。殘長 17 厘米，寬 14 厘米，厚 5 厘米。陰刻隸書 1 字，疑似“無”字。

2006 年 10 月吉利區河陽花園出土。現藏洛陽市文物考古研究院。

釋文： 無(?)

（參見洛陽市文物工作隊：《河南洛陽吉利區西晋墓發掘簡報》，《文物》2010 年第 8 期）

92. 萬歲不敗磚

西晉

灰陶質。 長 34. 7 厘米，厚 4 厘米。 一側模印篆書 4 字。
洛陽出土。

釋文：萬歲不敗

第六章　北魏、北齊陶文

DILIUZHANGBEIWEIBEIQITAOWEN

1. 衛羺磚

北魏和平二年(461)

灰陶質。長24.7厘米，寬12.3厘米，厚6厘米。陰刻楷書2字。

1965年洛陽關林配件廠北魏墓出土（同墓出土和平二年（461）衛羺妻劉磚銘）。現藏洛陽市文物考古研究院。

釋文：衛羺

2. 衛儒妻劉磚

北魏和平二年(461)

灰陶質。長25.2厘米，寬12.4厘米，厚6厘米。陰刻楷書2行13字。隨意而作，質樸自然。

1965年洛陽關林配件廠北魏墓出土（同墓出土和平二年（461）衛孺磚銘）。現藏洛陽市文物考古研究院。

釋文：緱氏縣民衛儒妻劉/和平二年銘

3. 衛道世妻吴婉真磚

北魏太和四年(480)二月十七日

灰陶質。長 25.8 厘米，寬 12.7 厘米，厚 6.3 厘米。陰刻楷書 3 行 20 字。1965 年洛陽關林配件廠出土。現藏洛陽市文物考古研究院。

釋文：[太]**和四年二月十七日緱氏民/衛道世妻吴婉/真銘**

4. 洛陽縣民□鳳磚

北魏太和十四年(490)五月十五日

灰陶質。 長26厘米，寬12.6厘米，厚6厘米。 陰刻楷書2行17字。
洛陽出土。 現藏洛陽市文物考古研究院。

釋文：太和十四年五月十五日/洛陽縣民□鳳銘

5. 衛道敞磚

北魏太和十六年(492)

灰陶質。 長24.5 厘米，寬12 厘米，厚6 厘米。 陰刻楷書2 行14 字。 楷書有隸意。 1965 年洛陽關林配件廠出土。 現藏洛陽市文物考古研究院。

釋文：新城衛道敞銘/太和十六年壬申歲

6. 衛方妻張磚

北魏

灰陶質。長25厘米，寬10.5厘米，厚6厘米。陰刻楷書2行8字。

1965年洛陽關林配件廠北魏墓出土。同時出土《衛道敞磚》。現藏洛陽市文物考古研究院。

釋文：新城人衛方/妻張銘

7. 奇妙姜磚

北魏景明元年(500)七月二十日

青灰色陶質。長32厘米，寬17厘米，厚6.6厘米。陰刻楷書2行12字。字體大小參差，深峻勁健。

2004年洛陽出土。現藏洛陽。

釋文：景明元年七月廿/日奇妙姜銘

8. 鄯月光墓銘磚

北魏正始二年(505)十一月二十七日

灰陶質。長45.8厘米，寬23厘米。陰刻楷書4行，行9—10字不等，共35字。此磚誌字迹清晰，方整遒勁，與同時期石質墓誌相若，爲北魏磚志中的精品。舊拓。

1932年洛陽城東三十里天皇嶺出土。洛陽市文物考古研究院藏拓。

釋文：大魏正始二年歲次乙酉/十一月戊辰朔廿七日甲/午前部王故車伯生息/妻鄯月光墓銘

9. 敢法磚

北魏永平三年(510)四月十一日

灰陶質。 長 25 厘米，寬 12.5 厘米。 陰刻楷書 4 行，存 33 字。 有的字殘缺筆畫。洛陽出土。 現藏洛陽。

釋文：大代永平三年四月十一日捨(?)/□居在平等寺道人敢法/□□□濟州誦□□部故/記

10. 周日大葬券磚

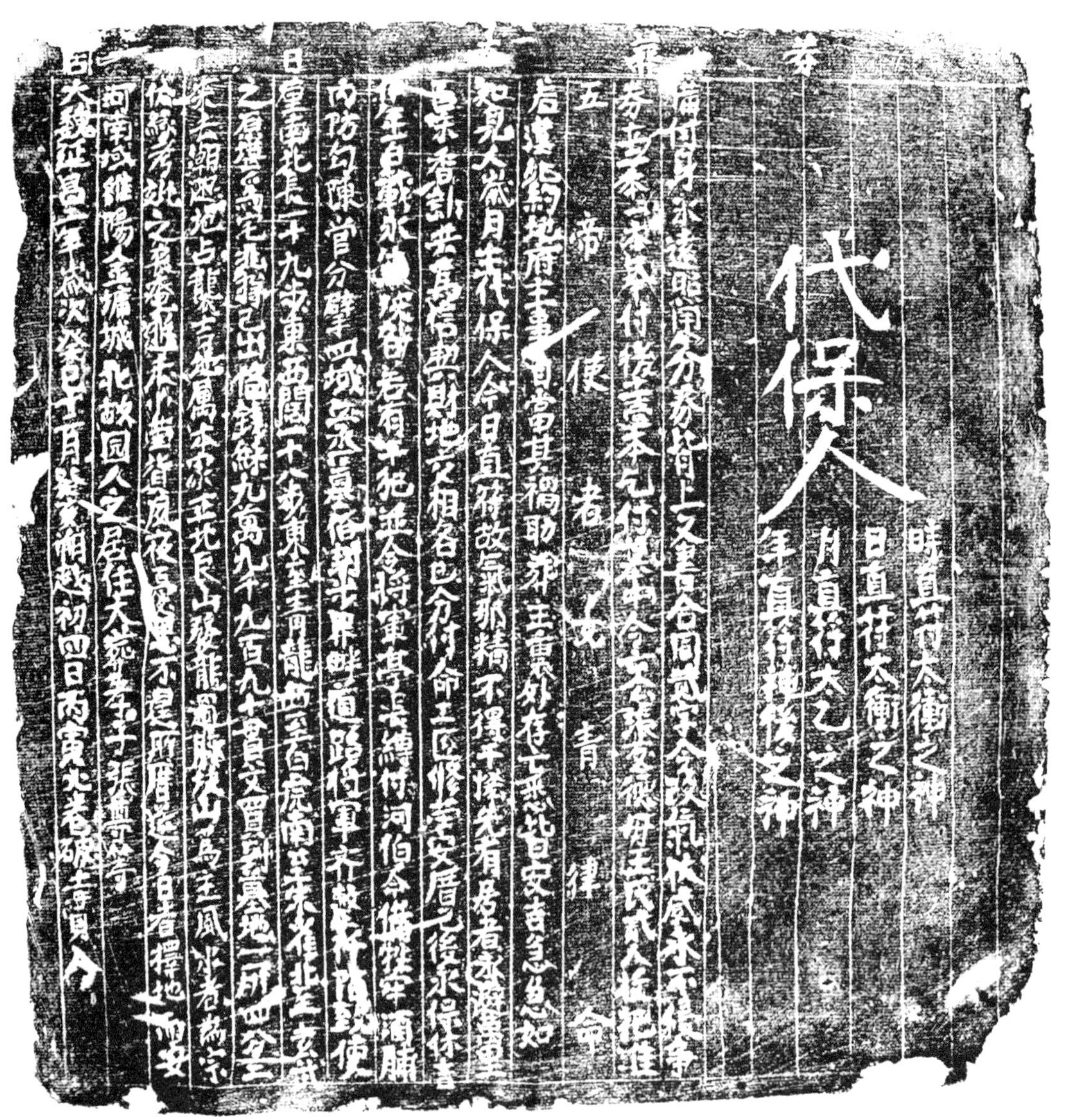

北魏延昌二年(513)十二月四日

灰陶質。長40.5厘米，寬49厘米。有豎格。額5字，曰：周日大葬券。文由左至右，陰刻楷書18行，滿行29字左右，共402字。北魏時期葬券出土已有多品，具有相對固定的内容格式。此券書刻沉穩，點畫分明，爲北魏時期民間書法精品。

近年漢魏洛陽故城金墉城遺址北部出土。曾歸洛陽張氏。

釋文：周日大葬券

大魏延昌二年歲次癸巳十二月癸亥朔越初四日丙寅此券破土貫入/河南域雒陽金墉城北故園人之居住大葬孝子張尊等/伏緣考妣之喪淹逝禾小塋皆夙夜憂思不遑所厝遂今日者擇地而安/來去潮迎地占襲吉地屬本家正北艮山婺龍過脉塊山爲主風水者爲宗/之原堪爲宅兆□已出備錢綵九萬九千九百九十貫文買到墓地一所四分二/厘南北長一十九步東西闊一十八步東至青龍西至白虎南至朱雀北至玄武/内防勾陳管分擘四域丘丞墓伯封步界畔道路將軍齊整阡陌致使/仟年百載永[無]殃咎若有干犯并令將軍亭長縛付河伯今備牲牢酒脯/百味香新共爲信契財地交相各已分付命工匠修塋安厝已後永保休吉/知見人歲月主代保人今日直符故氣邪精不得懺恡先有居者永避萬里/若違此約地府主事自當其禍助葬主裏外存亡悉皆安吉急急如/五帝使者女青律命/券立二本一本奉付後土壹本乞付墓中今亡公張友德母王氏貳人收托準/備付身永遠照用今分券皆上又書合同貳字令改氣伏威永不侵争/代保人/年直符神後之神/月直符太乙之神/日直符太衝之神/時直符太衝之神

11. 劉榮光妻馬羅英磚

北魏神龜二年(519)七月五日

灰陶質。殘長23.5厘米，寬22厘米，厚11厘米。陰刻楷書3行19字。字迹沉穩樸茂。

洛陽北邙山出土。現藏洛陽。

釋文：河陰縣人劉榮先/妻馬羅英/神龜二年七月五日

（參見王木鐸：《洛陽新獲磚誌説略》，《中國書法》2004年第4期）

12. 郭端造像磚

北魏孝昌三年(527)四月二日

灰陶質。已殘。殘長18厘米，寬14厘米。上部殘存有陰刻佛造像下身。下部陰刻楷書4行16字。

洛陽出土。現藏洛陽董氏。

釋文：大魏孝昌/三年四月二/日佛弟子/郭端□

13. 元鬻磚誌

北魏孝昌三年(527)四月十三日

灰陶質。長 47 厘米，寬 23.5 厘米，厚 11 厘米。磚面陰刻楷書 12 行，可辨者 128 字。

2008 年洛陽出土。現藏洛陽。

釋文：魏安東將軍濟州刺史元君□銘/君諱鬻字季邕河南洛陽人也/解褐秘書郎中/曾祖景皇帝 祖使持節都督凉/州諸軍事車騎大將軍領護□/戎□□儀同三司凉州刺史汝陰/□□ 父使持節都督營州/刺史銀青光禄大夫大宗正卿/贈車騎大將軍司空公 春秋廿/一薨於弟(第)以孝昌三年四月十三/日葬於芒山之陽贈安北大將軍/濟州刺史

14. 趙春戚磚

北魏

灰陶質。 長 30 厘米，寬 15 厘米。 陰刻楷書 2 行 17 字。

2008 年春洛陽出土。 同年 6 月獲拓片於洛陽何氏。

釋文：濟州平原郡博平縣同治/軍主趙春戚年卌。

15. 英房女磚

北魏

灰陶質。殘長 14.5 厘米，寬 12.4 厘米，厚 6.1 厘米。陰刻楷書 3 字。1965 年洛陽關林配件廠北魏墓出土。現藏洛陽市文物考古研究院。

釋文：英房/女

16. 韓無忌磚

北魏

灰陶質。長35.5厘米，寬17.5厘米，厚4.5厘米。陰刻楷書2行6字。字迹遒勁健美。

1998年洛陽東郊大楊樹村北出土。現藏洛陽董氏。

釋文：霸城韓無/忌銘

（參見王木鐸：《洛陽新獲磚誌説略》，《中國書法》2004年第4期）

17. 杜紹宗孫妻姬氏磚

北魏

灰陶質。 正方形。 邊長 27 厘米，厚 5 厘米。 陰刻楷書 3 行 12 字。 近年洛陽出土。 現藏洛陽。

釋文：河北縣杜/紹宗孫妻/姬氏故銘

18. 五月十一日張瓦

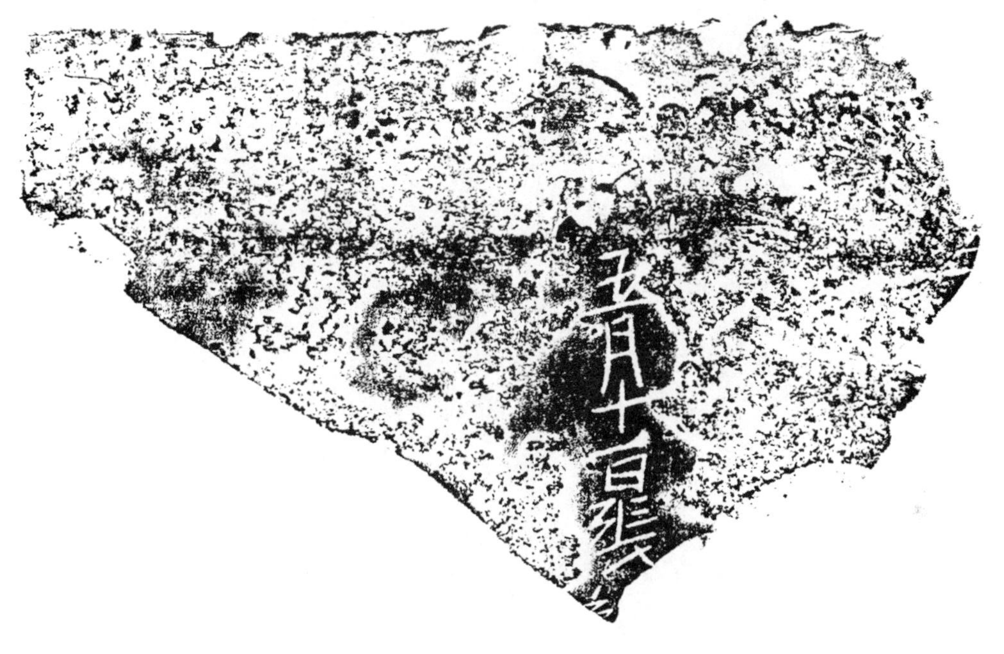

北魏

深褐色陶質。殘長 14.5 厘米，寬 24 厘米。陰刻楷書 6 字，尚有一字殘畫，無法辨認。爲北魏瓦削文字。

2004 年漢魏洛陽故城遺址采集。歸洛陽唐氏。

釋文：五月十一日張□

19. 胡文常瓦

北魏

深褐色陶質。殘長 17 厘米，寬 9.7 厘米，厚 1.8 厘米。陰刻行楷書 8 字。2004 年漢魏洛陽故城遺址采集。現藏洛陽。

釋文：六月三日胡文常削

20. 趙末瓦

北魏

灰陶質。殘長16厘米，寬16厘米。陰刻楷書1行6字，另陰刻一“馬”字，體稍大。

2007年5月偃師市龍虎灘村附近采集。現藏洛陽。

釋文：六月六日趙未/馬

21. 削人宋瓦

北魏

灰陶質。 磨光。 殘長 23.5 厘米，厚 1.8 厘米。 字在瓦側。 陰刻行書 8 字。 2004 年漢魏洛陽故城遺址采集。 現藏洛陽。

釋文：七月一日瓦削人宋

22. 常萬瓦

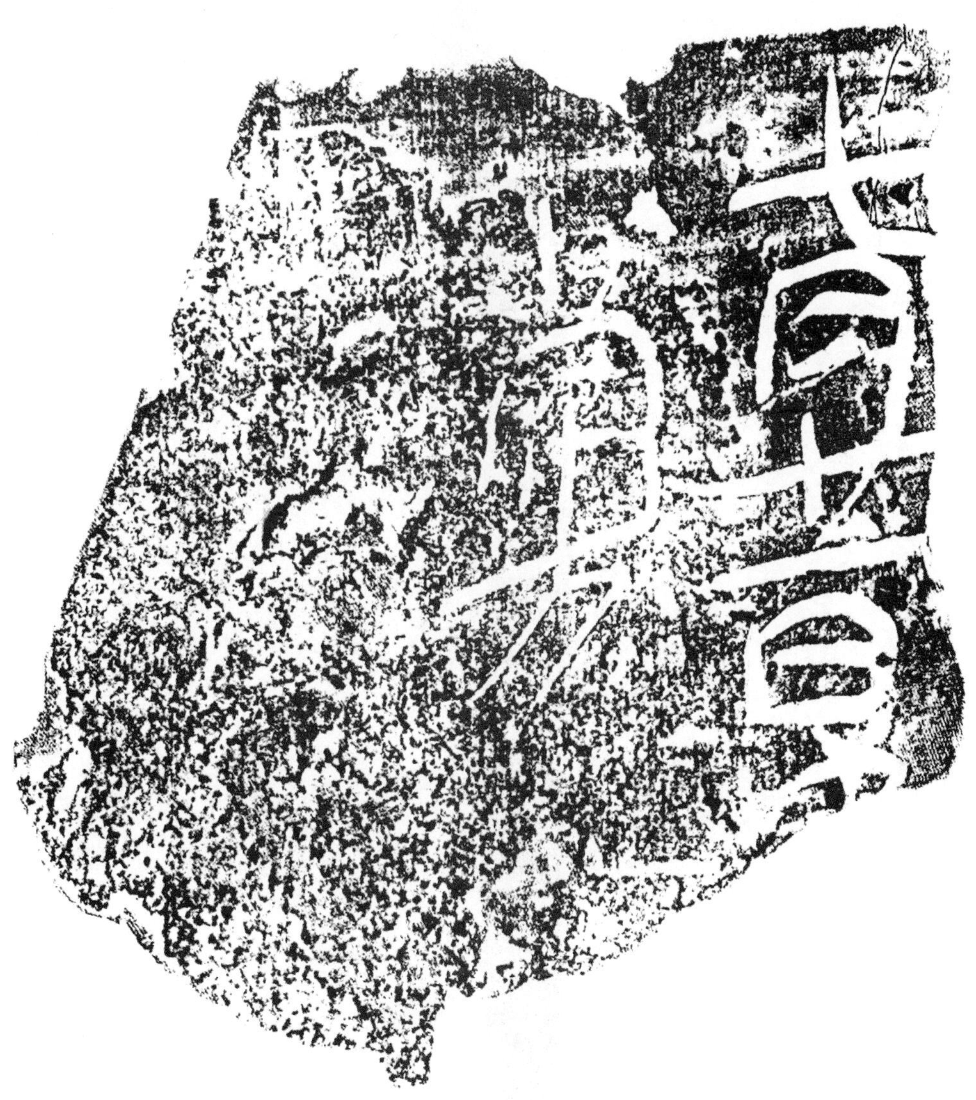

北魏

深褐色陶質。 殘長 15 厘米，寬 14.5 厘米，厚 1.5 厘米。 存陰刻楷書 2 行 8 字。 2004 年漢魏洛陽故城遺址采集。 現藏洛陽。

釋文：七月廿一日□/常萬

23. 姚子尒瓦

北魏

灰陶質。磨光。殘長 32.8 厘米，厚 3 厘米。瓦側陰刻行書 8 字。2004 年漢魏洛陽故城遺址采集。現藏洛陽。

釋文：七月廿八日姚子尒

24. 開始瓦

北魏

灰陶質。磨光。殘長22.5厘米，厚2.5厘米。瓦側殘存陰刻行書5字。2004年漢魏洛陽故城遺址采集。現藏洛陽。

釋文：月六日開始

25. 八日□□瓦

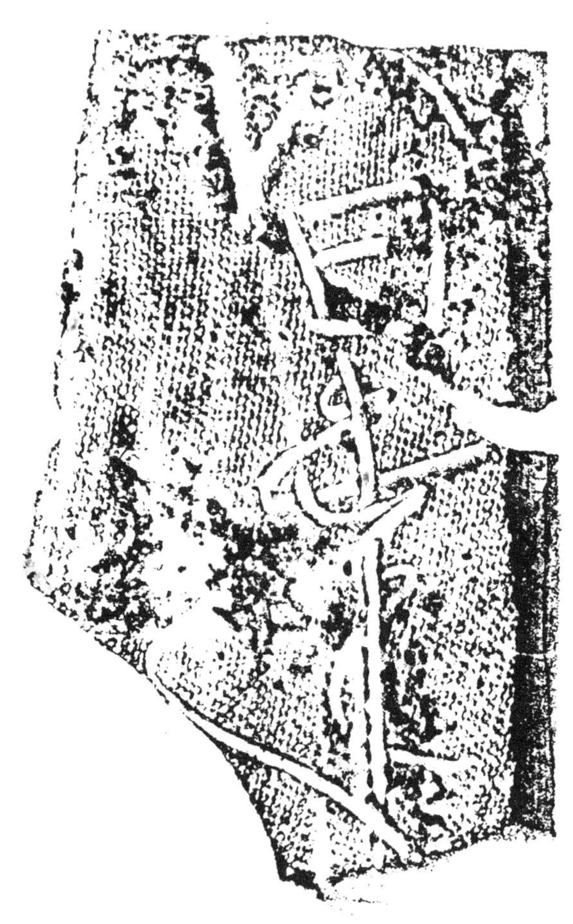

北魏

深褐色陶質。殘長 10.7 厘米，寬 7 厘米。殘存陰刻 4 字，其中前兩字規整清晰，後二字不可辯識，然觀其筆畫十分流暢。

2004 年漢魏洛陽故城遺址采集。現藏洛陽。

釋文：八日□□

26. 張久瓦

北魏

深褐色陶質。殘長 19 厘米，寬 13.2 厘米。陰刻行書，殘存 5 字。2004 年漢魏洛陽故城遺址采集。現藏洛陽。

釋文：十一日張久

27. 廿二日德瓦

北魏

灰陶質。 磨光。 殘長 12 厘米，寬 12 厘米。 殘存陰刻 4 字。 楷書有變化。 另有劃痕，不可辨識。

2004 年漢魏洛陽故城遺址采集。 現藏洛陽。

釋文：廿二日德

28. 阿次瓦

北魏

深褐色陶質。板瓦。殘長 34.5 厘米，寬 20.2 厘米。有齒狀花邊。陰刻行書 6 字。

2004 年漢魏洛陽故城遺址采集。現藏洛陽。

釋文：昆削人/□阿次

29. 李伯足瓦

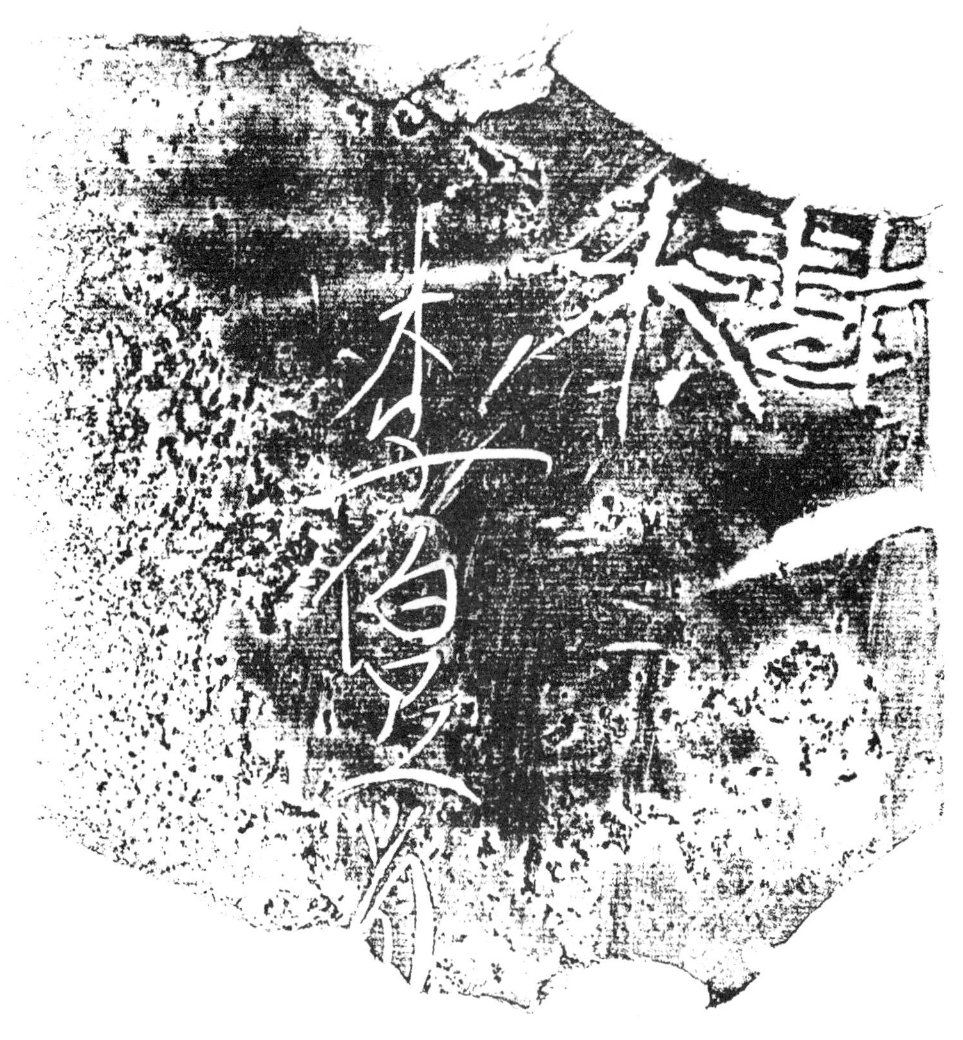

北魏

灰陶質。磨光。殘長 15 厘米，寬 14.8 厘米，厚 1.8 厘米。陰刻行書 4 字。另有一“樹”字，筆畫較粗。

2004 年漢魏洛陽故城遺址采集。現藏洛陽張氏。

釋文：李伯足削

樹

30. 侯傳削瓦

北魏

深褐色陶質。 殘長 16 厘米，寬 11 厘米。 陰刻楷書 3 字。

2004 年漢魏洛陽故城遺址采集。 歸洛陽唐氏。

釋文：侯傳削

31. 切瓦人侯傳瓦

北魏

灰陶質。 磨光。 殘長 19 厘米，寬 14 厘米。 殘存陰刻行書 5 字。 2004 年漢魏洛陽故城遺址采集。 現藏洛陽。

釋文：切瓦人侯傳

32. 閈金生瓦

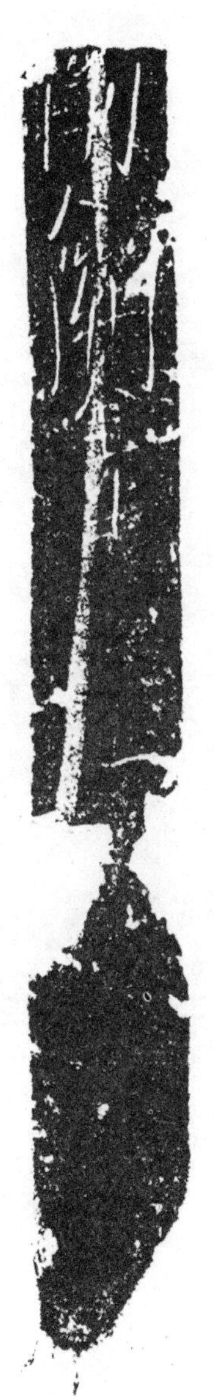

北魏

灰陶質。磨光。殘長 14.5 厘米，厚 1.8 厘米。瓦側陰刻行書 5 字，筆畫較細。2004 年漢魏洛陽故城遺址采集。現藏洛陽。

釋文：削人閈金生

33. 曾道慶瓦

北魏

深褐色陶質。 殘長 17.8 厘米，寬 8.7 厘米，厚 1.8 厘米。 陰刻行書 4 字。 2004 年漢魏洛陽故城遺址采集。 現藏洛陽。

釋文：曾道慶削

34. 王真襄瓦

北魏

灰陶質。磨光。殘長 9.5 厘米，厚 2 厘米。字在瓦側。殘存陰刻楷書 3 字，其中一字殘筆畫。參考中國社會科學院考古研究所洛陽漢魏城隊《漢魏洛陽城一號房址和出土的瓦文》，知殘存筆畫爲“王”字末筆。

2004 年漢魏洛陽故城遺址采集。現藏洛陽。

釋文： [王]**真襄削**

35. 歐(?)昌瓦

北魏

深褐色陶質。殘長14厘米，寬16厘米，厚1.8厘米。陰刻行書3字。2004年漢魏洛陽故城遺址采集。現藏洛陽。

釋文：歐(?)昌削

36. 崔顥瓦

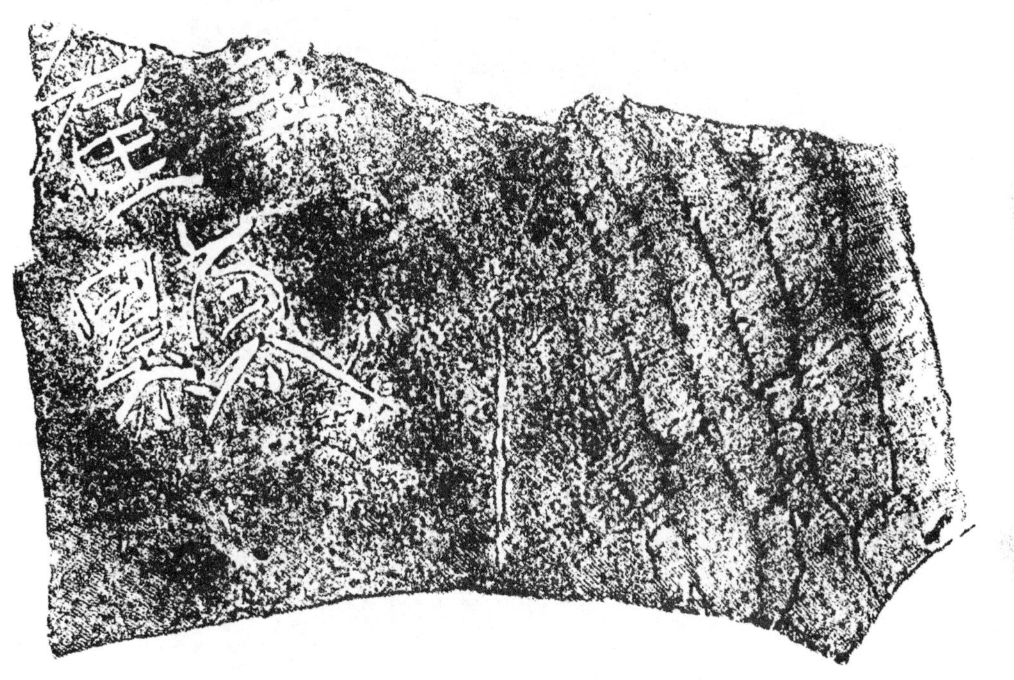

北魏

深褐色陶質。 殘長 9 厘米，寬 14.5 厘米，厚 1.5 厘米。 陰刻楷書存 2 行 3 字。 2004 年漢魏洛陽故城遺址采集。 現藏洛陽。

釋文：王/崔顥

37. □安削瓦

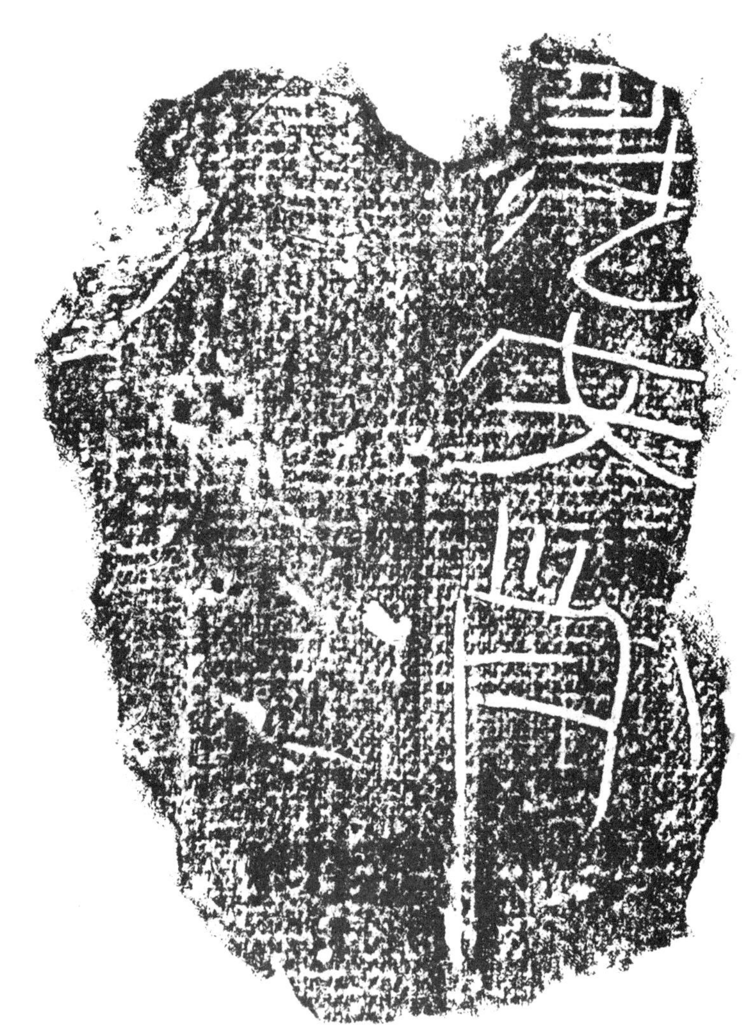

北魏

深褐色陶質。殘長 12.4 厘米，寬 9 厘米。殘存陰刻行書 3 字。

2004 年漢魏洛陽故城遺址采集。現藏洛陽。

釋文：□安削

38. 榆樹瓦

北魏

灰陶質。 殘長 19 厘米，寬 35.3 厘米。 陰刻行書 3 字。

2004 年漢魏洛陽故城遺址采集。 現藏洛陽。

釋文：削榆樹

39. 樹字瓦

北魏

深褐色陶質。殘長 12 厘米，寬 22 厘米，厚約 2 厘米。陰刻楷書 1 字。2004 年漢魏洛陽故城遺址采集。現藏洛陽。

釋文：樹

40. 代連瓦

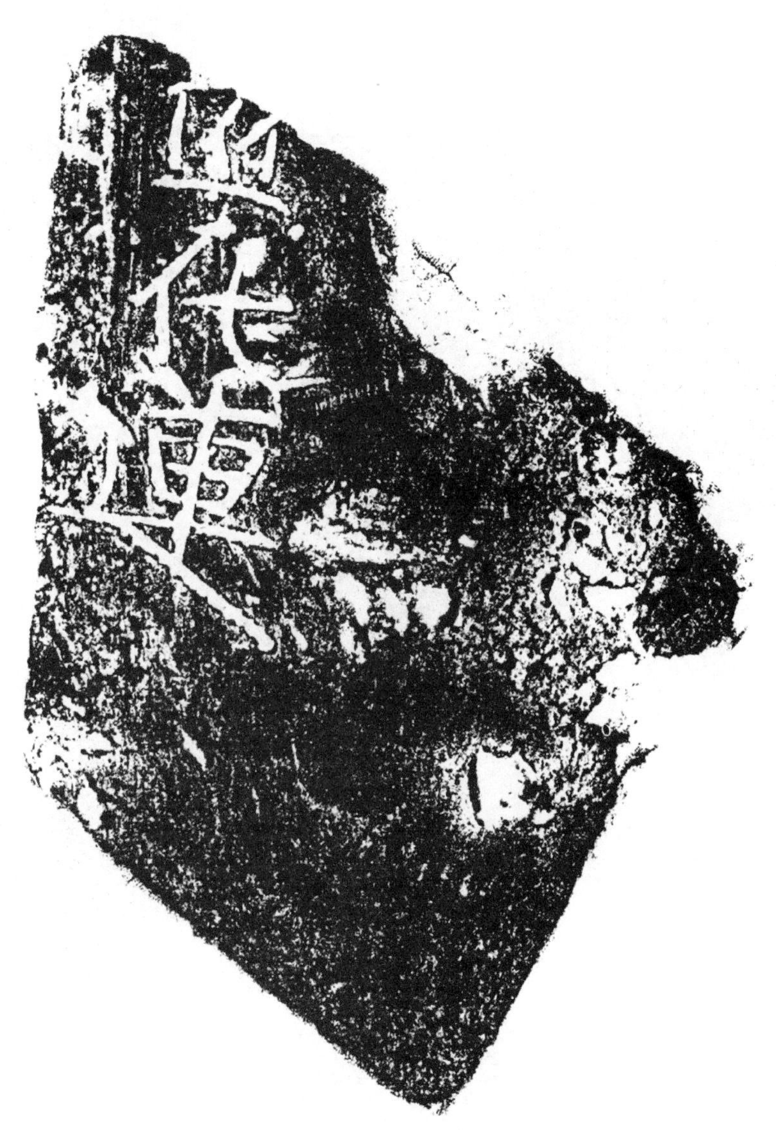

北魏

深褐色陶質。 殘長 17.3 厘米，寬 11.5 厘米，厚 1.8 厘米。 殘存陰刻楷書 3 字。 2004 年漢魏洛陽故城遺址采集。 現藏洛陽。

釋文：匠代連

41. 迺龍瓦

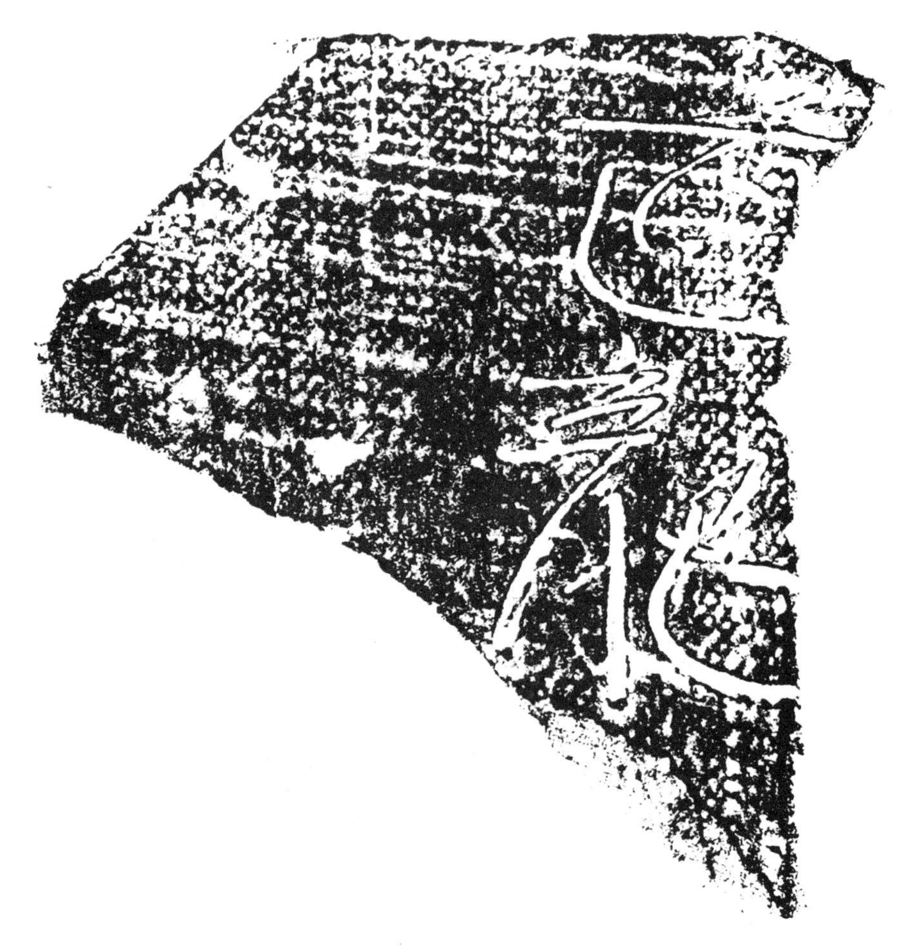

北魏

深褐色陶質。殘爲一小塊，幾近三角形。長 8.5 厘米，寬 8 厘米。殘存陰刻行書 2 字。

2004 年漢魏洛陽故城遺址采集。現藏洛陽。

釋文：迺龍

42. 李孜瓦

北魏

深褐色陶質。 殘長 12 厘米，寬 14 厘米，厚 1.8 厘米。 殘存陰刻草書 3 字，草書流暢飛動。

2004 年漢魏洛陽故城遺址采集。 現藏洛陽。

釋文：□李孜

43. 續蘭瓦

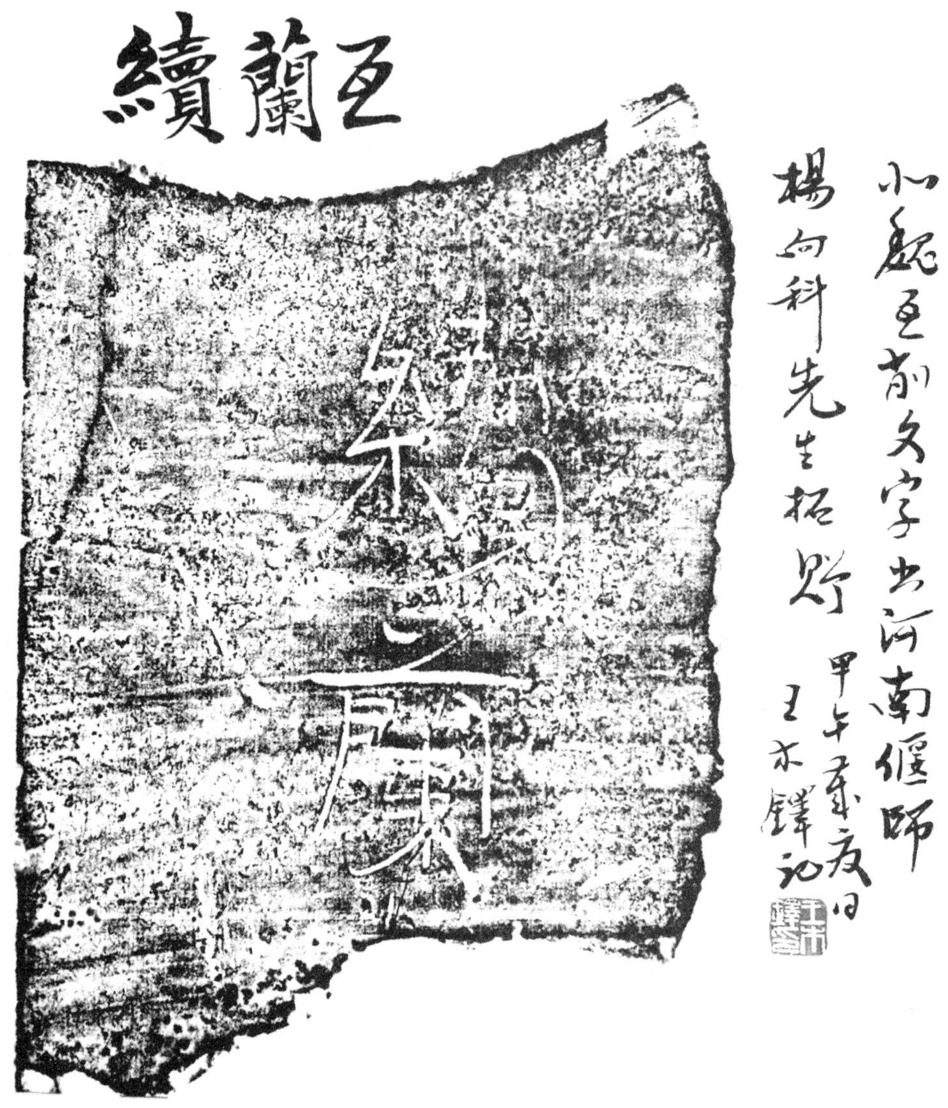

北魏

灰陶質。面磨光。長 21 厘米，寬 16 厘米。陰刻 2 字，楷書有行意。

偃師漢魏洛陽故城遺址出土。偃師楊向科藏瓦。

釋文：續蘭

44. 靜□瓦

北魏

灰陶質。 殘長 14.5 厘米，寬 13 厘米。 陰刻存 2 字，第二字僅餘筆畫，已不可識。可識者“靜”字，徑 6 厘米，爲所見魏瓦削文字之最巨者。

偃師漢魏洛陽故城遺址出土。 偃師楊向科藏瓦。

釋文：靜□

45. 瞎□瓦

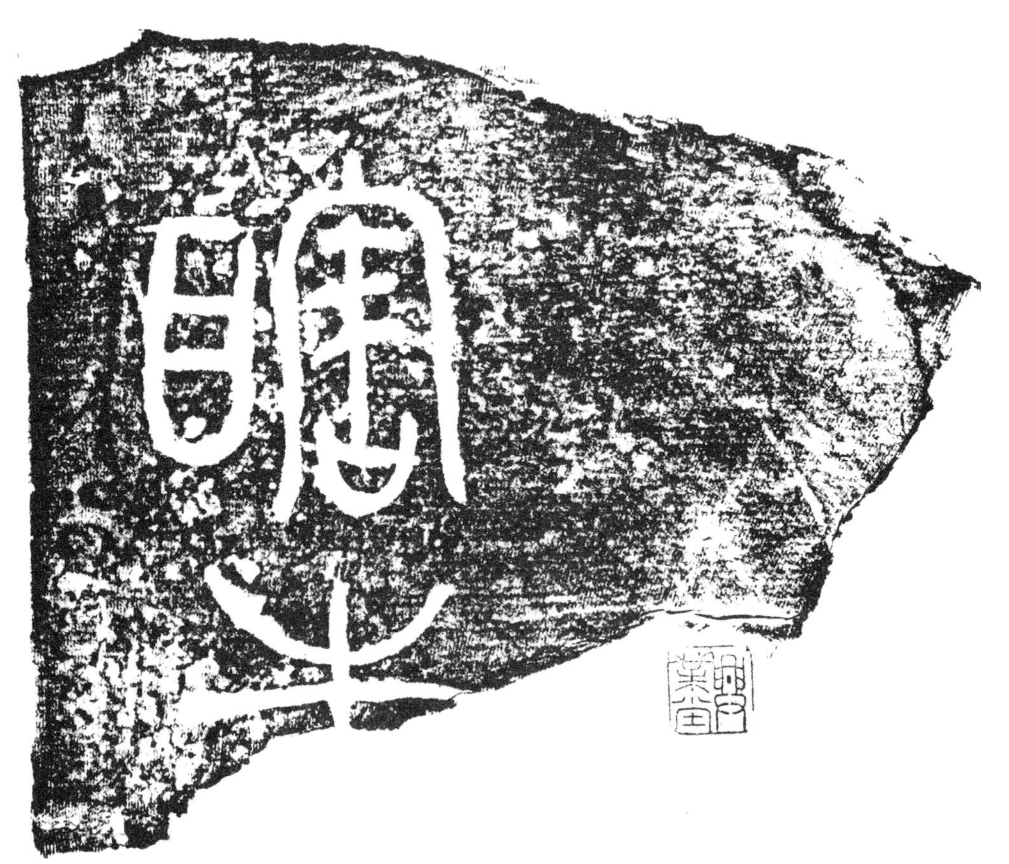

北魏

灰陶質。表面磨光。殘長 10.5 厘米，寬 12.5 厘米。瓦燒成後刻篆書 2 字，後一字不可識。

偃師市龍虎灘村附近采集。現藏洛陽。

釋文：瞎□

46. 葙字瓦

北魏

深褐色陶質。殘長 11.8 厘米，寬 13.8 厘米。陰刻楷書 1 字。

2004 年漢魏洛陽故城遺址采集。現藏洛陽。

釋文：葙

47. 祖字瓦

北魏

深褐色陶質。殘長 19.5 厘米，寬 10 厘米。陰刻楷書 1 字。

2004 年漢魏洛陽故城遺址采集。現藏洛陽。

釋文：祖

48. 張字瓦

北魏

灰陶質。表面磨光。殘長 10.2 厘米，寬 15 厘米，厚 1.5 厘米。殘存陰刻草書 1 字。

漢魏洛陽故城遺址采集。現藏洛陽。

釋文：張

49. 南甄宫磚

北魏

灰陶質。殘長 12 厘米，寬 12 厘米。戳印印章 2 枚，印文相同。印各長 3.5 厘米，寬 1.5 厘米。篆書陽文 4 字。南甄宫爲北魏宫殿。

2005 年夏漢魏洛陽故城遺址采集。現藏洛陽。

釋文：南甄宫作

50. 師康□印瓦

北魏

灰陶質。磨光。殘長14.7厘米，寬12.1厘米，厚3厘米。戳印2枚。其一長2.4厘米，寬1.8厘米，印文3字，體在隸楷間。另一長2.5厘米，寬1.8厘米，印文3字，體在篆隸間。二印皆有一字不可辨識。

2005年夏漢魏洛陽故城遺址采集。現藏洛陽。

釋文： 師康□

史鄧□

51. 師王客印瓦

北魏

灰陶質。板瓦。外素面，内布紋。殘長 8 厘米，寬 7 厘米，厚 2 厘米。瓦面戳印 2 枚。各陽文 3 字，體在篆隸間。

2005 年夏漢魏洛陽故城遺址采集。現藏洛陽。

釋文：師王客

吏張纓

52. 師王尊印瓦

北魏

灰陶質。筒瓦。外素面，内布紋。殘長 14 厘米，寬 14.4 厘米，厚 1.7 厘米。瓦面戳印陽文 3 字，體在篆隸間。

2005 年漢魏洛陽故城遺址采集。現藏洛陽。

釋文：師王尊

53. 李師印瓦

北魏

灰陶質。板瓦。外素面，内布紋。殘長14厘米，寬7厘米，厚1.6厘米。瓦面戳印陽文2字，體在篆隸間。

2005年夏漢魏洛陽故城遺址采集。現藏洛陽唐氏。

釋文：李師

54. □泰印瓦

北魏

灰陶質。板瓦。磨光。殘長 17.2 厘米，寬 18 厘米，厚 2.2 厘米。瓦面戳印陽文 2 字，體在隸楷間。

2005 年夏漢魏洛陽故城遺址采集。現藏洛陽。

釋文：□泰

55. 朱字印瓦

北魏

灰褐色筒瓦。 陰文 1 字，刻於瓦唇上。 字徑 2.7 ×2.2 厘米。

2004 年漢魏洛陽故城遺址采集。 現藏洛陽。

釋文：朱

56. 胡伏山婦磚記

（正面）

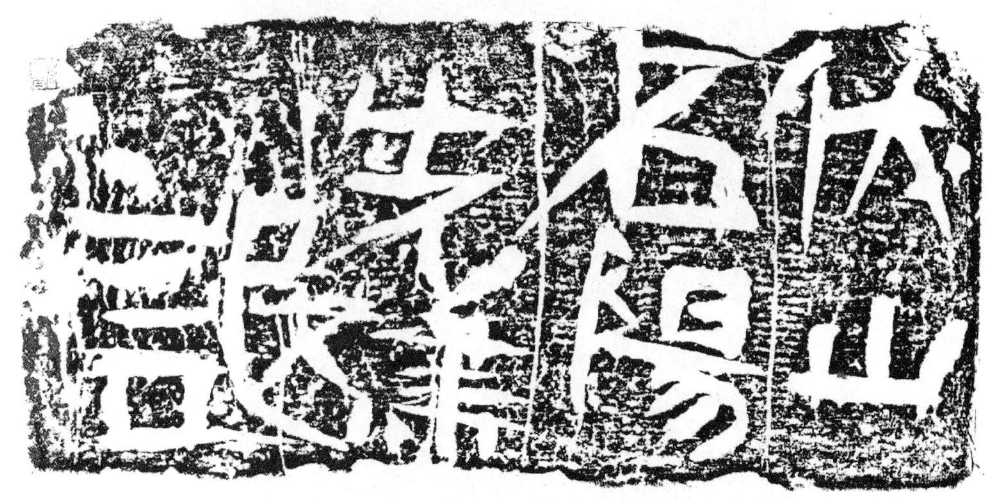

（背面）

北齊天統三年(567)五月十七日

灰陶質。長 36 厘米,寬 17 厘米。兩面刻,橫磚竪式。正面陰刻楷書 5 行 11 字,背面陰刻楷書 4 行 7 字,共計 18 字。

2009 年春洛陽出土。曾歸洛陽唐氏。

釋文: 天統/三年/五月/十七日/折胡(正面)

伏山/名陽/先婦/記(背面)

57. 張佃保磚

北齊武平三年(572)正月十一日

灰陶質。長30厘米，寬15厘米。陰刻楷書3行，行6—9字，共23字。2004年洛陽出土。曾歸洛陽唐氏。

釋文：武平三年歲次壬辰/朔正月十一日何(河)陰縣/古(故)人張佃保記

第七章　隋代陶文

DIQIZHANGSUIDAITAOWEN

1. 成肆虎銘記磚

隋開皇十八年(598)□月十九日

灰陶質。 長47厘米，寬23厘米。 陰刻楷書3行31字。

洛陽出土。 曾歸洛陽唐氏。

釋文：唯大隋開皇十八年歲次戊/□□月壬寅朔十九日庚申故/人成肆虎□神銘記

2. 大業元年磚

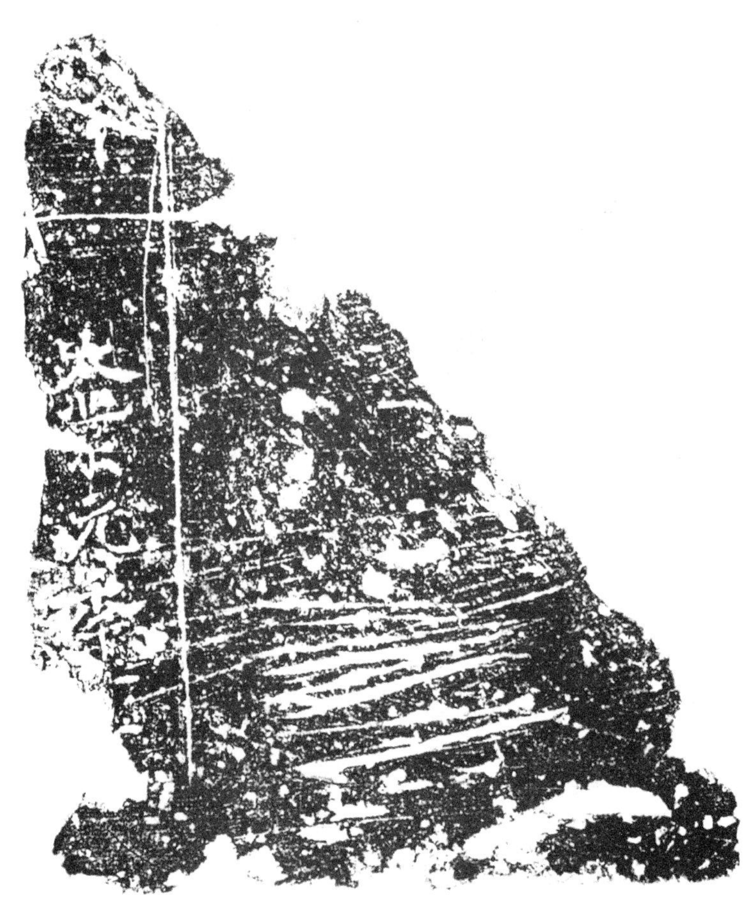

隋大業元年(605)

灰陶質。已殘爲三角形，長 16 厘米，最寬處 18. 5 厘米，厚 8 厘米。陰刻楷書 4 字。

2005 年 3 月洛陽馬坡隋代回洛倉 56 號窑内出土。現藏洛陽市文物考古研究院。

釋文：大業元年

（參見洛陽市文物工作隊：《河南洛陽市東北郊隋代倉窑遺址的發掘》，《考古》2007 年第 12 期）

3. 衛賓磚

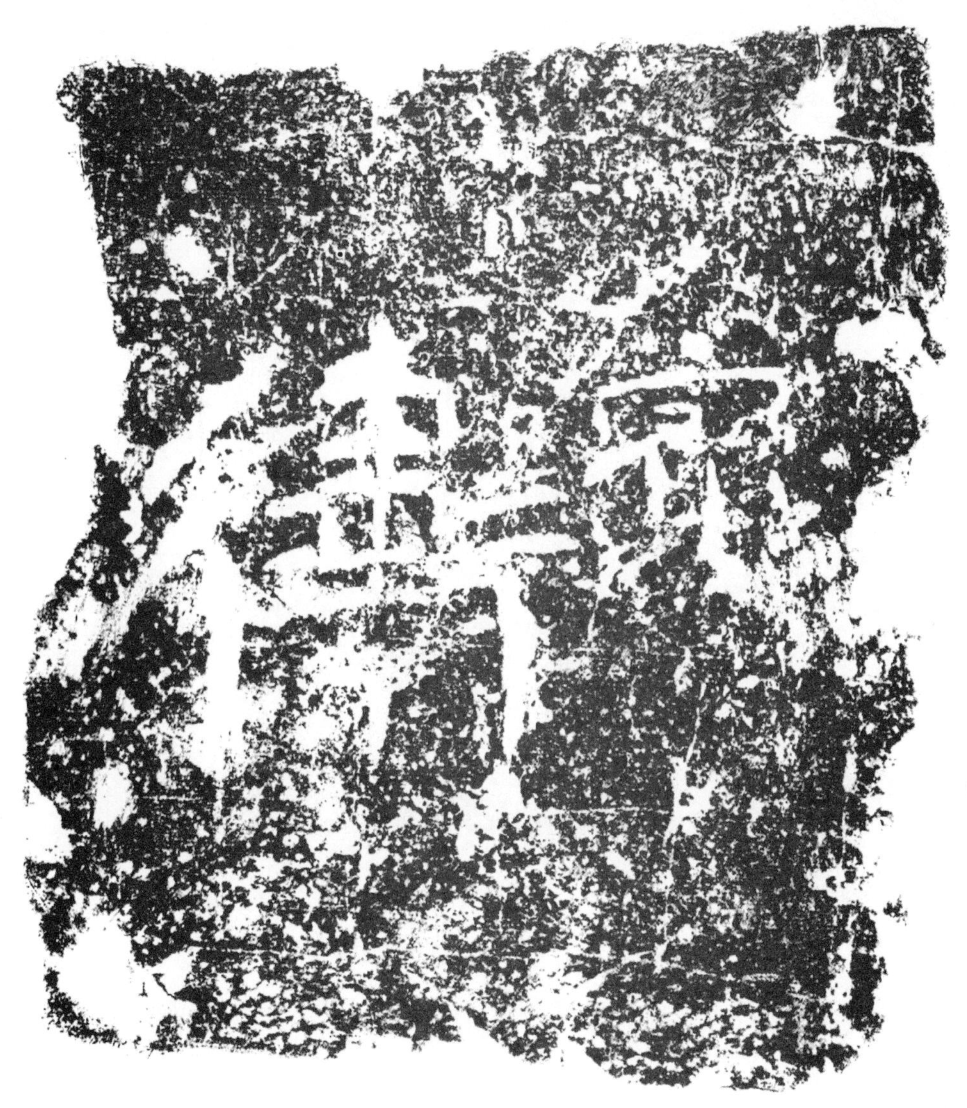

隋

灰陶質。殘長 19 厘米，寬 20 厘米，厚 8.2 厘米。陰刻楷書 2 字。

2004 年 12 月洛陽馬坡隋代回洛倉 63 號窑内出土。現藏洛陽市文物考古研究院。

釋文：衛賓

（參見洛陽市文物工作隊：《河南洛陽市東北郊隋代倉窑遺址的發掘》，《考古》2007 年第 12 期）

第八章　唐代陶文

DIBAZHANGTANGDAITAOWEN

1. 李明府夫人梁□磚

唐貞觀十八年(644)三月九日

灰陶質。長 48 厘米，寬 17 厘米。陰刻楷書 3 行 38 字。

洛陽出土。現藏洛陽董氏。

釋文：貞觀十八年歲次甲辰三月九日壬午朔/前舒州望江縣令李明府夫人梁□/之墳哀子李元質記

2. 司馬貞磚誌并蓋

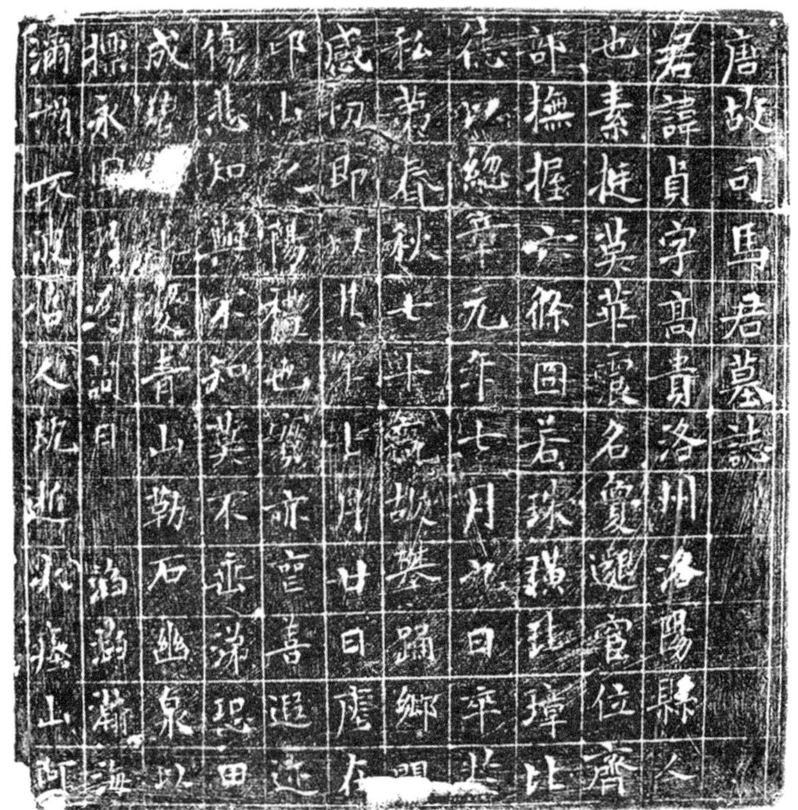

唐總章元年(668)七月二十日

灰陶質。方形，邊長 34.6 厘米，厚 7 厘米。陰刻楷書，有界格，12 行，滿行 12 字，共計 131 字。志蓋灰陶質。盝頂，四刹。底邊長 35 厘米，頂邊長 30 厘米，厚 7 厘米。頂面陰刻 4 字，體在篆隸之間。

2005 年洛陽邙山出土。現藏洛陽。

釋文：唐故司馬君墓誌

君諱貞字高貴洛州洛陽縣人/也素挺英華震名敻邈宦位齊/部撫握六條囹若珠璜珪璋比/德以總章元年七月九日卒於/私第春秋七十親故攀踴鄉□/感切即以其年七月廿日瘗在/邙山之陽禮也實亦喪善遐邇/傷悲知與不知莫不垂涕恐田/成壟□地變青山勒石幽泉以/摽永固乃爲詞曰 滔滔瀚海/瀰瀰長波哲人既逝永瘗山阿

誌蓋：馬君之銘

3. 含嘉倉刻銘磚(一)

唐咸亨五年(674)七月

灰陶質。殘長17.1厘米，寬18.5厘米，厚6.5厘米。陰刻楷書，殘存5行20字。1971年隋唐洛陽城含嘉倉遺址第261號窖出土。現藏洛陽市文物考古研究院。

釋文：租小豆壹阡(仟)碩/咸亨伍年柒/行綱李□/監門校尉/倉

(參見河南省博物館、洛陽市博物館：《洛陽隋唐含嘉倉的發掘》，《文物》1972年第3期)

4. 含嘉倉刻銘磚(二)

唐調露□年(679—680)□月十八日

灰陶質。殘長26厘米，寬19厘米，厚6.5厘米。陰刻楷書，殘存8行，行存1—12字不等。

1971年隋唐洛陽城含嘉倉遺址第182號窖出土。現藏洛陽市文物考古研究院。

釋文：□石/耗/調露 十八日納了窖/楚州租典郭□ 副綱淮陰縣□/滁州租典□□ 副綱清□縣丞劉/窖史□鎮兵□/倉史周儉 倉官監事王感/左監門革滿 右監門校尉張琰

(參見河南省博物館、洛陽市博物館:《洛陽隋唐含嘉倉的發掘》,《文物》1972年第3期)

5. 含嘉倉刻銘磚(三)

唐聖曆二年(699)五月八日

灰陶質。方形，邊長 32. 5 厘米，厚 6. 5 厘米。陰刻楷書，共 10 行，每行 3—17 字。爲含嘉倉刻銘磚中最完整者，楷書亦佳，彌足珍貴。

1971 年隋唐洛陽城含嘉倉遺址出土。現藏洛陽市文物考古研究院。

釋文：含嘉倉/東門從南第廿三行從西第五窖/合納蘇州通天二年租糙米白多一萬三/□□十五石耗在内/右聖曆二年五月八日納了/□典劉長 正綱録事劉爽 倉史王花/監事楊智 丞吕徹 丞趙環 令孫忠 令□思/寺丞知倉事張琮 左監門王宣右監門賈立/長上龐昉 押倉使孫亮 監倉御史陸慶/卿□璇□□同

(參見河南省博物館、洛陽市博物館:《洛陽隋唐含嘉倉的發掘》,《文物》1972 年第 3 期)

6. 含嘉倉刻銘磚(四)

唐

灰陶質。殘存三碎塊，綴合之後，殘長 20 厘米，寬 36 厘米，厚 6.5 厘米。銘文陰刻楷書，殘存 11 行，行殘存 1—9 字不等。

1971 年隋唐洛陽城含嘉倉遺址第 182 號窖出土。現藏洛陽市文物考古研究院。

釋文：含嘉倉/倉中/向北/合納□州/內/輸典范亮/正綱□□張超 倉史譚/右金吾衛長/□道 左監門校/押倉使姚朗/卿李玄挺檢

（參見河南省博物館、洛陽市博物館：《洛陽隋唐含嘉倉的發掘》，《文物》1972 年第 3 期）

7. 含嘉倉刻銘磚(五)

唐

灰陶質。殘長 26.5 厘米，寬 14.3 厘米，厚 6.5 厘米。陰刻楷書，殘存 3 行，行 2—9 字不等。

1971 年隋唐洛陽城含嘉倉遺址第 19 號窖出土。現藏洛陽市文物考古研究院。

釋文：冀州/第十□行從西第三窖/萬肆千貳佰捌拾碩

（參見河南省博物館、洛陽市博物館：《洛陽隋唐含嘉倉的發掘》，《文物》1972 年第 3 期）

8. 含嘉倉刻銘磚(六)

唐

灰陶質。殘長14.5厘米，寬13.4厘米，厚6.5厘米。陰刻楷書，殘存3行15字。1971年隋唐洛陽城含嘉倉遺址第261號窖出土。現藏洛陽市文物考古研究院。

釋文：□東□/□□□秋監倉御/寺卿李萬檢

（參見河南省博物館、洛陽市博物館：《洛陽隋唐含嘉倉的發掘》，《文物》1972年第3期）

9. 含嘉倉刻銘磚(七)

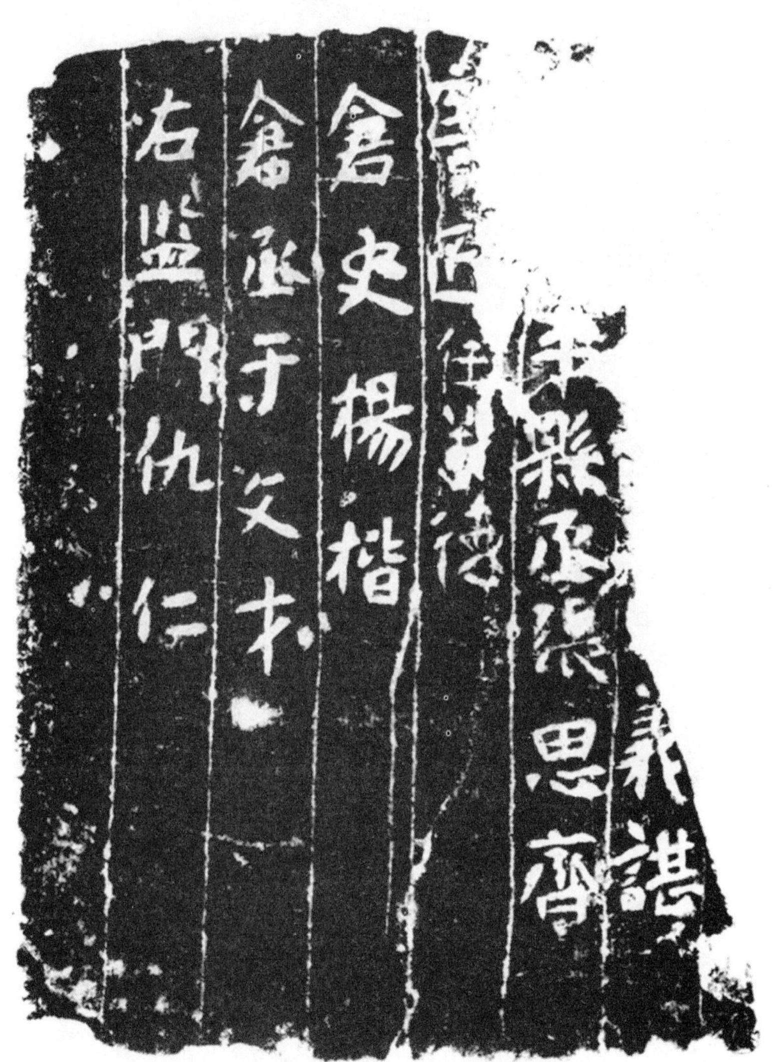

唐

灰陶質。殘長 18 厘米，寬 13.2 厘米，厚 6.5 厘米。陰刻楷書，殘存 6 行 27 字。1971 年隋唐洛陽城含嘉倉遺址第 260 號窖出土。現藏洛陽市文物考古研究院。

釋文：義諶/□縣丞張思齊/窖匠任□德/倉史楊楷/倉丞于文才/右監門仇仁

(參見河南省博物館、洛陽市博物館:《洛陽隋唐含嘉倉的發掘》,《文物》1972 年第 3 期)

10. 含嘉倉刻銘磚(八)

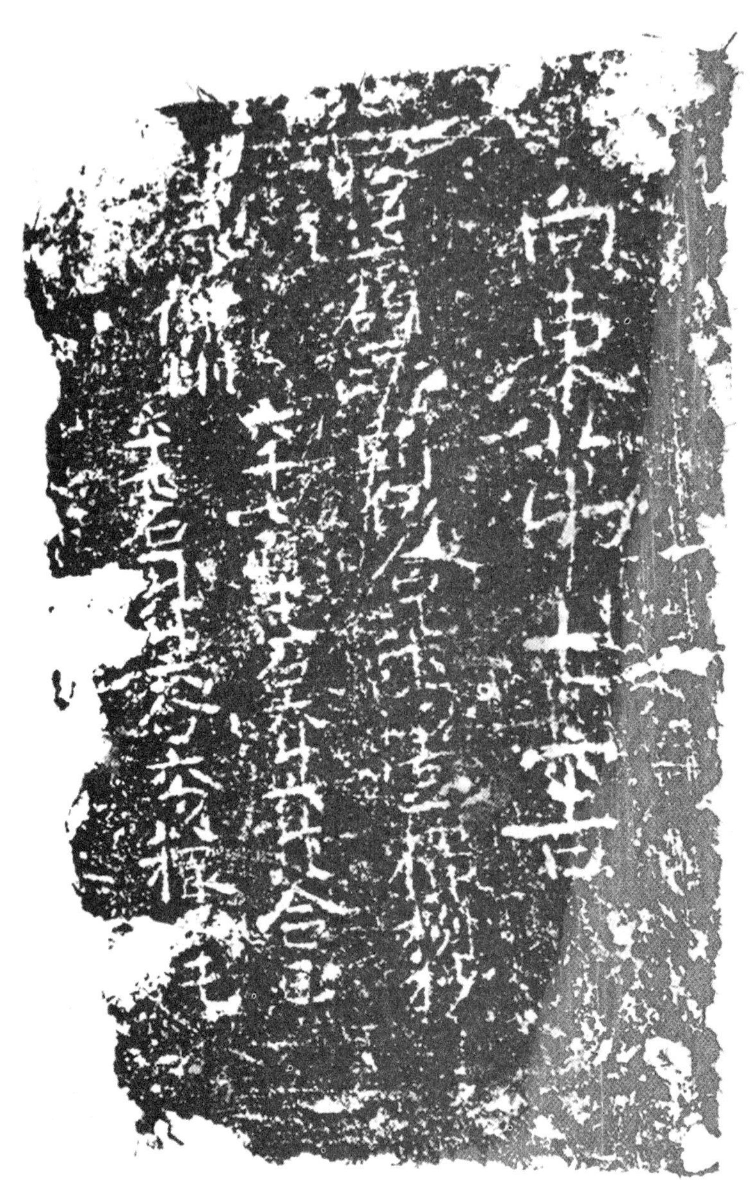

唐

灰陶質。殘長21厘米，寬13厘米，厚6.5厘米。陰刻楷書，殘存5行46字。1971年隋唐洛陽城含嘉倉遺址第19號窖出土。現藏洛陽市文物考古研究院。

釋文：向東第七窖/拾柒碩□□伍合柒勺壹撮捌抄/六千七百一十八石六斗六升八合正/徐州/六十七石一斗八升六合六勺八撮耗

（參見河南省博物館、洛陽市博物館：《洛陽隋唐含嘉倉的發掘》，《文物》1972年第3期）

11. 含嘉倉刻銘磚(九)

唐

灰陶質。殘長15.5厘米，寬15厘米，厚6.5厘米。陰刻楷書，殘存3行13字。1971年隋唐洛陽城含嘉倉遺址出土。現藏洛陽市文物考古研究院。

釋文：何散之/丞王貞 令王緒 左監/少卿

（參見河南省博物館、洛陽市博物館：《洛陽隋唐含嘉倉的發掘》，《文物》1972年第3期）

12. 含嘉倉刻銘磚(十)

唐

灰陶質。殘長 13.5 厘米，寬 13 厘米，厚 6.5 厘米。陰刻楷書，殘存 4 行 15 字。1971 年隋唐洛陽城含嘉倉遺址第 174 號窖出土。現藏洛陽市文物考古研究院。

釋文：含嘉倉/倉中門東/數窖□/合納越州□

（參見河南省博物館、洛陽市博物館：《洛陽隋唐含嘉倉的發掘》，《文物》1972 年第 3 期）

13. 含嘉倉刻銘磚（十一）

唐

灰陶質。殘長 15.3 厘米，寬 16.5 厘米，厚 6.5 厘米。陰刻楷書，殘存 3 行 14 字。1991 年隋唐洛陽城含嘉倉遺址第 174 號窖出土。現藏洛陽市文物考古研究院。

釋文：左監門□□/上劉恪 押倉使/少卿武

（参見河南省博物館、洛陽市博物館：《洛陽隋唐含嘉倉的發掘》，《文物》1972 年第 3 期）

14. 含嘉倉刻銘磚(十二)

唐

灰陶質。 殘長 10 厘米，寬 10 厘米，厚 6.5 厘米。 陰刻楷書，殘存 4 行 9 字。 1971 年隋唐洛陽城含嘉倉遺址第 174 號窖出土。 現藏洛陽市文物考古研究院。

釋文：含嘉倉/倉中門/從東/□向□

（參見河南省博物館、洛陽市博物館：《洛陽隋唐含嘉倉的發掘》，《文物》1972 年第 3 期）

15. 含嘉倉刻銘磚(十三)

唐

灰陶質。 殘長 7 厘米，寬 7 厘米，厚 6.5 厘米。 陰刻楷書，殘存 2 行 8 字。 1971 年隋唐洛陽城含嘉倉遺址第 1 號窖出土。 現藏洛陽市文物考古研究院。

釋文：東西大街/南向北□

（參見河南省博物館、洛陽市博物館：《洛陽隋唐含嘉倉的發掘》，《文物》1972 年第 3 期）

16. 含嘉倉刻銘磚（十四）

唐

灰陶質。殘長 17 厘米，寬 12 厘米，厚 5 厘米。陰刻楷書後塗朱，殘存 11 字。2005 年 6 月隋唐洛陽城含嘉倉遺址出土。現藏洛陽市文物考古研究院。

釋文：典李/丞尉式 令/使高弼 御史

（參見河南省博物館、洛陽市博物館：《洛陽隋唐含嘉倉的發掘》，《文物》1972 年第 3 期）

17. 王志寬息妻程氏柩銘磚

唐永隆二年(681)三月二日

灰陶質。長37.5厘米，寬18厘米，厚8厘米。陰刻楷書4行35字。

2004年9月洛陽關林唐墓出土。現藏洛陽市文物考古研究院。

釋文：大唐洛州河南縣義新鄉人/前上林署令王志寬息妻/程氏之柩/永隆二年三月二日之銘

18. 王𥶽金磚誌

唐開元二十六年(738)三月十六日

灰陶質。長29.2厘米，寬18厘米。陰刻楷書4行，共37字。

民國年間洛陽出土，爲洛陽碑估雷靖臣舊藏。1999年由其後人捐贈至洛陽都城博物館，現轉存於洛陽古代石刻藝術館。

釋文：維開元廿六年歲次戊寅/三月己巳朔十四日壬午/於此安措用十六日禮/也琅瑘王氏諱𥶽金

19. 潞城縣陳□磚

唐開元二十八年(740)七月

灰陶質。 長 32.5 厘米，厚 6 厘米。 磚側陰刻殘存 8 字，體在行楷間。

1992 年洛陽市龍門鎮花園村南側唐睿宗貴妃豆盧氏墓出土，亦稱豆盧氏墓刻銘磚，葬時爲唐開元二十八年七月。 現藏洛陽市文物考古研究院。

釋文：□□大都督府潞城縣陳□

（參見洛陽市文物工作隊：《唐睿宗貴妃豆盧氏墓發掘簡報》，《文物》1995 年第 8 期）

20. 開元六月廿日磚

（側面）

（正面）

唐開元(713—741)六月二十日

灰陶質。殘長 15.5 厘米，寬 7 厘米，厚 7 厘米。磚面陰刻楷書 3 字，側面陰刻 4 字。

2004 年洛陽市北郊馬坡隋代倉窖遺址出土。現藏洛陽市文物考古研究院。

釋文：□開元(正面)

六月廿日(側面)

21. 來三乘磚誌

唐天寶八年(749)十一月十一日

灰陶質，質地堅硬。近正方形。長32厘米，寬31.5厘米，厚5.6厘米。有界格，陰刻楷書，18行，滿行18字，共312字。首行泐損2字。

近年偃師市首陽山鎮出土。現藏洛陽。原有蓋，爲一鄭州藏家所得。

釋文：故睦州□□沈俯(府)君故妻南陽來氏墓誌銘/并序 爲婦之道人倫大同輔天成德其則尠矣/夫人諱字三乘 高祖敏陳海陵令隨贈東陽/太守曾祖護隋開府儀同三司榮國公皇贈越/州都督謚忠公 祖恒 皇朝黄門侍郎中書/門下三品贈潤州刺史謚懿公父 皇朝銀青/光禄大夫饒州刺夫人早承詩禮長自幽閨初/笄之年移天沈氏中饋之主無替於蘋蘩閨門/之内有踰於琴瑟作嬪君子數紀於茲方期偕/老之歡宜爾子孫之慶嗚呼哀哉豈謂雙□□/侶一劍先沉里無恭哥春者輟相以天寶八載/七月廿二日遘疾終於范陽郡倉曹之官春秋/六十有二以十一月十一日權葬於河南府偃/師縣首陽鄉之原禮也俟便川載方申合焉緣/嶺南峙伊川中流有子用等雖精誠之感通懼/陵谷之遷易期之不朽而刻銘云 彼蒼如何/積善無慶痛矣賢淑不假 天命幽隧爰啓白/楊愁人生涯共盡泉路無春

22. 唐葳磚誌

唐貞元四年(788)正月

此爲一磚墓誌蓋，盝頂，青灰色。文字刻於誌蓋内側，誌文不全，係後半部分，另應有誌底。誌蓋邊長38厘米，厚7厘米。陰刻楷書11行，每行16—18字不等。其夫劉仲麟撰。

2009年春河南靈寶出土。旋歸洛陽張赫坤。

釋文：廢徹宣昭壼訓垂範母儀天乎天乎彭殤/同□耶善惡同撿耶胡焉其淑德而降此促/齡耶意吾家之不幸非 新婦之不幸也/春秋廿有三以貞元四年龍集戊辰正月甲子/没於靈寶縣所寓之精舍越踰月仲春庚/寅權窆於縣東之北原一里而近其夫仲麟臨/其穴撫其柩哭而銘焉銘曰/劉氏之婦 李氏之生 唐實其姓 葳也其名/濁河北流 古道前直 封崇一仞 於以爲識/問天效屈 鼓缶布莊 天不可問 鼓惟哀傷/先後蹔殊 幽明斯訣 百歲之後 與爾同穴

23. 辛晟磚誌

唐貞元十九年(803)閏十月十九日

灰陶質。長36.5厘米，寬38厘米，厚9厘米。陰刻楷書17行，滿行17字。有些字迹已漫漶不清。

2008年洛陽出土。現藏洛陽。

釋文：唐故辛府君墓誌銘記

府君諱晟字晟□□人也志氣孤標家傳/孝義仁風美□□□□華不終遐壽奄歸/逝□□貞元十九年十月十五日終於河/南府河南縣□□□□□裏第有子一人自/夭□哀泣血□□□□□□六十有九夫/人唐氏□□□□□□□□□光美承家□/稱殊□□□□□□□□□□男曰容子□/誠追往卜兆□□□□□東楊魏村三川/鄉永安禮也恐陵谷□□□刻貞石以爲/銘曰

邙山之南兮萬安之北國城之東兮嵩/少之側松柏蒼蒼兮愁雲慘惻白楊蕭蕭/兮永歸窀穸惜哉夫人兮念夫將滅令德/空傳兮幽泉冥默夫人慟哭兮從兹永隔/萬古千秋用憑貞石

貞元十九年閏十月十九日男容子記

24. 體賢磚誌

唐元和十四年(819)正月

灰陶質。長31厘米，寬29.5厘米，厚6.5厘米。陰刻楷書5行，行7—8字，共36字。

偃師市出土。現藏偃師商城博物館。

釋文：大唐元和十四年/正月昭義軍節度/使工部尚書隴西/辛公姬人子體賢/葬于此本吴興人也

25. 王保度磚

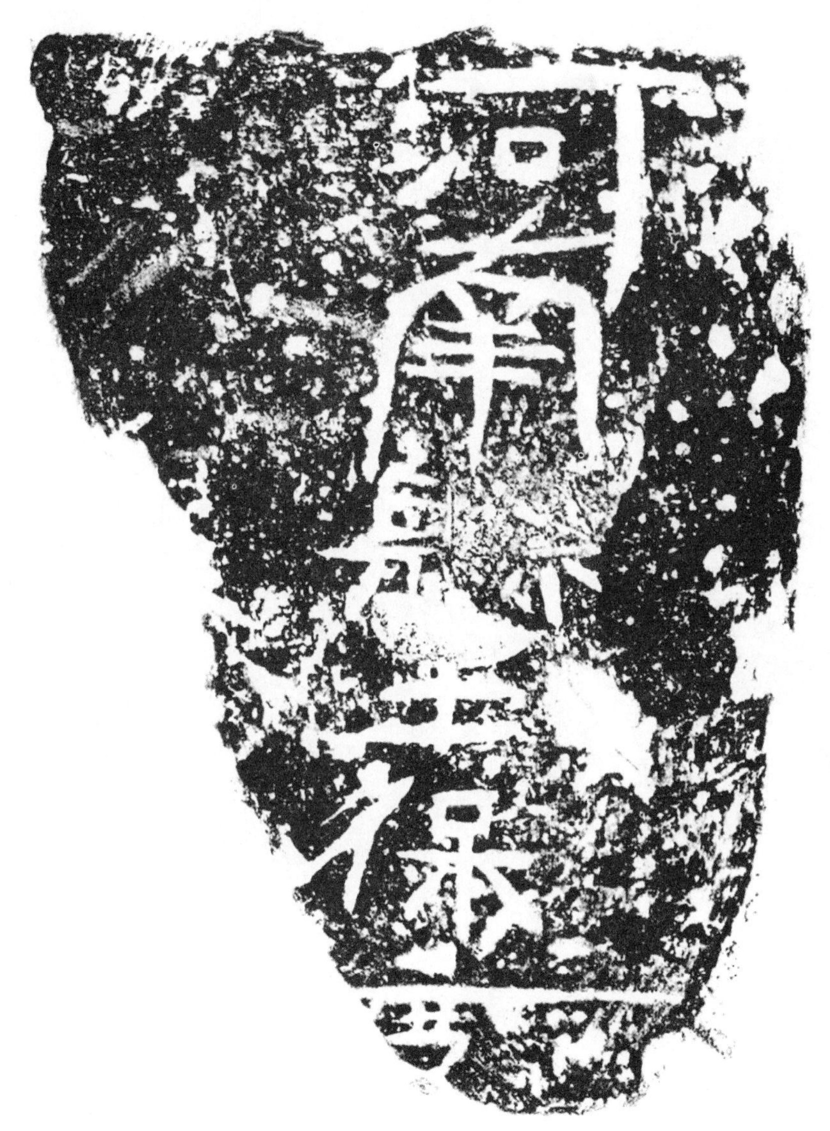

唐

灰陶質。殘長33厘米，寬22.6厘米，厚9厘米。陰刻6字，楷書有隸意。2004年9月洛陽市東花壇唐墓出土。現藏洛陽市文物考古研究院。

釋文：河南縣王保度

26. 后土墓磚

唐

灰陶質。殘長 15.5 厘米，寬 12.5 厘米。陰刻楷書，殘存 7 字。

2005 年 12 月洛陽市老城區紅山鄉中溝村采集。現藏洛陽市文物考古研究院。

釋文：地下后土/君/處墓□

27. 謝興伏造像磚

唐

紅陶質。質堅密。殘長 14.5 厘米，寬 15.5 厘米，厚 6.5 厘米。磚表面有繩紋，陰刻楷書 3 字。一端存留佛造像三尊。曾見類似造像磚多品，皆紅陶質，造像或在頂端，或在側面，而有刻銘者，僅見此一品。

近年洛陽出土。現藏洛陽。

釋文：謝興伏

28. 張安鳳磚

唐

灰陶質。 殘長 31 厘米，寬 20.5 厘米。 陰刻楷書 3 字。

2009 年洛陽出土。 現藏洛陽。

釋文：張安鳳

29. 趙且磚

唐

灰陶質。燒製時火候過高，有焦裂變形。長 30 厘米，寬 14.5 厘米，厚 4.5 厘米。模印隸書，複文 4 字。

2004 年洛陽出土。爲一私人藏家所得，現藏洛陽。

釋文：趙且

趙且

（隋唐洛陽城定鼎門遺址曾有出土，存一“趙”字，“且”字存半。參見中國社會科學院考古研究所洛陽唐城隊、洛陽市文物工作隊：《定鼎門遺址發掘報告》，《考古學報》2004 年第 1 期）

30. 王興磚

唐

灰陶質。長35厘米，寬16厘米，厚7.5厘米。戳印陽文楷書3字。1980年5月隋唐洛陽城含元殿遺址出土。現藏洛陽市文物考古研究院。

釋文：匠王興

31. 馬伏生磚

唐

灰陶質。長34厘米，寬15厘米，厚7.5厘米。模印陽文楷書5字，其中“馬”字爲反書。

1980年5月隋唐洛陽城含元殿遺址出土。現藏洛陽市文物考古研究院。

釋文：官匠馬伏生

32. 曾廷圃磚

唐

灰陶質。 殘長 29.7 厘米，寬 15.6 厘米，厚 7.5 厘米。 素面。 戳印陽文楷書 3 字。 20 世紀 80 年代初洛陽玻璃廠唐代遺址出土。 現藏洛陽市文物考古研究院。

釋文：曾廷圃

33. 頓龍達磚

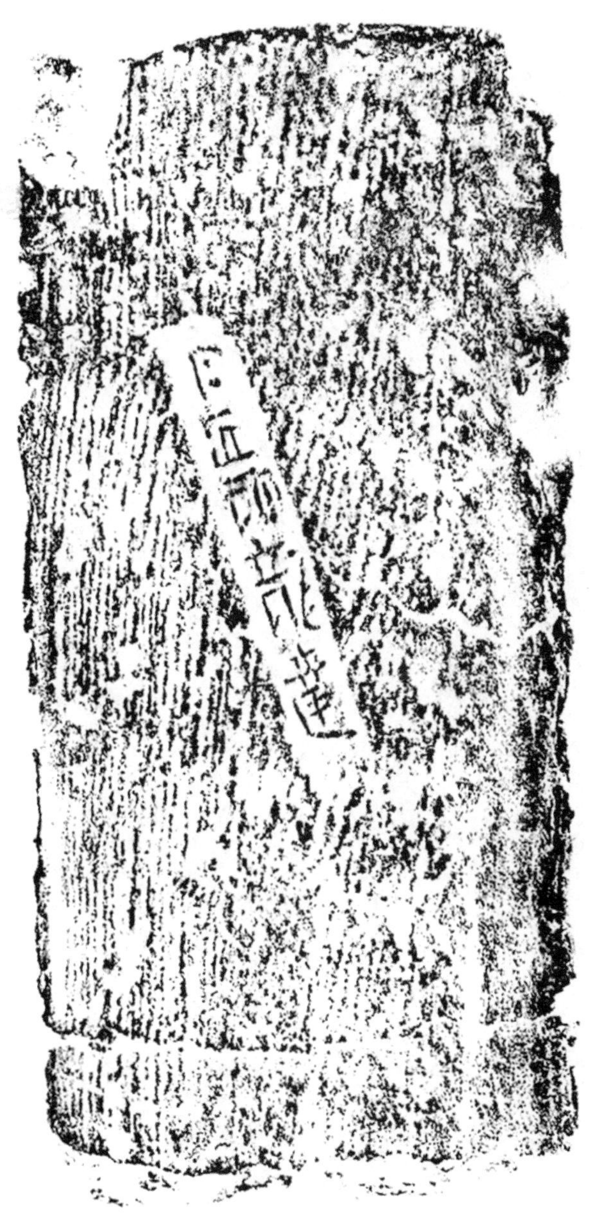

唐

灰陶質。長 33. 6 厘米，寬 15. 7 厘米，厚 7. 5 厘米。面施繩紋。戳印陽文楷書 5 字。

20 世紀 80 年代初洛陽玻璃廠唐代遺址出土。現藏洛陽市文物考古研究院。

釋文：官匠頓龍達

34. 申誕磚

唐

灰陶質。 長 31.4 厘米，寬 15.6 厘米，厚 7.5 厘米。 面施斜繩紋。 戳印陽文楷書 4 字。

20 世紀 80 年代初洛陽玻璃廠唐代遺址出土。 現藏洛陽市文物考古研究院。

釋文：官匠申誕

35. 張信磚

唐

灰陶質。殘長 15 厘米，寬 16 厘米，厚 7.5 厘米。面施繩紋。戳印反書陽文楷書 4 字。

20 世紀 80 年代初洛陽玻璃廠唐代遺址出土。現藏洛陽市文物考古研究院。

釋文：官匠張信

36. 武字磚

唐

灰陶質。 長 36 厘米，寬 18.5 厘米，厚 8 厘米。 戳印陽文楷書 1 字。 20 世紀 80 年代洛陽市區采集。 現藏洛陽市文物考古研究院。

釋文：武

37. 左仵磚

唐

灰陶質。殘長 21.5 厘米，寬 21.5 厘米，厚 6.3 厘米。有繩紋。戳印陽文楷書 2 字。

洛陽出土。現藏洛陽。

釋文：左仵

38. 吉字鳳紋方磚

唐

灰陶質。 邊長 35 厘米，厚 6.7 厘米。 四周有邊框，寬 3 厘米。 邊框内有方綫框，邊框與方綫框之間飾連珠紋。 中部有一圓圈，直徑 19.3 厘米。 圓圈與方綫之間飾有卷草紋。 圓圈内爲一鳳凰圖。 陽文楷書 1 字。 圖案與文字皆爲模印。 此種磚隋唐洛陽城宫城遺址曾有出土，藏於中國社會科學院考古研究所洛陽工作站。

2005 年夏洛陽發現。 先歸孟津孟氏，又歸唐氏，現藏洛陽。

釋文：吉

39. 新字磚(一)

唐

灰陶質。 長 36 厘米，寬 17. 5 厘米，厚 8 厘米。 戳印陽文楷書 1 字。 20 世紀 80 年代洛陽市區采集。 現藏洛陽市文物考古研究院。

釋文：新

40. 新字磚(二)

唐

灰陶質。 殘長 19.5 厘米, 寬 17 厘米。 戳印陽文楷書 1 字。

20 世紀 80 年代洛陽市區采集。 現藏洛陽市文物考古研究院。

釋文: 新

41. 官匠元□□磚

唐

灰陶質。殘長 20.5 厘米，寬 14.6 厘米，厚 7 厘米。有斜綫條紋飾。戳印反書陽文楷書 5 字，其中 2 字不可辨識。

2004 年洛陽小北門唐代陶窑遺址出土。現藏洛陽市文物考古研究院。

釋文：官匠元□□

（參見四川大學歷史文化學院考古學系、洛陽市文物工作隊：《河南洛陽市瀍河西岸唐代磚瓦窑址》，《考古》2007 年第 12 期）

42. 官字磚

唐

灰陶質。 殘長 22 厘米，寬 15 厘米。 模印陽文 1 字。

洛陽出土。 曾歸洛陽唐氏。

釋文：官

43. 匠李瓦

唐

灰陶質。 殘長 8.5 厘米，寬 7.5 厘米。 存模印陰文楷書 2 字。

1980 年洛陽市政協辦公樓工地出土。 現藏洛陽市文物考古研究院。

釋文：匠李

44. 周助瓦

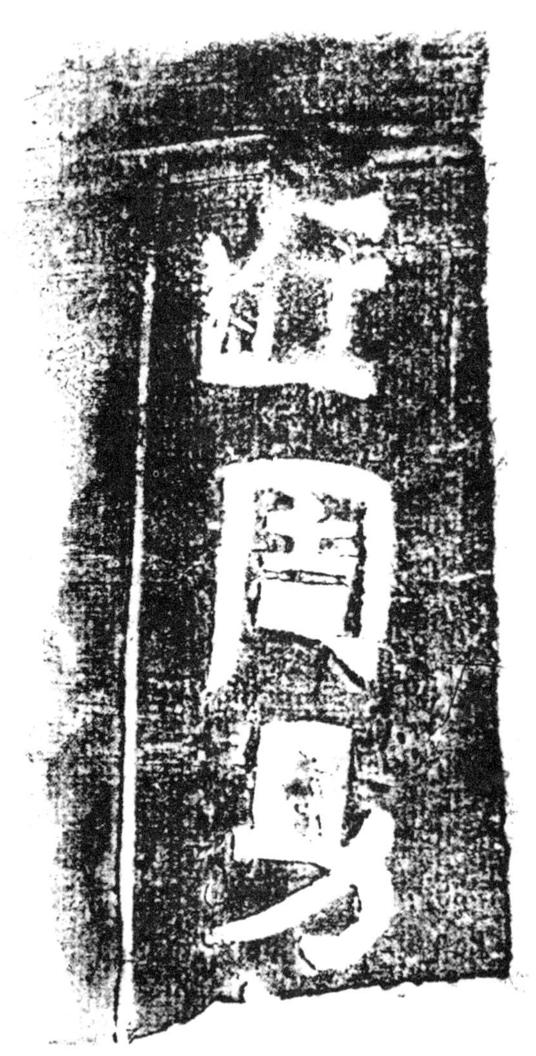

唐

灰陶質。 殘長 13 厘米，寬 8 厘米。 模印陰文楷書 3 字。

1980 年洛陽市政協辦公樓工地出土。 現藏洛陽市文物考古研究院。

釋文：匠周助

45. 匠李□□瓦

唐

灰陶質。 殘破。 模印陰文楷書 4 字。

1980 年洛陽市政協辦公樓工地出土。 現藏洛陽市文物考古研究院。

釋文：匠李□□

46. 王用瓦

唐

灰陶質。殘破。戳印陽文楷書 4 字。

20 世紀 80 年代洛陽印刷廠唐代遺址出土。現藏洛陽。

釋文：工匠王用

47. 官匠樊瓦

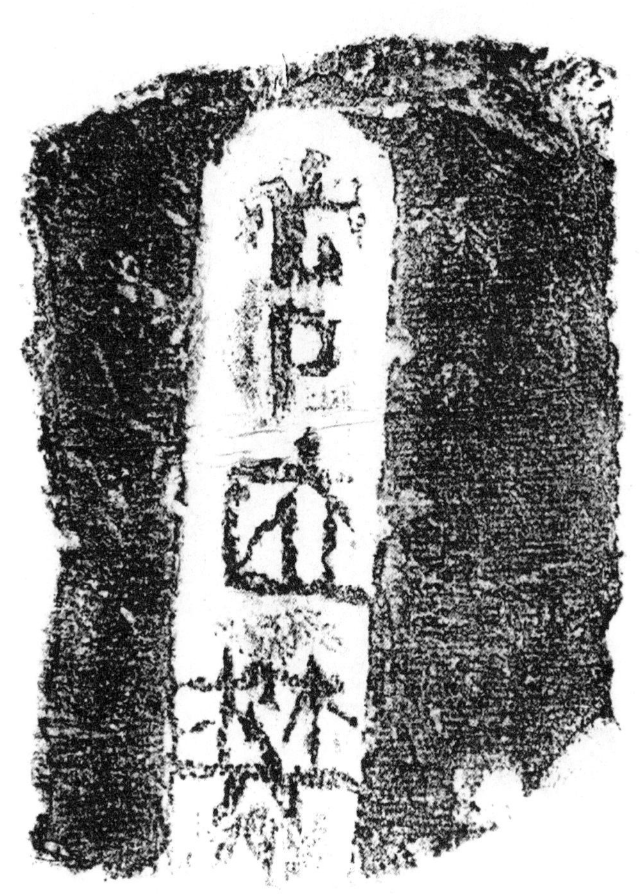

唐

灰陶質。 殘長 10 厘米，寬 7.7 厘米。 戳印陽文楷書 3 字。

20 世紀 80 年代隋唐洛陽城含元殿遺址出土。 現藏洛陽市文物考古研究院。

釋文：官匠樊

48. 省字瓦

唐

灰陶質。殘長 10 厘米，寬 5.9 厘米。模印陽文楷書 1 字。

20 世紀 80 年代隋唐洛陽城含元殿遺址出土。現藏洛陽市文物考古研究院。

釋文：省

49. 供内十五日瓦當

唐

灰陶質。拓片殘長 8 厘米，寬 3. 2 厘米。戳印陰文楷書 5 字，其中“五”字爲反文。

20 世紀 80 年代隋唐洛陽城含元殿遺址出土。現藏洛陽市文物考古研究院。

釋文：供内十五日

50. 趙義璋瓦當範

唐

灰陶質。瓦當範。直徑 13.4 厘米，邊輪寬 1 厘米，厚 3.5 厘米，面有邊輪，中間有蓮花紋，蓮花紋外飾連珠紋。範外側陰刻横行反文楷書 4 字。瓦當模範少有出土，刻製瓦工匠姓名者更爲稀見。

1992 年洛陽東郊熱電廠出土。現藏洛陽市文物考古研究院。

釋文：趙義璋記

（參見洛陽市文物工作隊：《洛陽東郊發現唐代瓦當範》，《文物》1995 年第 8 期）

51. 王亮瓦當範

唐

灰陶質。瓦當範。直徑 19.5 厘米，邊輪寬 2 厘米，厚 4.8 厘米。中間有蓮花紋，周飾連珠紋。範外側竪行陰刻楷書 3 字。

1992 年洛陽東郊熱電廠出土。現藏洛陽市文物考古研究院。

釋文：王亮模

（參見洛陽市文物工作隊：《洛陽東郊發現唐代瓦當範》，《文物》1995 年第 8 期）

52. 師字支墊

唐

灰陶質。燒窑支墊殘塊。高15厘米，寬12.3厘米，上部厚2.9厘米，下部厚8厘米，陰刻楷書1字。

2004年洛陽小北門出土。現藏洛陽市文物考古研究院。

釋文：師

（參見四川大學歷史文化學院考古學系、洛陽市文物工作隊：《河南洛陽市瀍河西岸唐代磚瓦窑址》，《考古》2007年第12期）

53. 磚瓦窑壁題記十二種（一）

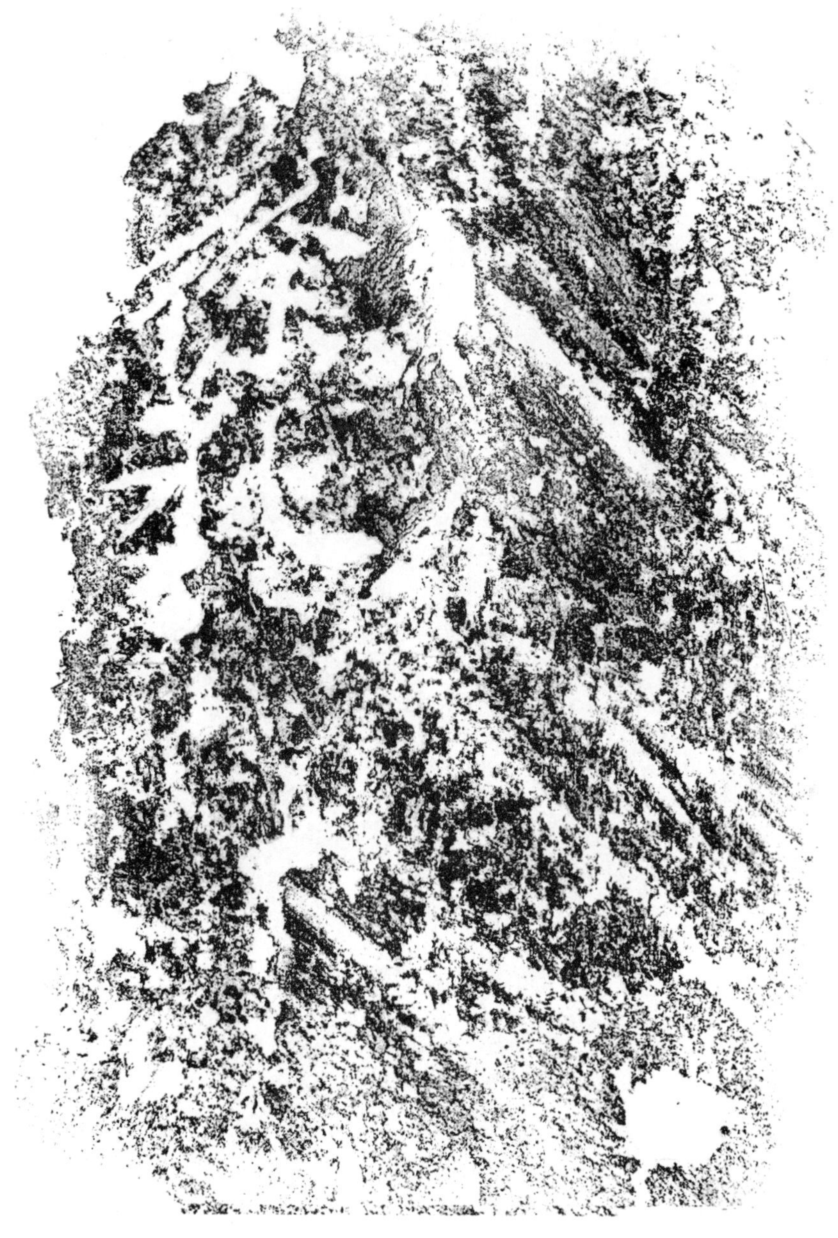

唐

拓片長 32 厘米，寬 20 厘米。 在陶窑 2012LDBY4 後壁東側，陰刻楷書 2 字。

2012 年 2—5 月，洛陽市定鼎北路唐代官辦磚瓦窑址發現。 在陶窑的內側壁陰刻楷書，窑壁粗糙，字迹部分不清。 現藏洛陽市文物考古研究院。

釋文：徐禮

（參見洛陽市文物考古研究院：《洛陽市定鼎北路唐代磚瓦窑址發掘簡報》，《洛陽考古》2013 年第 1 期）

54. 磚瓦窑壁題記十二種（二）

唐

拓片長 53 厘米，寬 25 厘米。 在陶窑 2012LDBY4 後壁西側，陰刻楷書 3 字。

2012 年 2—5 月，洛陽市定鼎北路唐代官辦磚瓦窑址發現。 在陶窑的内側壁陰刻楷書，窑壁粗糙，字迹部分不清。 現藏洛陽市文物考古研究院。

釋文:魏州昌

（參見洛陽市文物考古研究院:《洛陽市定鼎北路唐代磚瓦窑址發掘簡報》，《洛陽考古》2013 年第 1 期）

55. 磚瓦窑壁題記十二種（三）

唐

拓片長 67 厘米，寬 51 厘米。在陶窑 2012LDBY5 西壁，陰刻楷書 4 行 8 字。

2012 年 2—5 月，洛陽市定鼎北路唐代官辦磚瓦窑址發現。在陶窑的内側壁陰刻楷書，窑壁粗糙，字迹部分不清。現藏洛陽市文物考古研究院。

釋文：太平/冀城/絳縣/□縣

（參見洛陽市文物考古研究院：《洛陽市定鼎北路唐代磚瓦窑址發掘簡報》，《洛陽考古》2013 年第 1 期）

56. 磚瓦窑壁題記十二種（四）

唐

拓片長 80 厘米，寬 42 厘米。 在陶窑 2012LDBY5 西壁，陰刻楷書 5 行 10 字。

2012 年 2—5 月，洛陽市定鼎北路唐代官辦磚瓦窑址發現。 在陶窑的內側壁陰刻楷書，窑壁粗糙，字迹部分不清。 現藏洛陽市文物考古研究院。

釋文：□□/□□/聞喜/稷山/萬泉

（參見洛陽市文物考古研究院：《洛陽市定鼎北路唐代磚瓦窑址發掘簡報》，《洛陽考古》2013 年第 1 期）

57. 磚瓦窑壁題記十二種(五)

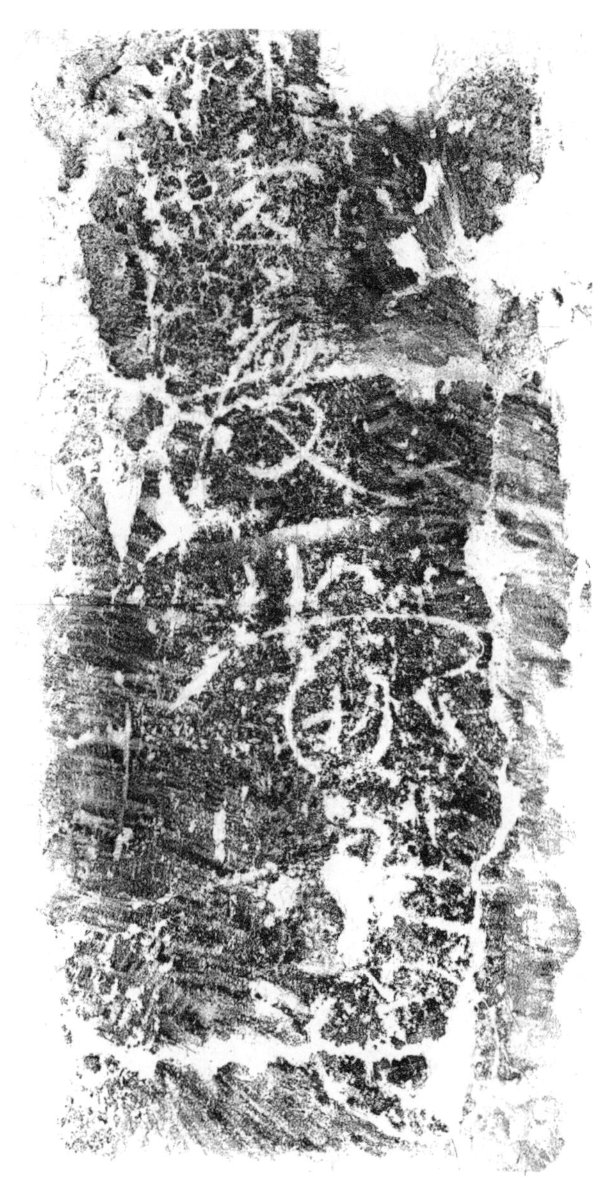

唐

拓片長 67 厘米，寬 31 厘米。在陶窑 2012LDBY6 西壁，陰刻楷書 5 字。

2012 年 2—5 月，洛陽市定鼎北路唐代官辦磚瓦窑址發現。在陶窑的內側壁陰刻楷書，窑壁粗糙，字迹部分不清。現藏洛陽市文物考古研究院。

釋文:□玄度當□

（參見洛陽市文物考古研究院:《洛陽市定鼎北路唐代磚瓦窑址發掘簡報》，《洛陽考古》2013 年第 1 期）

58. 磚瓦窑壁題記十二種（六）

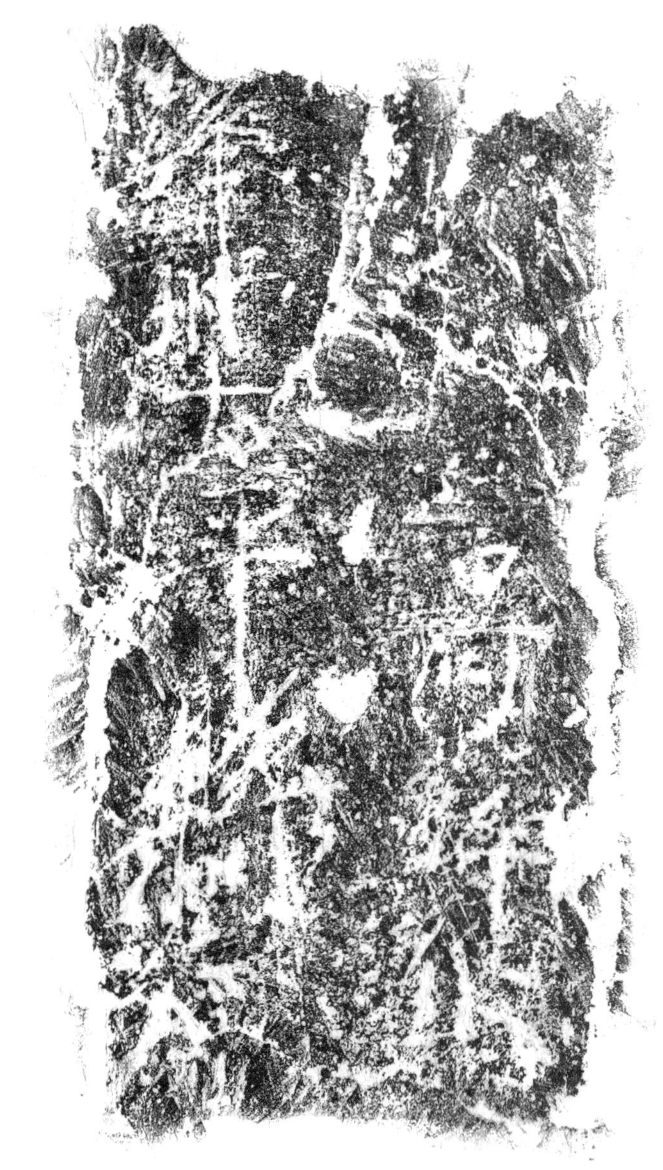

唐

拓片長 50 厘米，寬 28 厘米。在陶窑 2012LDBY7 西壁靠近窑門處，陰刻楷書 2 行 8 字。

2012 年 2—5 月，洛陽市定鼎北路唐代官辦磚瓦窑址發現。在陶窑的內側壁陰刻楷書，窑壁粗糙，字迹部分不清。現藏洛陽市文物考古研究院。

釋文：絳州太平縣/□□作

（參見洛陽市文物考古研究院：《洛陽市定鼎北路唐代磚瓦窑址發掘簡報》，《洛陽考古》2013 年第 1 期）

59. 磚瓦窑壁題記十二種（七）

唐

拓片長 50 厘米，寬 28 厘米。 在陶窑 2012LDBY13 後壁東側，陰刻楷書 4 字。

2012 年 2—5 月，洛陽市定鼎北路唐代官辦磚瓦窑址發現。 在陶窑的內側壁陰刻楷書，窑壁粗糙，字迹部分不清。 現藏洛陽市文物考古研究院。

釋文：□州貴縣

（參見洛陽市文物考古研究院：《洛陽市定鼎北路唐代磚瓦窑址發掘簡報》，《洛陽考古》2013 年第 1 期）

60. 磚瓦窑壁題記十二種(八)

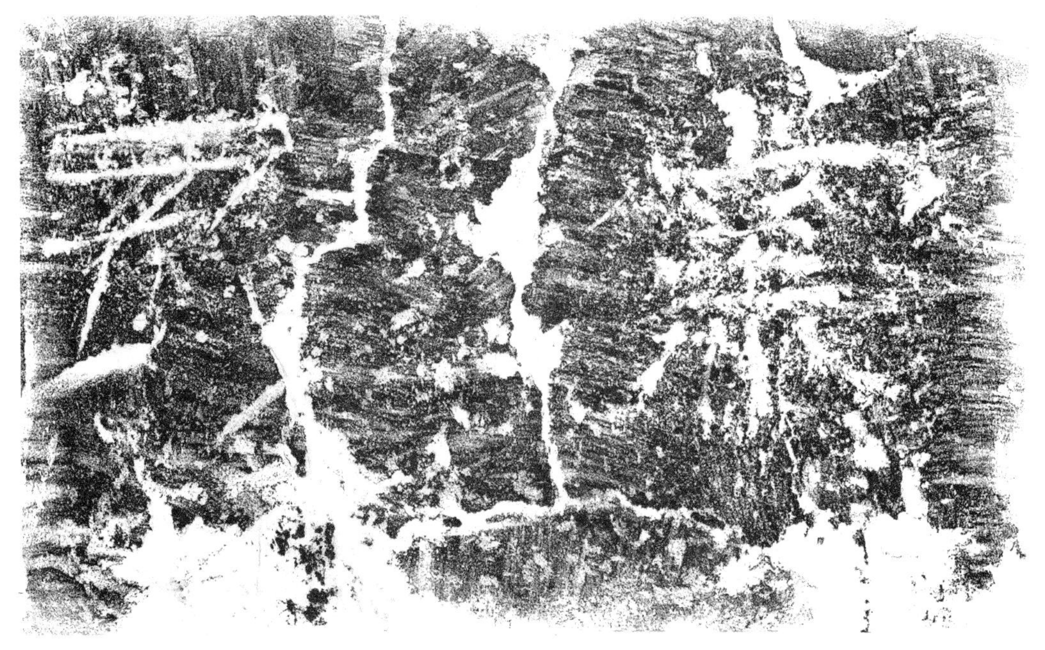

唐

拓片長 52 厘米，寬 31 厘米。 在陶窑内側壁，陰刻楷書 2 字。

2012 年 2—5 月，洛陽市定鼎北路唐代官辦磚瓦窑址發現。 在陶窑的内側壁陰刻楷書，窑壁粗糙，字迹部分不清。 現藏洛陽市文物考古研究院。

釋文：窑尹

（參見洛陽市文物考古研究院：《洛陽市定鼎北路唐代磚瓦窑址發掘簡報》，《洛陽考古》2013 年第 1 期）

61. 磚瓦窑壁題記十二種(九)

唐

拓片長 67 厘米，寬 31 厘米。 在陶窑内側壁，陰刻楷書 5 字。

2012 年 2—5 月，洛陽市定鼎北路唐代官辦磚瓦窑址發現。 在陶窑的内側壁陰刻楷書，窑壁粗糙，字迹部分不清。 現藏洛陽市文物考古研究院。

釋文:□□壁書維

（參見洛陽市文物考古研究院:《洛陽市定鼎北路唐代磚瓦窑址發掘簡報》，《洛陽考古》2013 年第 1 期）

62. 磚瓦窑壁題記十二種（十）

唐

拓片長 35 厘米，寬 34 厘米。 在陶窑內側壁，陰刻楷書數字。

2012 年 2—5 月，洛陽市定鼎北路唐代官辦磚瓦窑址發現。 在陶窑的內側壁陰刻楷書，窑壁粗糙，字迹部分不清。 現藏洛陽市文物考古研究院。

釋文待考

（參見洛陽市文物考古研究院：《洛陽市定鼎北路唐代磚瓦窑址發掘簡報》，《洛陽考古》2013 年第 1 期）

63. 磚瓦窑壁題記十二種（十一）

唐

拓片長67厘米，寬33厘米。在陶窑内側壁，陰刻楷書數字。

2012年2—5月，洛陽市定鼎北路唐代官辦磚瓦窑址發現。在陶窑的内側壁陰刻楷書，窑壁粗糙，字迹部分不清。現藏洛陽市文物考古研究院。

釋文待考

（參見洛陽市文物考古研究院：《洛陽市定鼎北路唐代磚瓦窑址發掘簡報》，《洛陽考古》2013年第1期）

64. 磚瓦窑壁題記十二種(十二)

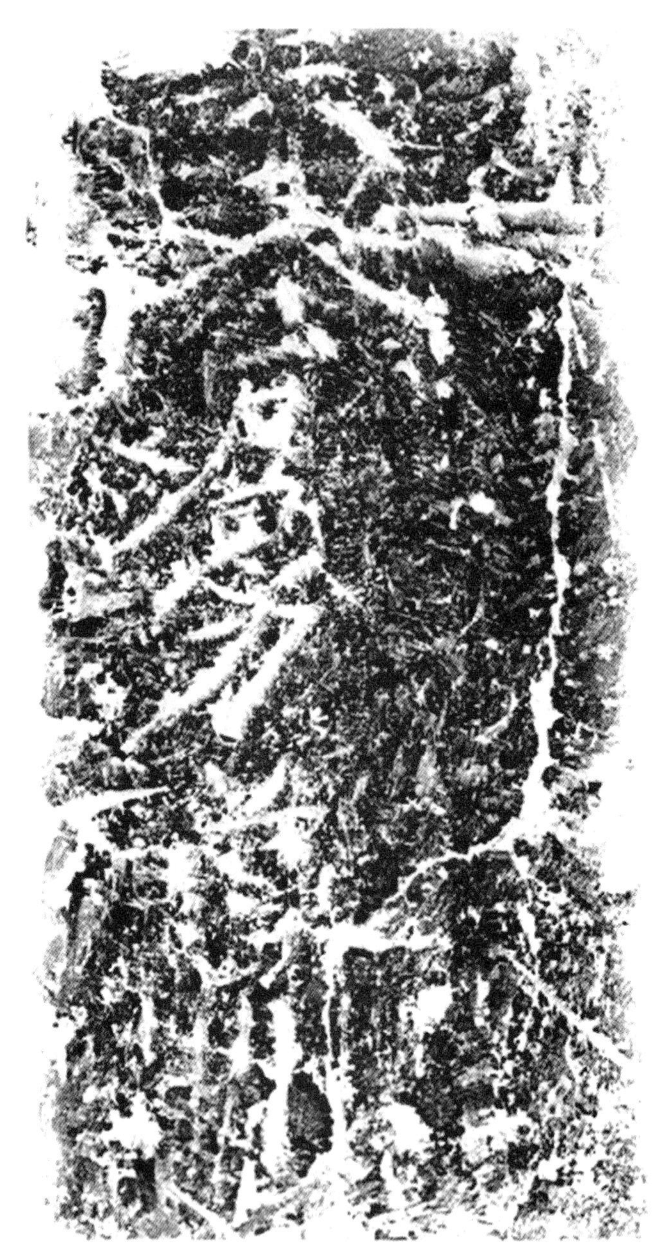

唐

拓片長 67 厘米，寬 33 厘米。 在陶窑内側壁，陰刻楷書數字。

2012 年 2—5 月，洛陽市定鼎北路唐代官辦磚瓦窑址發現。 在陶窑的内側壁陰刻楷書，窑壁粗糙，字迹部分不清。 現藏洛陽市文物考古研究院。

釋文待考

（參見洛陽市文物考古研究院：《洛陽市定鼎北路唐代磚瓦窑址發掘簡報》，《洛陽考古》2013 年第 1 期）

第九章　五代、宋代陶文

DIJIUZHANGWUDAISONGDAITAOWEN

1. 耿家新瓦印板

（正面）

（背面）

後梁貞明四年(918)七月二十四日

灰陶質。近似方形。板長22厘米，寬24厘米，厚2厘米。板正面刻武士牽馬圖。背面陰刻題記行書24字。

1978年宜陽縣韓城鄉福昌村出土。現藏洛陽博物館。

釋文：貞明四年七月廿四日/耿家新雕製/瓦印板一合共/家用之記

2. 王忠奉買地券

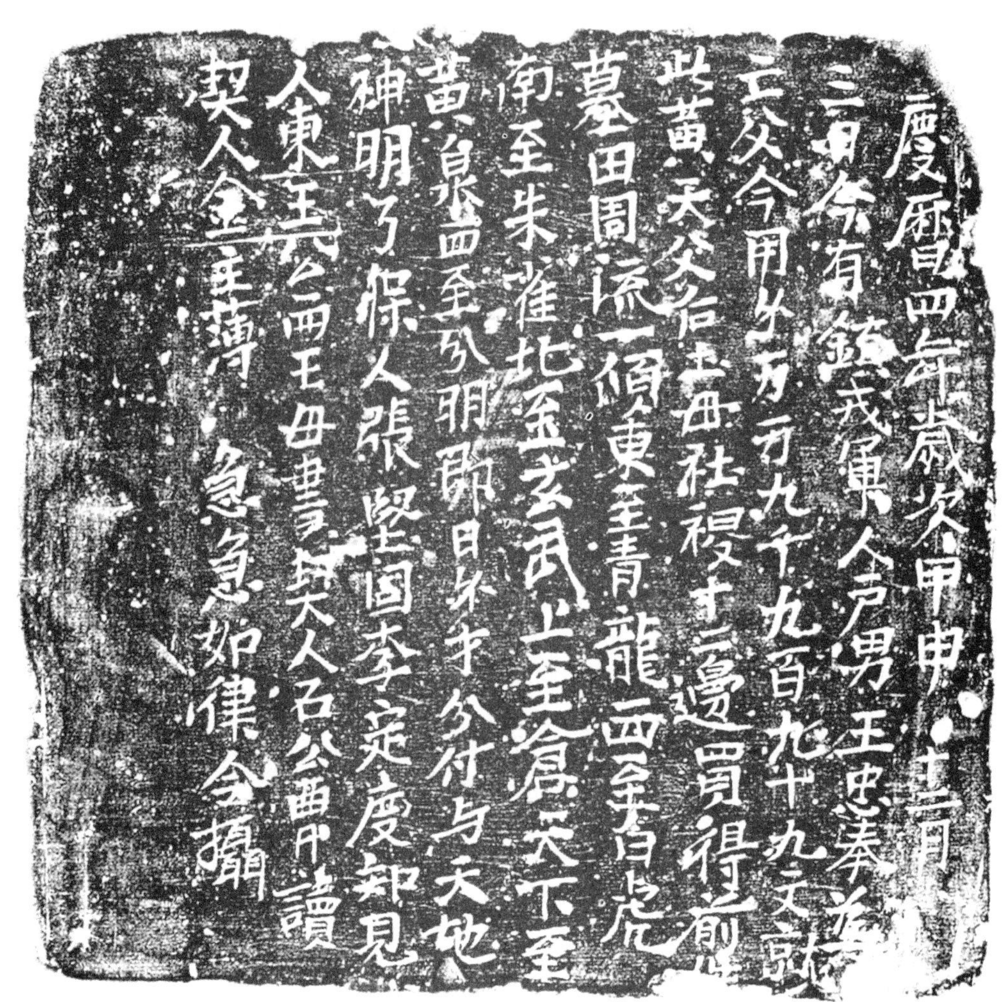

北宋慶曆四年(1044)十二月三日

灰陶質。 長30.5厘米，寬31.5厘米。 陰刻楷書10行，行11—16字，共138字。洛陽出土。 曾歸洛陽張氏。

釋文：慶曆四年歳次甲申十二月/三日今有鎮戎軍人户男王忠奉爲/亡父今用幣萬萬九千九百九十九文就/此黄(皇)天父后土母社稷十二邊買得前□/墓田周流一傾東至青龍西至白虎/南至朱雀北至玄武上至倉(蒼)天下至/黄泉四至分明即日幣才(財)分付与天地/神明□保人張堅固李定度知見/人東王公西王母書契人石公曹讀/契人金主薄 急急如律令攝

3. 范正平瓦

北宋崇寧元年(1102)正月一日

灰陶質。殘長 12 厘米，寬 11 厘米，厚 2.1 厘米。戳印陰文楷書 3 行 17 字。洛陽出土。現藏洛陽。

釋文：宋崇寧元年/正月一日孤子/范正平正恩造

4. 寶林禪院磚

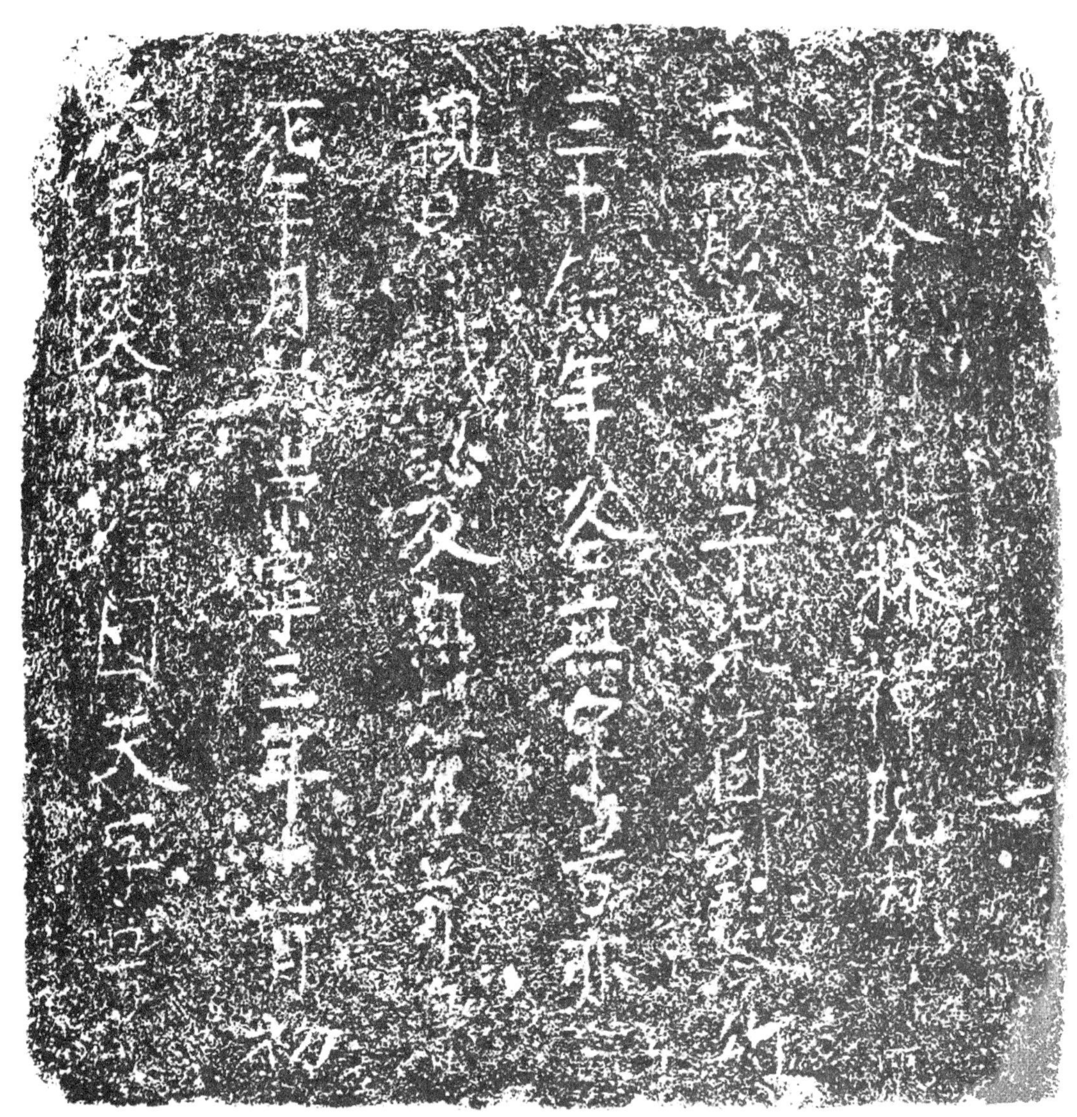

北宋崇寧三年(1104)十一月六日

灰陶質。長31厘米，寬30.5厘米，厚4.5厘米。陰刻楷書6行，滿行10字。2007年洛陽出土。現藏洛陽王氏。

釋文：據本縣寶林禪院□□無/主骸骨觀子柒百到今約/三十餘年各無字號亦無/親□識認及無姓名并身/死年月□崇寧三年十一月初/六日葬漏澤園天字號

5. 漏澤園□□□字號墓磚

北宋政和四年(1114)十一月五日

灰陶質。殘。殘長25厘米，寬31厘米，厚7厘米。朱書後陰刻楷書。存可辨識者17字。

1972年洛陽北窑龐家溝出土。現藏洛陽古代藝術博物館。

釋文：□□□字號/病院穎昌府牢/城指揮聶真/尸/政和四年十一月五日

(參見賀官寶:《西京洛陽漏澤園墓磚》,《文物資料叢刊7》1983年2月)

6. 漏澤園甲子西字號墓磚

北宋政和五年(1115)三月七日

灰陶質。殘。殘長31厘米,寬29厘米,厚7厘米。朱書後陰刻楷書。殘存可辨識者24字。

1972年洛陽北窑龐家溝出土。現藏洛陽古代藝術博物館。

釋文:甲子西字號/病院安吉送到/保安軍裴青戸/政和五年三月七

(參見賀官寶:《西京洛陽漏澤園墓磚》,《文物資料叢刊》第7輯,1983年2月)

7. 漏澤園己丑廿二字號墓磚

北宋政和五年(1115)六月

灰陶質。殘。殘長 21 厘米，寬 30.5 厘米，厚 7 厘米。朱書後陰刻楷書。存可辨識者 17 字。

1972 年洛陽北窑龐家溝出土。現藏洛陽古代藝術博物館。

釋文：己丑廿二字[號]/德順軍節級/□□送到女婿/□□尸/[政][和]五年六月

（參見賀官寶：《西京洛陽漏澤園墓磚》，《文物資料叢刊》第 7 輯，1983 年 2 月）

8. 漏澤園庚辰二字號墓磚

北宋政和五年(1115)七月

灰陶質。殘。殘長21.5厘米，寬30.5厘米，厚7厘米。朱書後陰刻楷書。存可辨識者19字。

1972年洛陽北窑龐家溝出土。現藏洛陽古代藝術博物館。

釋文：庚辰二字[號]/華州壯成[指][揮]/李成送到[兵][士][□]/千户/政和五年七[月]

（參見賀官寶：《西京洛陽漏澤園墓磚》，《文物資料叢刊》第7輯，1983年2月）

9. 漏澤園卅三字號墓磚

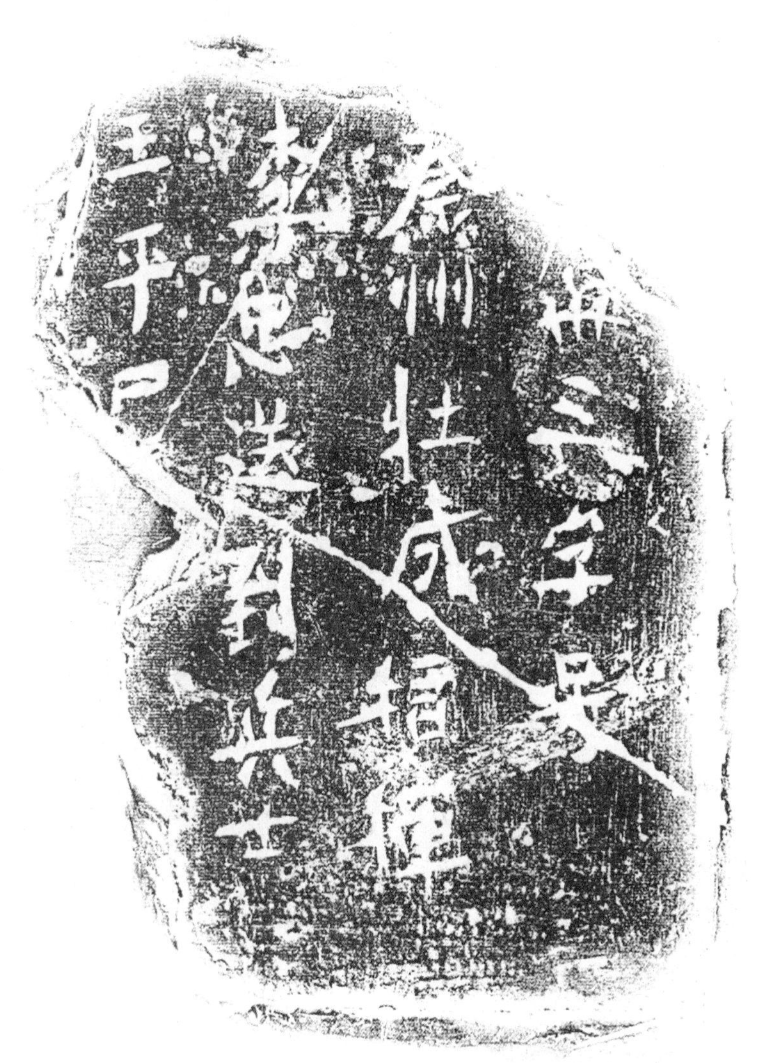

北宋

灰陶質。殘。殘長 30 厘米，寬 22 厘米，厚 7 厘米。朱書後陰刻楷書。存可辨識者 19 字。

1972 年洛陽北窑龐家溝出土。現藏洛陽古代藝術博物館。

釋文：□□卅三字號/秦州壯成指揮/李忠送到兵士/王平尸

（參見賀官寶：《西京洛陽漏澤園墓磚》，《文物資料叢刊》第 7 輯，1983 年 2 月）

10. 漏澤園七十八字號墓磚

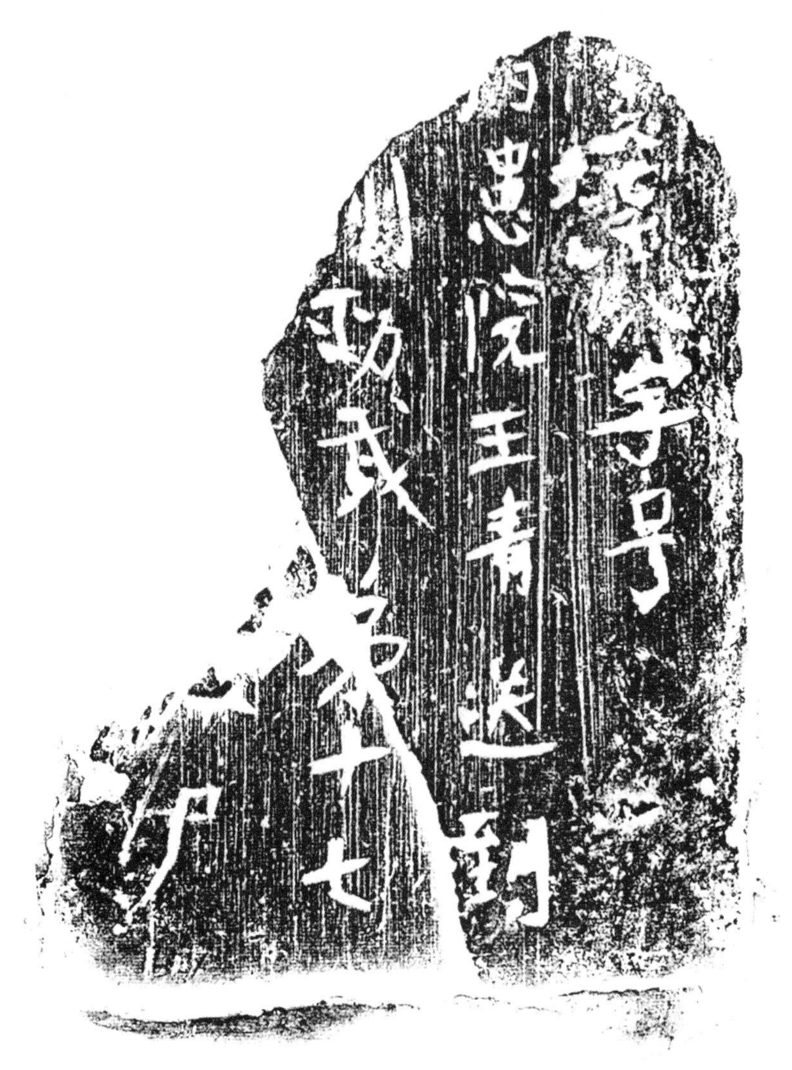

北宋

灰陶質。殘。殘長 29 厘米，寬 22 厘米，厚 7 厘米。朱書後陰刻楷書。存可辨識者 20 字。

1972 年洛陽北窑龐家溝出土。現藏洛陽古代藝術博物館。

釋文：□亥七十八字號/病患院王青送到/□州勁武第十七/□□□□尸

（參見賀官寶：《西京洛陽漏澤園墓磚》，《文物資料叢刊》第 7 輯，1983 年 2 月）

11. 漏澤園墓磚

北宋

灰陶質。殘長 20 厘米，寬 25 厘米，厚 7 厘米。朱書後陰刻楷書。存 5 字。1972 年洛陽北窑龐家溝出土。現藏洛陽古代藝術博物館。

釋文：牛戊/士小薛

（參見賀官寶：《西京洛陽漏澤園墓磚》，《文物資料叢刊》第 7 輯，1983 年 2 月）

12. 宋四郎葬記磚

北宋

灰陶質。殘長 21.5 厘米，寬 24.5 厘米。陰刻楷書 7 行，行 7 字，共 49 字。

1983 年發現於河南新安縣石寺鄉李村宋四郎墓中，鑲嵌於墓門頂楣上部。現宋四郎墓整體遷移復原至洛陽古代藝術博物館。

釋文：宋四郎家外宅墳/新安縣裏郭午居/住塼作人賈博士/劉博士莊住張窑/同共砌墓畫墓人/楊彪宣和捌年貳/月初一日大葬記

（參見葉萬松、余扶危：《洛陽石寺宋壁畫墓》，《中國考古學年鑒 1984》1984 年 12 月出版。另外，宋徽宗趙佶宣和年號前後共七年，宣和元年爲公元 1119 年，宣和七年爲 1125 年。宣和八年應爲誤記）

13. 陳祥磚

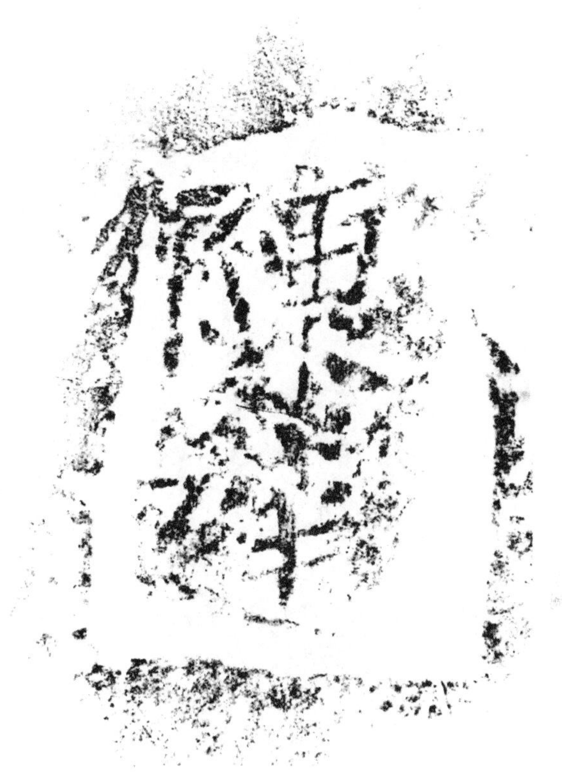

北宋

灰陶質。殘長 13 厘米，寬 9 厘米。磚正面有花形紋飾，磚背面模印陽文楷書 2 字。1983 年洛陽紗廠宋代遺址出土。現藏洛陽市文物考古研究院。

釋文：陳祥

14. 官字磚

北宋

灰陶質。 殘。 模印陽文反文楷書 1 字。

1983 年洛陽紗廠宋代遺址出土。 現藏洛陽市文物考古研究院。

釋文：官

15. 信字磚

北宋

灰陶質。 邊長 31 厘米，厚 4 厘米。 模印陽文楷書 4 個“信”字。

2004 年隋唐洛陽城里坊遺址出土。 現藏洛陽市文物考古研究院。

釋文：信信信信

16. 蘇氏磚

北宋

灰陶質。長33.4厘米，寬16厘米，厚6.5厘米。陰刻楷書2字。

2006年1月洛陽瀍河西岸民族路路南宋代磚瓦窑遺址出土。現藏洛陽市文物考古研究院。

釋文：蘇氏

17. 秋字磚

北宋

灰陶質。 殘長 25.5 厘米，寬 17 厘米，厚 8 厘米。 模印陽文楷書 3 字。 同時出土多塊，均有數字編號，應是建築所用磚。

2007 年 7 月洛陽出土。 現藏洛陽。

釋文：秋字四

18. 劉達瓦

北宋

灰陶質。殘長 13.3 厘米，寬 8.7 厘米。戳印陰文楷書 5 字。

20 世紀 80 年代隋唐洛陽城含元殿遺址出土。現藏洛陽市文物考古研究院。

釋文：北窑

劉達

官

19. 李貴瓦

北宋

灰陶質。殘長 12.5 厘米，寬 6 厘米。戳印陰文楷書 4 字。

2006 年 4 月洛陽市定鼎北路出土。現藏洛陽。

釋文：北窑

李貴

20. □寶瓦

北宋

灰陶質。板瓦。殘長 9.5 厘米，寬 12 厘米。殘存戳印陰文楷書 3 字，其中 1 字已殘。

2006 年 4 月洛陽市定鼎北路出土。現藏洛陽。

釋文：□寶

官

21. 陳貴瓦

北宋

灰陶質。 殘長 10 厘米，寬 11.2 厘米。 殘存戳印陰文楷書 4 字。

2006 年 4 月洛陽市定鼎北路出土。 現藏洛陽。

釋文：□陳貴□

22. □官瓦

北宋

灰陶質。 板瓦。 殘長 11 厘米，寬 18. 5 厘米。 殘存戳印陰文楷書 2 字，可識者 1 字。

2005 年 12 月洛陽老城體育場北市土雜公司院內宋代陶窑遺址出土。 現藏洛陽市文物考古研究院。

釋文：□官

（參見洛陽市文物工作隊：《洛陽人民路北宋磚瓦窑址》，《文物》2007 年第 4 期）

23. 焦元瓦

北宋

灰陶質。板瓦。殘長 15.5 厘米，寬 24 厘米。外素面，内布紋。戳印陰文楷書 5 字。

2005 年 12 月洛陽老城體育場北市土雜公司院内宋代陶窑遺址出土。現藏洛陽市文物考古研究院。

釋文：北窑

焦元

官

（參見洛陽市文物工作隊：《洛陽人民路北宋磚瓦窑址》，《文物》2007 年第 4 期）

24. 張信瓦

北宋

灰陶質。板瓦。殘長 12.5 厘米，寬 15.5 厘米。模印陰文楷書 5 字。

2005 年 12 月洛陽老城體育場北市土雜公司院内宋代陶窑遺址出土。現藏洛陽市文物考古研究院。

釋文：北窑

張信

官

（參見洛陽市文物工作隊：《洛陽人民路北宋磚瓦窑址》，《文物》2007 年第 4 期）

25. 北窑□順瓦

北宋

灰陶質。 板瓦。 殘長 7.5 厘米，寬 9.7 厘米。 殘存模印陰文楷書 4 字。

2005 年 12 月洛陽老城體育場北市土雜公司院内宋代陶窑遺址出土。 現藏洛陽市文物考古研究院。

釋文：北窑

□順

官

（参見洛陽市文物工作隊：《洛陽人民路北宋磚瓦窑址》，《文物》2007 年第 4 期）

26. 捌杜瓦

北宋

灰陶質。 板瓦。 殘長 18.5 厘米，寬 23.5 厘米。 戳印陰文楷書 5 字。

2005 年 12 月洛陽老城體育場北市土雜公司院内宋代陶窑遺址出土。 現藏洛陽市文物考古研究院。

釋文：捌杜□吉豆

（參見洛陽市文物工作隊：《洛陽人民路北宋磚瓦窑址》，《文物》2007 年第 4 期）

27. 潘習澄泥硯

北宋

澄泥質，淺緑色。抄手型。長 13 厘米，前寬 9.7 厘米，後寬 5.5 厘米，高 2.4 厘米。底部戳印 1 枚，陽文楷書，2 行 10 字。

1999 年孟津白鶴鎮出土。現藏洛陽王氏。

釋文：虢州澄泥硯/記人潘習造

28. 天下大吉屋脊飾

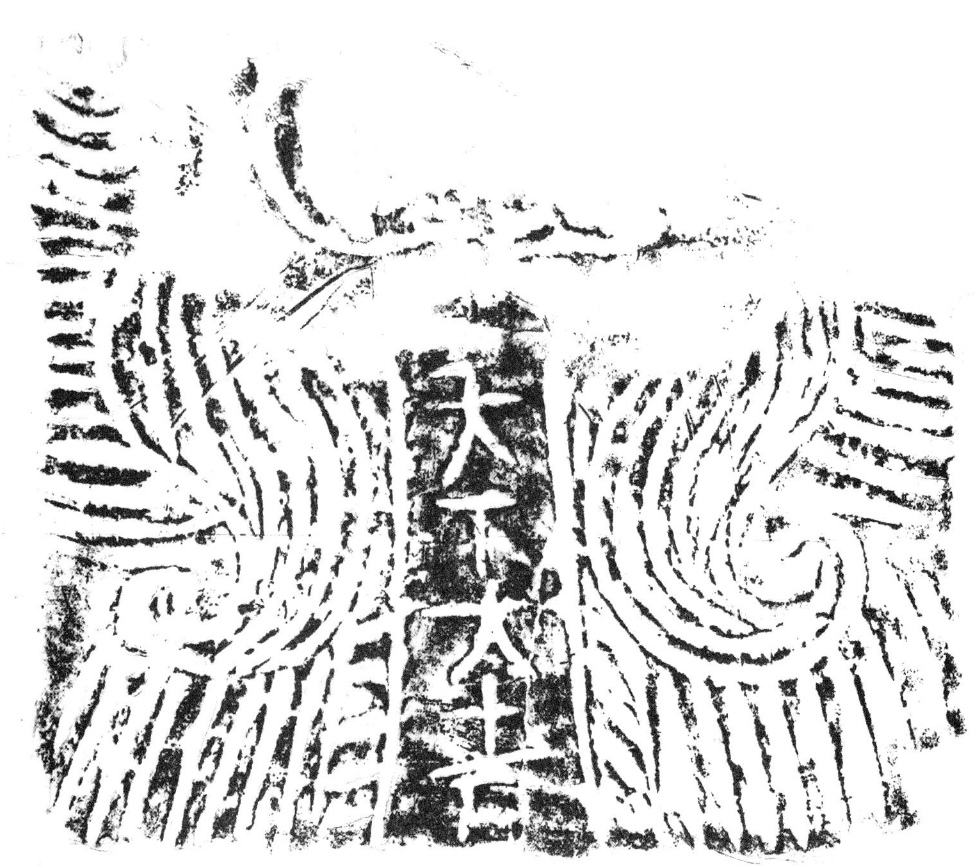

北宋

灰陶質。殘。模印陰文楷書 4 字。

1983 年洛陽紗廠宋代遺址出土。現藏洛陽市文物考古研究院。

釋文：天下大吉

第十章 金代、元代陶文

DISHIZHANGJINDAIYUANDAITAOWEN

1. 錢擇買地券磚

維大金天德三年歲次庚午四月丁未朔二十四日庚
午奉爲殁故錢擇等諸靈天[illegible][illegible]生居於城
邑死安宅兆龜筮協從相地襲吉宜於河南
府洛陽縣金谷鄉南北張村之原謹用銀錢九
万九千九百九十九貫文兼五綵信幣於 后土皇
地祇處買地一段墳域用地南北長二十一步東西
闊一十七步其地東至青龍西至白虎南至朱雀
北至玄武内方勾陳分擘四域今以牲牢錢幣
共立信契財地交相分付工匠修營安厝已
後永保祥吉見知人歲月主保人今日直符
故氣邪精不得忏恡先有居者永避万里若違[illegible]
内外存亡皆安吉急急如五帝使者律令

金天德二年(1150)四月二十四日

灰陶質地。方形，邊長29.5厘米，厚6厘米。陰刻楷書，并塗朱。券文共12行，滿行最多21字，最少17字，共218字。

1994年洛陽孟津縣麻屯鎮出土。現藏洛陽市文物考古研究院。

釋文：維大金天德二年歲次庚午四月丁未朔二十四日庚/午奉爲歿故錢擇等諸靈大葬立券生居城/邑死安宅兆龜筮協從相地襲吉宜於河南/府洛陽縣金谷鄉南北張村之原謹用銀錢九/萬九千九百九十九貫文兼五綵信幣於后土皇/地祇處買地一段墳域用地南北長二十一步東西/闊一十七步其地東至青龍西至白虎南至朱雀/北至玄武内方勾陳分擘四域今以牲牢錢幣/共立信契財地交相分付工匠修營安厝已/後永保祥吉見知人歲月星主保人今日直符/故氣邪精不得犭戢悋先有主者永避萬里主人/内外存亡悉皆安吉急急如五帝使者律令

（參見洛陽市文物工作隊：《洛陽孟津縣麻屯金墓發掘簡報》，《華夏考古》1996年第1期）

2. 趙二翁買地券磚

金大定十七年(1177)四月二十八日

青灰色。近方形。長33厘米，寬32厘米，厚5厘米。陰刻行書12行，133字。1987年新安縣鹽倉村出土。現藏新安縣文物管理所。

釋文：維屬部州大金國河南府孟津縣/親仁鄉鹽倉村亡過趙二翁合用幣/九千九百九十貫文□字□今於□□/后土買到良田□流一頃二十畝東至/青龍西至白虎南至朱雀北至玄/武下至黃泉四至界畔永無違/礙賣地人石□曹書契人金□/薄牙人張堅故見人李定度/大定十七年四月二十八日/買地人趙二翁/今奉五帝使者/女青律令勑攝

3. 周成買地券磚

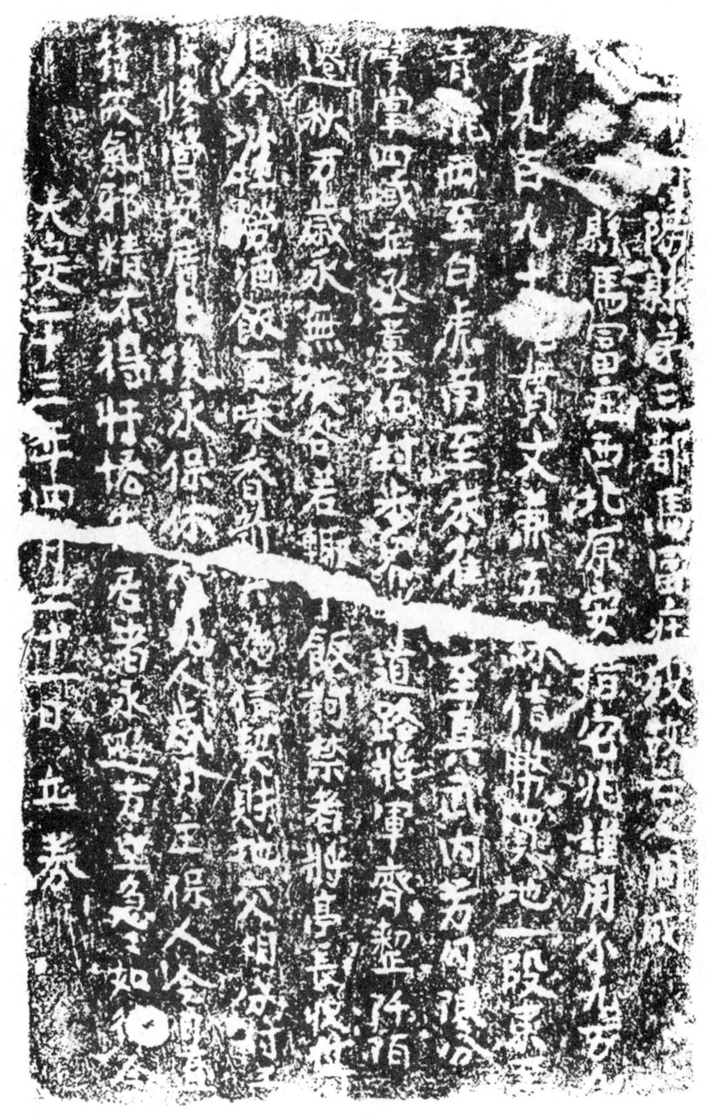

金大定二十三年(1183)四月二十一日

青灰陶質。長45厘米，寬28.5厘米。陰刻楷書10行，滿行19字，共189字。

洛陽出土。曾歸洛陽劉氏。

釋文：□□陽縣第三都馬富莊歿故亡人周成/□□縣馬富莊西北原安措宅兆謹用幣九萬九/千九百九十九貫文兼五綵信幣買地一段東至/青龍西至白虎南至朱雀北至真武内方勾陳分/擘掌四域丘丞墓伯封步界畔道路將軍齊整阡陌/遷(千)秋萬歲永無殃咎若輒□飯訶禁者將亭長收付河/伯今以牲勞酒飯百味香新□爲信契財地交相分付工/匠修營安厝已後永保休知見人歲月主保人今日直/符故氣邪精不得㦛悋先居者永避萬里急急如律令/大定二十三年四月二十一日立券

4. 楊海情買地券磚

金(1115—1234)□□四年十一月四日

灰褐色陶質。近方形，長30厘米，寬28厘米，厚5.3厘米。陰刻楷書12行，計約146字。字迹草率，筆畫内有塗朱痕迹。其中一行文字倒置，爲買地券中所僅見。

2000年汝陽縣城出土。現藏汝陽縣文物保護管理所。

釋文：維南贍部州大金國嵩州伊陽縣懷吉村居住/孝男楊海情葬送莫楊四公安其/宅兆/用幣九萬九千九百九十貫文買地/一段東西千百步南北千步/東至青龍西至白虎/南至朱雀北至真武/内方勾陳分壁堂四域封界畔將軍千/秋萬歲永無咎幣財分付工匠安厝已/後永保休知見人歲月主保人今日/若□此約也府土吏自當其禍消/亡急急如令□□四年十一月初四葬

5. 王氏墓磚

元至大元年(1308)二月四日

灰陶質。長30.7厘米，寬14.5厘米。陰刻楷書2行，存14字。洛陽出土。現藏洛陽。

釋文：樂宅王氏墓/至大元年二月初四日

後　記

洛陽作爲十三朝古都，地下文物十分豐富。無論是古遺址還是墓葬中，都有大量帶文字的文物出土。文字的産生、發展與演變是一個長期的過程，是中華民族在生産、生活過程中智慧的結晶。文字記録着中華文明的悠久歷史，同時它本身又是中華文明的重要組成部分。陶器文字主要刻畫於陶質器物和泥質載體上，有其獨特的内涵和韵味。本書收録的陶文，祇是洛陽陶文中的一部分，僅就各個朝代、每一類别收集若干，還有很多未能收録，但從中還是可以窺探洛陽陶文的發展脉絡和時代特徵，能夠展示洛陽陶文的獨特魅力。

這本洛陽陶器文字資料的收集，得益於洛陽諸文博單位和文物愛好者的大力支持與幫助。這裏要感謝洛陽市文物局和中國社會科學院考古研究所洛陽工作站、洛陽市文物考古研究院、洛陽博物館、洛陽古代藝術博物館、偃師商城博物館、新安縣文物局、汝陽縣文管所以及洛陽金石文字博物館等單位及其領導的鼎力支持。還要感謝李國欽、王鶴松、侯宇、王文東、楊向科等先生爲本書提供部分拓片資料。

本書在編纂過程中，王素先生於百忙之中審閲全稿，提出了寶貴意見，并撰寫長篇序言。國家文物局原局長張文彬先生專爲本書題寫書名。在此謹向他們致敬并表示衷心的感謝。

本書的出版得到國家圖書館出版社的大力支持，在此一并致謝。

囿於我們學識水平，在資料的收集、文字的釋讀等方面還會存在一些問題，誠請方家批評指正。

編　者

2018 年 5 月